우정사업본부 · 우체국 · 지방우정청 우정 9급 계리직 공무원

계리직 공무원

우편상식/금융상식

◀ 문제집 ▶

단원별 문제집

SD에듀
(주)시대고시기획

우정사업본부에서 하는 사업은?

우정사업본부(지방우정청)는 과학기술정보통신부 소속기관으로, 핵심 업무인 우편물의 접수·운송·배달과 같은 우정사업을 비롯하여 우체국 보험 등 금융 관련 사업에 관한 정책을 수립하고 집행하는 일을 담당합니다.

우 편   예 금   보 험

계리직 공무원이 하는 일은?

계리직 공무원의 직무는 우체국 금융업무, 회계업무, 현업창구업무, 현금수납 등 각종 계산관리업무와 우편통계관련업무입니다.

우체국 금융업무   회계업무   현업창구업무   계산관리업무   우편통계관련업무

계리직 공무원을 선호하는 이유는?

하나. 시험 부담 DOWN

계리직 공무원의 필기시험 과목은 한국사, 우편상식, 금융상식, 컴퓨터일반 4과목으로 타 직렬에 비하여 비교적 시험과목이 적어 수험생들에게 인기 있는 직렬 중 하나입니다.

둘. 업무 만족도 UP

계리직은 대부분 발령이 거주지 안에서 이루어지므로 거주지 이전의 부담이 적습니다. 또한 업무 특성상 명절 기간 등을 제외하고는 야근을 하는 일이 드물어 업무 만족도가 높은 편입니다.

시험 가이드

주관처 우정사업본부 및 지방우정청

응시자격

학력·경력	제한 없음
응시연령	만 18세 이상
결격사유	다음에 해당하는 자는 응시할 수 없음 ① 「국가공무원법」 제33조의 결격사유에 해당되는 자 ② 「국가공무원법」 제74조(정년)에 해당되는 자 ③ 「공무원임용시험령」 등 관계법령에 의하여 응시자격을 정지당한 자(판단기준일 : 면접시험 최종예정일)
구분모집 응시대상자	① 장애인 구분모집 응시대상자 　「장애인복지법 시행령」 제2조의 규정에 의한 장애인 및 「국가유공자 등 예우 및 지원에 관한 법률 시행령」 제14조 제3항의 규정에 의한 상이등급 기준에 해당하는 자 ② 저소득층 구분모집 응시대상자 　「국민기초생활보장법」에 따른 수급자 또는 「한부모가족지원법」에 따른 보호대상자에 해당하는 자로서, 급여 실시가 결정되어 원서접수마감일 현재까지 계속해서 수급한 자
거주지역 제한	공고일 현재 모집대상 권역에 주민등록이 되어 있어야 응시할 수 있음

**시험과목 및
시험시간**

시험과목	① 한국사(상용한자 포함) ② 우편상식 ③ 금융상식 ④ 컴퓨터일반(기초영어 포함)
문항 수	과목당 20문항 ※ 상용한자는 한국사에, 기초영어는 컴퓨터일반에 각 2문항씩 포함하여 출제됨
시험시간	80분(문항당 1분 기준, 과목별 20분)

※ 필기시험에서 과락(40점 미만) 과목이 있을 경우 불합격 처리됨
※ 상세 시험 내용은 시행처의 최신 공고를 확인해 주세요.

시험 총평 및 통계

총평

우정사업본부에 따르면 2021년 3월 20일에 치러진 우정 9급 계리직 필기시험은 지원자 24,364명 중 16,046명이 응시하여 65.9%의 응시율을 기록했다고 합니다. 이는 지난 2019년 공채 시험(59.4%)보다 6.5%p 상승한 수치입니다. 이에 따라 경쟁률은 당초 73.6 대 1에서 48.5대 1로 하락하게 됐습니다.

또한 시험 난이도는 높았다는 수험생들의 평이 많았습니다. 2021년의 합격선은 일반 모집의 경우 전국 평균이 63.51점을 기록했으며, 이는 역대급으로 어려웠다는 평가를 받았던 2019년의 57.96점보다 대략 5점 이상 올라갔습니다. 다만 80점 내외의 합격선을 보였던 2018년 이전의 합격선보다는 여전히 20점 가량 낮은 편입니다.

지역별로는 경인지역이 96.9%로 가장 경쟁률이 높았으며, 강원우정청이 19.8%로 가장 낮았습니다. 다만 합격선은 경쟁률과 달리 서울, 경인 우정청이 68.33으로 가장 높았고, 전남이 52.77로 가장 낮았습니다.

계리직 시험은 2022년 5월 시행되는 시험부터는 필기시험 과목이 변경됩니다. 2021년까지 계리직 시험은 '한국사', '컴퓨터일반', '우편 및 금융상식'으로 3과목이었는데, 기존의 '우편 및 금융상식' 과목이 '우편상식', '금융상식'으로 분리돼 총 4과목 80문항으로 진행됩니다.

우편 및 금융상식 과목이 분리되고 문항이 늘어나 배점이 늘어난 만큼 2022년에 치러지는 시험에서는 우편상식과 금융상식에 대한 세밀하고 꼼꼼한 준비가 필요합니다.

2022년 1월에 공개된 우편상식, 금융상식 학습자료에서는 이전에 공개되었던 학습자료보다 우편상식 부분이 대거 보강이 되었고, 금융상식 과목에서도 보험 등에서 많은 변화가 있었습니다. 이전의 학습자료로 공부하셨던 수험생이라면 비교적 짧은 시간이지만 새로 보강된 학습자료 부분을 빠르게 파악하여, 달라진 부분을 학습하셔야 합니다.

또한 기존의 문제들은 달라진 학습자료를 반영하지 못한 부분들도 많으니 최신 학습자료에 맞춰 개편한 문제들로 학습해야 잘못된 자료로 공부하는 혼선을 줄일 수 있습니다.

2021년 계리직 지역별 지원자 및 응시율

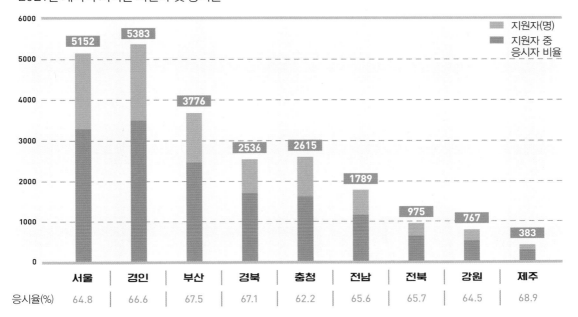

	서울	경인	부산	경북	충청	전남	전북	강원	제주
지원자(명)	5152	5383	3776	2536	2615	1789	975	767	383
응시율(%)	64.8	66.6	67.5	67.1	62.2	65.6	65.7	64.5	68.9

2021년 계리직 시험 지역별 합격선 및 경쟁률

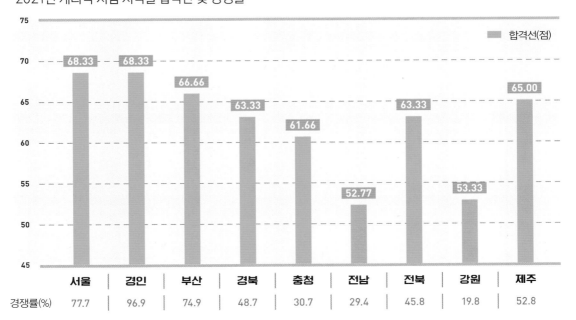

	서울	경인	부산	경북	충청	전남	전북	강원	제주
합격선(점)	68.33	68.33	66.66	63.33	61.66	52.77	63.33	53.33	65.00
경쟁률(%)	77.7	96.9	74.9	48.7	30.7	29.4	45.8	19.8	52.8

우편상식
및
금융상식

단원		2021	2019	2018	2016	2014	2012	2010	2008	합계
우편상식	국내우편	6	6	6	6	4	6	6	6	46
	국제우편	3	3	3	3	5	3	2	3	25
금융상식	예금편	4	5	4	5	4	5	5	5	37
	보험편	5	4	5	4	5	4	5	4	36

1
국내우편

2
예금편

3
보험편

출제
TOP 3

우편상식 / 금융상식

기존의 우편 및 금융상식 과목은 2022년 시험부터 우편상식·금융상식 2과목으로 분리되며, 각 과목당 20문항씩 출제됩니다.

학습자료가 새로 공개될 때마다 기존 학습자료의 내용 중 추가·변경 또는 삭제되는 내용들이 발생하기 때문에 우정사업본부에서 최신 학습자료가 공개될 때까지 계리직 수험생들을 안심할 수 없게 만드는 과목입니다. 특히 과목이 분리되는 첫해인 2022년 공개된 최신 학습자료를 보면, 늘어난 출제문항 수에 맞춰 내용도 꽤 많이 추가되었음을 알 수 있습니다.

법 과목 자체의 생소함과 시험 일자에 임박해서까지 암기해야 한다는 압박감에 계리직을 준비하는 수험생들이 까다로운 과목으로 우편상식, 금융상식을 꼽고 있습니다.

한정된 수험준비기간 내에 고득점을 위해서는 핵심을 파악해서 집중적으로 학습하는 것이 가장 중요합니다.

학습 포인트

하나.
우편상식, 금융상식은 수시로 개정되는 과목이므로 시험공고와 함께 발표된 최신 학습자료를 꼼꼼하게 체크해야 합니다.

둘.
우편·금융 상품들의 특징들을 정리하여 자신만의 암기노트를 만들어 보는 것이 좋습니다.

셋.
처음부터 통독을 목표로 독학을 하는 것보다는 온라인 강의와 함께 회독 수를 늘려가며 공부하는 방법이 효율적입니다.

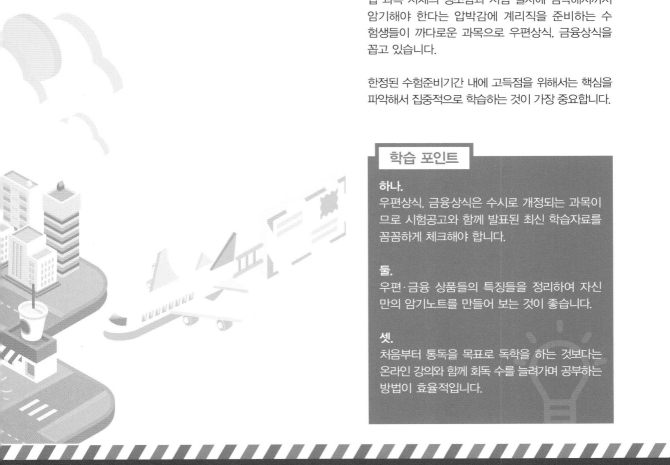

계리직
우편상식/금융상식

PART

01 | 우편상식
단원별 예상문제

※ 22.01.17. 공개된 최신 학습자료의 내용을 반영하였습니다.

국내우편

| STEP1 | 우편사업 총론

01 다음 중 우편사업의 보호 규정에 대한 설명으로 가장 옳은 것은?

① 우편운송 시 통행이 곤란한 경우는 담장, 울타리 없는 택지 등을 통행할 수 있으며, 그 주인은 이를 거부할 수 있다.

② 우편업무 집행 중에 사고를 당하였을 경우 조력을 요구받은 자는 이를 거부할 수 있다.

③ 우편에 관한 서류를 포함한 우편전용 물건은 제세공과금의 부과 대상이 되지 않는다.

④ 우편업무를 위해서만 사용하는 물건이나 우편업무를 위해 제공되는 물건에 대해서 압류할 수 있다.

 ① 운송원 등의 통행권 : 우편운송원, 우편집배원과 우편물을 운송중인 항공기, 차량, 선박 등은 도로의 장애로 통행이 곤란할 경우에는 담장이나 울타리 없는 택지, 전답, 그 밖의 장소를 통행할 수 있다. 이 경우 우편관서는 피해자의 청구에 따라 손실을 보상하여야 한다.

② 운송원 등의 조력청구권 : 우편업무를 집행 중인 우편운송원, 우편집배원과 우편물을 운송 중인 항공기, 차량, 선박 등이 사고를 당하였을 때에는 주위에 조력을 청구할 수 있으며, 조력의 요구를 받은 자는 정당한 사유 없이 이를 거부할 수 없다. 이 경우 우편관서는 도움을 준 자의 청구에 따라 적절한 보수를 지급하여야 한다.

④ 우편업무 전용 물건의 압류 금지 : 우편업무를 위해서만 사용하는 물건이나 우편업무를 위해 사용 중인 물건은 압류할 수 없다.

답 ③

02 국가의 서신독점권에 대한 내용으로 옳지 <u>않은</u> 것은?

① 신문, 정기간행물, 서적, 상품안내서 등 대통령령으로 정하는 것은 서신에서 제외한다.
② 중량이 350그램을 넘거나 기본통상우편요금의 10배를 넘는 서신은 위탁이 가능하다.
③ 국가를 제외한 사인(私人)은 원칙적으로 타인을 위한 서신의 송달행위를 업으로 하지 못한다.
④ 회사가 자기의 조직이나 계통을 이용하여 타인의 서신을 전달하는 행위는 원칙적으로 국가의 서신독점권을 침해하지 않는다.

> **해설** 사인(私人)은 원칙적으로 타인을 위한 서신의 송달행위를 업으로 하는 것뿐만 아니라, 자기의 조직이나 계통을 이용하여 타인의 서신을 전달하는 행위도 할 수 없다. 다만, 국내에서 회사의 본점과 지점 간 또는 지점 상호 간에 수발하는 우편물로서 발송 후 12시간 이내에 배달이 요구되는 상업용 서류는 서신에서 제외되므로 서신독점권의 대상에 포함되지 않는다.
>
> 답 ④

03 다음 중 우편 이용관계자가 <u>아닌</u> 사람은?

① 우편관서
② 발송인
③ 수취인
④ 과학기술정보통신부장관

> **해설** 우편 이용관계자는 우편관서, 발송인, 수취인이다.
>
> 답 ④

더 알아보기➕

우편의 이용관계
• 우편 이용관계는 이용자가 우편 서비스 제공을 목적으로 마련된 인적 · 물적 시설을 이용하는 관계이다.
• 우편 이용자와 우편관서 간의 우편물 송달 계약을 내용으로 하는 사법(私法)상의 계약 관계(통설)이다. 다만, 우편사업 경영 주체가 국가이며 공익적 성격을 띠고 있으므로 이용관계에서 다소 권위적인 면이 있다.

04 다음 중 우편의 의의에 관한 내용으로 옳지 <u>않은</u> 것은?

① 좁은 의미의 우편은 우정사업본부가 책임지고 서신 등의 의사를 전달하는 문서나 통화 그 밖의 물건을 나라 안팎으로 보내는 업무를 말한다.

② 우편은 전기적인 방법으로 정보를 전달하는 것을 포함한다.

③ 넓은 의미의 우편은 우편관서가 문서나 물품을 전달하거나 이에 덧붙여 제공하는 업무를 통틀어 이르는 말이다.

④ 우편은 국민이 일상생활에서 평균적인 삶을 꾸릴 수 있도록 국가가 제공하는 기본적인 사회 서비스이다.

> **해설** 우편은 서신이나 물건 등의 실체를 전달한다는 점에서 전기적인 방법으로 정보를 전달하는 전기통신과는 구별된다.
>
> 답 ②

더 알아보기 ➕

전기통신
유선과 무선 · 광선 및 기타의 전자기적 방식에 의해 모든 종류의 기호 · 신호 · 문언 · 영상 · 음향 또는 정보의 모든 전송 · 발사 · 수신의 작용을 가리킨다. 이메일, 카카오톡 대화, 인터넷 메신저 등이 포함된다.

05 우편사업의 특성 및 우편의 이용관계에 대한 내용으로 가장 옳은 것은?

① 우편사업은 「우편법」에 따라 정부기업으로 운영되고 있기 때문에 국가가 직영하며, 과학기술정보통신부장관이 관장한다.

② 수취인은 우편 이용계약 당사자로서 원칙적으로 우편물 수취에 대한 의무 부담 없이 권리만을 가지지만, 예외적으로 요금수취인부담우편물의 경우에는 우편물 수취의무 및 우편요금 납부의무를 부담한다.

③ 우편사업은 콜린 클라크의 산업분류에 의하면 노동집약적 성격이 강한 3차 산업에 속하며, 많은 인력이 필요한 사업 성격 때문에 인건비는 사업경영에 있어서 큰 부담이 되고 있다.

④ 우편사업의 회계 제도는 특별회계로서 독립채산제를 채택하고 있으므로 다른 국가사업에 비하여 경영상의 제약이 약한 대신 적자가 나도 다른 회계에서 지원받을 수 없다.

① 우편사업은 「우편법」이 아니라 「정부기업예산법」에 따라 정부기업으로 정해져 있다.
② 수취인은 우편 이용관계자에 속하며, 요금수취인부담우편물의 경우에도 우편물 수취의무가 생기는 것이 아니고 우편물 수취에 대한 권리만을 가진다.
④ 우편사업의 회계 제도는 특별회계로서 독립채산제를 채택하고 있지만 이는 경영의 합리성과 사업운영 효율성을 확보하고 예산을 신축적으로 사용하기 위한 것일 뿐이고, 오히려 우편사업은 구성원이 국가공무원일 뿐만 아니라 사업의 전반을 법령으로 정하고 있기 때문에 경영상 제약이 많지만, 적자가 났을 때에는 다른 회계에서 지원을 받을 수 있다.

답 ③

06 다음 중 우편사업에 관한 설명으로 옳지 <u>않은</u> 것은?

① 우편 이용관계에 있어서는 제한능력자의 행위라도 능력자가 행한 것으로 간주된다.
② 우편 이용계약의 성립시기는 우체국 창구에서 직원이 접수한 때나 우체통에 넣은 때로 본다.
③ 우편사업은 정부기업으로 정해져 있고, 사업의 전반을 법령으로 정하고 있기 때문에 적자가 났을 때에는 다른 회계에서 지원을 받을 수 있다.
④ 우편 이용관계는 우편 이용자와 우편관서 간의 우편물 송달 계약을 내용으로 하는 공법상의 계약관계이다.

해설
우편 이용관계는 우편 이용자와 우편관서 간의 우편물 송달 계약을 내용으로 하는 사법(私法)상의 계약관계(통설)이다.
다만, 우편사업 경영 주체가 국가이며 공익적 성격을 띠고 있으므로 이용관계에서 다소 권위적인 면이 있다.

답 ④

07 우편사업의 관계법률에 대한 설명 중 옳지 <u>않은</u> 것은?

① 「우정사업 운영에 관한 특례법」은 경영 합리성과 서비스 품질을 높이기 위한 특례 규정이다.
② 별정우체국의 업무, 직원 복무 · 급여 등에 대한 사항은 「별정우체국법」에 규정되어 있다.
③ 「우편법」은 우정사업의 조직 · 인사 · 예산 · 경영평가, 요금 및 수수료 결정, 우정재산의 활용 등을 규정하고 있다.
④ 「우체국창구업무의 위탁에 관한 법률」은 우편취급국의 업무, 이용자보호, 물품 보급 등에 대한 사항을 규정한 법령이다.

「우편법」이 아니라 「우정사업 운영에 관한 특례법」에 규정된 내용이다. 「우정사업 운영에 관한 특례법」상 우정사업의 범위는 우편 · 우편환 · 우편대체 · 우체국예금 · 우체국보험에 관한 사업 및 이에 딸린 사업이고, 조직 · 인사 · 예산 · 경영평가, 요금 및 수수료 결정, 우정재산의 활용 등을 규정하고 있다.

답 ③

08 다음 (   ) 안에 들어갈 말로 옳은 것은?

> 우편 이용관계에서는 (   )의 행위라도 능력자가 행한 것으로 간주되며, 법률행위에 하자가 발생한 경우를 제외하고는 그 행위에 대해 임의로 이용관계의 (   )를 주장할 수 없다.

① 미성년자, 취소
② 피특정후견인, 무효
③ 제한능력자, 무효 또는 취소
④ 범죄자, 무효 또는 취소

 제한능력자(무능력자) : 혼자서 유효한 법률행위를 할 수 없는 사람
- 관련 법령 : 미성년자(「민법」 제5조), 피성년후견인(「민법」 제9조), 피한정후견인(「민법」 제12조), 피특정후견인(「민법」 제14조의2)
- 유아, 만취한 사람 등 자기 행위에 따르는 결과를 판단할 수 없는 의사제한능력자도 포함

답 ③

09 다음 중 우편의 이용계약의 성립시기로 옳은 것은?

① 우표를 붙였을 때
② 우편물이 수취인에게 도달했을 때
③ 집배원 접수 시 집배원에게 물건을 건넸을 때
④ 우체통에 투입한 때

우편 이용계약의 성립시기
- 우체국 창구에서 직원이 접수한 때나 우체통에 넣은 때를 계약의 성립시기로 본다.
- 방문접수와 집배원이 접수한 경우에는 영수증을 교부한 때가 계약 성립시기가 된다.

답 ④

| STEP2 | 우편서비스 종류와 이용조건

01 다음 중 의사전달물이 **아닌** 것은?

① 외국과 주고받는 국제서류
② 본점과 지점 간 또는 지점 상호 간에 주고받는 우편물로서 발송 후 12시간 이내에 배달이 요구되는 상업용 서류
③ 화물에 첨부하는 봉하지 아니한 첨부서류 또는 송장
④ 상품의 가격 · 기능 · 특성 등을 문자 · 사진 · 그림으로 인쇄한 12쪽 이상인 책자 형태의 상품안내서

> **해설** 상품의 가격 · 기능 · 특성 등을 문자 · 사진 · 그림으로 인쇄한 16쪽 이상(표지 포함)인 책자 형태의 상품안내서가 의사전달물에 해당한다.
>
> 답 ④

더 알아보기 ⊕

서신 제외 대상(「우편법 시행령」 제3조)
- 「신문 등의 진흥에 관한 법률」 제2조 제1호에 따른 신문
- 「잡지 등 정기간행물 진흥에 관한 법률」 제2조 제1호 가목에 따른 정기간행물
- 다음의 요건을 모두 충족하는 서적
  – 표지를 제외하고 48쪽 이상인 책자의 형태로 인쇄 · 제본되었을 것
  – 발행인 · 출판사나 인쇄소의 명칭 중 어느 하나를 표시하여 발행되었을 것
  – 쪽수가 표시되어 발행되었을 것
- 상품의 가격 · 기능 · 특성 등을 문자 · 사진 · 그림으로 인쇄한 16쪽 이상(표지 포함)인 책자 형태의 상품안내서
- 화물에 첨부하는 봉하지 아니한 첨부서류나 송장
- 외국과 주고받는 국제서류
- 국내에서 회사(「공공기관의 운영에 관한 법률」에 따른 공공기관 포함)의 본점과 지점 상호 간 또는 지점 상호 간 주고받는 우편물로서 발송 후 12시간 이내에 배달이 요구되는 상업용 서류
- 「여신전문금융업법」 제2조 제3호에 해당하는 신용카드

02 다음 중 우체국소포 방문접수에 관한 설명으로 옳지 **않은** 것은?

① 우체국소포는 소포우편물 방문접수와 관련한 모든 업무를 대표할 수 있는 명칭으로 사용 가능하다.
② 개인고객의 방문접수 신청 시 해당 우체국에서 픽업한다.
③ 인터넷우체국을 통하여 신청하면 방문접수가 가능하다.
④ 정기 · 부정기 이용계약을 체결하여 안내전화 후 정해진 시간에 방문접수가 가능하다.

> **해설** 소포우편물을 자주 발송하는 경우에는 정기·부정기 이용계약을 체결하여 별도의 전화 없이도 정해진 시간에 방문접수한다.
>
> 답 ④

03 다음 중 정기간행물 등을 묶어 발송하는 띠종이의 요건으로 옳지 <u>않은</u> 것은?

① 발송인이 원하는 사항은 띠종이 앞면의 윗부분 1/2과 띠종이의 뒷면 전체 등 허락된 공간에만 표시할 수 있다.
② 정기간행물이 신문형태인 경우 발송인 주소·성명·우편번호는 뒷면에 기재한다.
③ 정기간행물이 신문형태가 아닌 경우 띠종이가 발송하는 우편물의 전부를 덮는 크기여야 한다.
④ 발송할 우편물 윗부분에 고정하여 움직이지 않게 밀착시켜야 한다.

> **해설** 띠종이는 발송할 우편물 아랫부분에 고정하여 움직이지 않게 밀착시켜야 한다.
>
> 답 ④

> **더 알아보기 ➕**
>
> **정기간행물 등을 묶어 발송하는 띠종이의 요건**
> - 띠종이의 크기
>   - 신문형태 정기간행물용 : 세로(70mm 이상)×가로(최소 90mm~최대 235mm)
>   - 다른 형태 정기간행물용 : 우편물을 전부 덮는 크기
> - 그 밖의 사항
>   - 우편물 아랫부분에 고정하여 움직이지 않게 밀착
>   - 신문형태의 경우 발송인 주소·성명·우편번호는 뒷면 기재
>   - 신문형태가 아닌 정기간행물 크기가 A4(297mm×210mm) 이하인 경우 우편물 원형 그대로 띠종이 사용. 단, 접어둔 상태가 편편하고 균일한 것은 접어서 발송 가능

04 통상우편물의 발송요건으로 옳지 <u>않은</u> 것은

① 통상우편물은 봉투에 넣어 봉함하여 발송하는 것을 원칙으로 한다.
② 봉투에 넣어 봉함하기가 적절하지 않은 우편물은 발송할 수 없다.
③ 요건에 적합하게 제조한 사제엽서 및 전자우편물의 경우에는 봉함하지 않고 발송할 수 있다.
④ 우편물 정기발송계약을 맺은 정기간행물은 우정사업본부장이 정하여 고시하는 바에 따라 띠종이 등으로 묶어서 발송할 수 있다.

> **해설** 봉투에 넣어 봉함하기가 적절하지 않은 우편물은 우정사업본부장이 정하여 고시한 기준에 적합하도록 포장하여 발송
> 할 수 있다.
>
> **답 ②**

05 등기소포와 일반소포의 차이점에 대한 설명으로 옳지 <u>않은</u> 것은?

① 등기소포는 접수에서 배달까지의 송달과정에 대해 기록하지만, 일반소포는 기록하지 않는다.
② 등기소포는 지연배달 시 손해배상청구가 불가능하지만, 일반소포는 가능하다.
③ 등기소포는 반송 시 반송수수료를 징수하지만, 일반소포는 반송수수료를 징수하지 않는다.
④ 등기소포는 부가취급서비스가 가능하고, 일반소포는 불가능하다.

해설 등기소포와 일반소포와의 차이

구분	등기소포	일반소포
취급방법	접수에서 배달까지의 송달과정에 대해 기록	기록하지 않음
요금납부 방법	현금, 우표첩부, 우표납부, 신용카드 결제	현금, 우표첩부, 신용카드 결제
손해배상	망실 · 훼손, 지연배달 시 손해배상청구 가능	없음
반송료	반송 시 반송수수료 (등기통상취급 수수료 해당금액) 징수	없음
부가취급서비스	가능	불가능

※ 보통소포(×)–일반소포(○) // 일반등기통상(×)–등기통상(○)

답 ②

06 통상우편물의 권장 규격 요건으로 옳지 <u>않은</u> 것은?

① 창봉투 창문은 불투명도 20% 이하이어야 한다.
② 지질(재질)의 불투명도는 75% 이상이어야 한다.
③ 지질(재질)은 $80g/m^2$ 이상이어야 한다.
④ 색상은 70% 이상 반사율을 가진 흰 색이나 밝은 색이어야 한다.

지질(재질)은 70g/m² 이상이어야 한다.

답 ③

07 다음 중 선택적 우편서비스 대상에 해당하는 것을 모두 고른 것은?

> ㉠ 우편물 방문접수
> ㉡ 2kg 이하의 통상우편물
> ㉢ 전자우편
> ㉣ 모사전송(FAX)우편

① ㉠, ㉡, ㉢
② ㉡, ㉢, ㉣
③ ㉠, ㉢, ㉣
④ ㉠, ㉡, ㉣

 선택적 우편서비스의 대상인 것은 ㉠, ㉢, ㉣이다.
㉡ 2kg 이하의 통상우편물은 보편적 우편서비스에 해당한다.

답 ③

08 다음 중 우편물 배달기한에 대한 내용으로 옳지 <u>않은</u> 것은?

① 교통 여건 등으로 인해 우편물 운송이 특별히 어려운 곳은 관할 지방우정청장이 별도로 배달기한을 정하여 공고한다.
② 접수 우편물 기준으로 일반적인 배달기한 적용이 어려운 지역은 접수한 그날에 관할 집중국으로 운송하기 어려운 지역을 말한다.
③ 접수 · 배달 우편물의 운송이 모두 어려운 곳의 배달기한은 접수와 배달 중 더 긴 필요 일수로 계산한다.
④ 익일특급의 배달기한은 접수한 다음날이다.

 운송 곤란 지역의 배달 기한 계산 방법
• 접수 · 배달 우편물의 운송이 모두 어려운 곳은 각각의 필요 일수를 배달기한에 합하여 계산
• 다른 지방우정청에서 다르게 적용하도록 공고한 지역이 있는 경우에도 각각의 필요 일수를 합하여 계산

답 ③

09 다음 중 국내 소포우편물에 대한 내용으로 옳은 것은?

① KPS는 소포우편물 창구접수의 브랜드이다.
② 일반소포는 지연배달 시 손해배상청구를 할 수 없고, 반송 시 반송수수료를 징수한다.
③ 소포우편물에 대한 요금납부를 우표로 하는 것은 불가능하다.
④ 소포우편물에는 감사인사 메모를 동봉할 수 있다.

해설
① 우체국소포(KPS; Korea Parcel Service)는 소포우편물 방문서비스의 브랜드이다.
② 일반소포는 기록취급을 하지 않으므로 지연배달 시 손해배상청구를 할 수 없고, 반송 시 반송수수료를 징수하지 않는다.
③ 요금은 우표로도 납부가 가능하며, 납부방법은 우표를 창구에 제출하거나 우편물 표면에 첩부한다.

답 ④

10 다음 〈보기〉에서 의사전달물에 해당하는 것은 모두 몇 개인가?

보기
- 신문
- 백지노트
- 화폐
- 우편환증서
- 즉결심판출석통지서
- 입영통지서
- 신용카드
- 정기간행물
- 보험 상품안내서(16쪽 이상)
- 우표
- 서적

① 2개
② 3개
③ 4개
④ 5개

해설
위의 〈보기〉 중에서 의사전달물에 해당하는 것은 신문, 신용카드, 정기간행물, 서적, 16쪽 이상의 상품안내서로 총 5개이다.

답 ④

11 다음 중 보편적 우편서비스 대상에 해당하지 <u>않는</u> 우편물은?

① 모사전송(FAX)우편
② 15kg 소포우편물의 특수취급우편물
③ 1kg의 통상우편물
④ 18kg의 소포우편물

 우편과 다른 기술 또는 서비스가 결합된 우편서비스는 선택적 우편서비스의 대상이다.
예 전자우편, 모사전송(FAX)우편, 우편물 방문접수 등

답 ①

12 통상우편물의 종류와 예시를 연결한 것으로 가장 옳지 <u>않은</u> 것은?

① 서신 – 신문, 정기간행물, 서적, 상품안내서 등 대통령령으로 정하는 것
② 의사전달물 – 상품안내서, 화물 첨부서류 혹은 송장, 외국과 수발하는 국제서류, 본점과 지점 상호 간 또는 지점 상호 간 12시간 이내 수발하는 서류
③ 통화 – 유통 수단이나 지불 수단으로 가능한 화폐, 보조 화폐
④ 소형포장우편물 – 우편물의 용적, 무게와 포장방법 고시 규격에 맞는 작은 물건

 서신이란, 의사전달을 위하여 특정인이나 특정 주소로 송부하는 것으로서 문자 · 기호 · 부호 또는 그림 등으로 표시한 유형의 문서 또는 전단을 말한다. 다만 신문, 정기간행물, 서적, 상품안내서 등 대통령령으로 정하는 것은 제외된다.

답 ①

13 다음 중 소포우편물의 접수에 관한 내용으로 옳지 <u>않은</u> 것은?

① 내용품에 대하여 발송인이 허위로 진술한다고 의심이 가는 경우에는 개피를 요구하고 내용품을 확인한다.
② 내용품의 성질 등에 따라 송달 중 파손되지 않고 튼튼하게 포장하였는지를 확인한다.
③ 소포우편물의 표면 왼쪽 중간에는 "소포" 표시를 한다.
④ 요금을 우표로 납부하고자 하는 때에는 우표를 창구에 제출하여야 하며 우편물 표면엔 붙일 수 없다.

해설 요금은 우표로도 납부가 가능하며 우표로 납부하고자 하는 때에는 우표를 창구에 제출(우표 납부)하거나 우편물 표면에 첨부(우표 첨부)한다.

답 ④

14 통상우편물의 용적제한에 대한 설명으로 옳지 않은 것은?

① 소형포장우편물은 가로·세로 및 높이를 합하여 35cm 미만이어야 한다.
② 원통형의 소형포장우편물은 지름과 길이를 합하여 35cm를 초과할 수 없다.
③ 통상우편물의 최대 중량은 6kg이다.
④ 평면의 크기가 길이 14cm, 너비 9cm 이상이어야 한다.

해설 서신 등 의사전달물 및 통화의 경우 원통형은 지름의 2배와 길이를 합하여 1m, 소형포장우편물의 경우 원통형은 지름의 2배와 길이를 합하여 35cm 미만이어야 한다.

답 ②

15 다음 괄호 안에 들어갈 우편물 배달기한으로 적절한 것은?

- 일반소포는 접수한 다음날부터 (ㄱ) 이내
- 당일특급은 접수한 당일 (ㄴ) 이내

	ㄱ	ㄴ
①	3일	15시
②	4일	15시
③	3일	20시
④	4일	20시

해설 우편물 배달기한

구분	배달기한	비고
통상우편물(등기포함)	접수한 다음날부터 3일 이내	
일반소포		
익일특급	접수한 다음날	※ 제주선편 : D+2일 (D : 우편물 접수한 날)
등기소포		
당일특급	접수한 당일 20:00 이내	

답 ③

---

16 다음 중 엽서에 대한 설명으로 옳지 <u>않은</u> 것은?

① 우정사업본부장이 발행하는 우편엽서와 사제엽서 제조요건에 적합하게 제조한 사제엽서는 봉함하지 아니하고 발송할 수 있다.
② 우정사업본부에서 발행하는 우편엽서는 최소 2g, 최대 5g이어야 한다.
③ 50g까지 규격 외 엽서는 430원 요금을 적용한다.
④ 문자 · 도안 표시에 발광 · 형광 · 인광물질을 사용할 수 있다.

해설 문자 · 도안 표시에 발광 · 형광 · 인광물질은 사용할 수 없으며, 기계판독률을 떨어뜨릴 수 있는 배경 인쇄 또한 불가하다.

답 ④

---

17 다음 중 봉함하거나 포장하여 발송하는 우편물의 규격과 외부표시사항에 대한 내용으로 옳지 <u>않은</u> 것은?

① 봉함우편물의 형태는 직사각형이다.
② 우편물의 표면은 특정부분 뛰어나옴 · 눌러찍기 · 돋아내기 · 구멍뚫기 등이 없이 균일해야 하나 점자 기록은 허용된다.
③ 창문봉투의 경우 다른 소재로 투명하게 창문을 제작한다.
④ 수취인 우편번호를 정확히 기재해야 하며, 일체 가려짐 및 겹침이 없어야 하는데, 해당 영역에는 관련된 다른 사항을 함께 표시할 수 있다.

수취인 주소와 우편번호(국가기초구역 체계로 개편된 5자리 우편번호)를 정확히 기재해야 하며, 일체 가려짐 및 겹침이 없어야 하는데, 해당 영역에는 우편번호 외에 다른 사항 표시가 불가하다.

정답 ④

더 알아보기 ⊕

규격우편물의 우편번호 기재

수취인 우편번호(국가기초구역 체계로 개편된 5자리 우편번호)를 정확히 기재해야 하며, 일체 가려짐이 없어야 한다.

※ 해당 영역에는 우편번호 외에 다른 사항 표시 불가하고, 우편번호 작성란을 인쇄하는 경우에는 5개의 칸으로 구성하여야 함

---

18 선택적 우편서비스 대상에 해당하지 <u>않는</u> 것은?

① 1.5kg의 특수취급 통상우편물
② 모사전송(FAX)우편
③ 25kg의 소포우편물
④ 5kg의 통상우편물

 선택적 우편서비스
1) 2kg을 초과하는 통상우편물
2) 20kg을 초과하는 소포우편물
3) 1) 또는 2)의 우편물의 기록취급 등 특수취급우편물
4) 우편과 다른 기술 또는 서비스가 결합된 우편서비스
   ⇒ 전자우편, 모사전송(FAX)우편, 우편물 방문접수 등
5) 우편시설, 우표, 우편엽서, 우편요금 표시 인영이 인쇄된 봉투 또는 우편차량장비 등을 이용하는 서비스
6) 우편 이용과 관련된 용품의 제조 및 판매
7) 그 밖에 우편서비스에 부가하거나 부수하여 제공하는 서비스

정답 ①

19 다음 중 통상우편물의 규격요건 및 외부표시(기재)사항으로 옳지 <u>않은</u> 것은?

① 수취인의 우편번호 6자리를 정확히 기재하여야 하며, 일체 가려짐 및 겹침이 없어야 한다.
② 봉함하여 발송하는 우편물의 크기는 세로 최소 90mm, 최대 130mm(허용 오차 ±5mm)이고, 가로 최소 140mm, 최대 235mm(허용 오차 ±5mm)이다.
③ 문자 · 도안 표시에 발광 · 형광 · 인광물질은 사용이 불가능하다.
④ 표면은 특정부분 튀어나옴 · 눌러찍기 · 돋아내기 · 구멍뚫기 등이 없이 균일해야 한다.

수취인 우편번호(국가기초구역 체계로 개편된 5자리 우편번호)를 정확히 기재하여야 하며, 일체 가려짐 및 겹침이 없어야 한다.

답 ①

20 통상우편물의 발송요건으로 옳은 것은?

① 우편엽서와 사제엽서는 봉함하여 발송해야 한다.
② 우편이용자는 우편물 접수 시 우편물의 내부에 발송인 및 수취인의 주소, 성명과 우편번호, 우편요금의 납부표시를 해야 한다.
③ 우편물 정기발송계약을 맺은 정기간행물은 고시에서 정하는 바에 따라 띠종이 등으로 묶어서 발송할 수 있다.
④ 봉투에 넣어 봉함하기가 적절하지 않은 우편물은 과학기술정보통신부장관이 정하여 고시한 기준에 적합하도록 포장하여 발송할 수 있다.

① 우정사업본부장이 발행하는 우편엽서와 사제엽서 제조요건에 적합하게 제조한 사제엽서 및 전자우편물은 그 특성상 봉함하지 아니하고 발송할 수 있다.
② 우편이용자는 우편물 접수 시 우편물의 외부에 다음의 사항을 표시하여 발송하여야 한다.
  • 발송인 및 수취인의 주소, 성명과 우편번호
  • 우편요금의 납부표시
④ 봉투에 넣어 봉함하기가 적절하지 않은 우편물은 우정사업본부장이 정하여 고시한 기준에 적합하도록 포장하여 발송할 수 있다.

답 ③

21 우편물의 중량에 관한 내용으로 옳지 <u>않은</u> 것은?

① 요금감액을 받는 우편물의 최대 무게는 800g이고, 요금감액을 받지 않는 서적과 달력, 다이어리는 1,200g이다.

② 통상우편물의 무게제한은 최소 2g, 최대 6,000g이다.

③ 국내특급은 30kg이 최대 무게이다.

④ 소포우편물의 무게는 30kg 이내이어야 한다.

> **해설** 정기간행물과 서적·달력·다이어리로서 요금감액을 받는 우편물은 1,200g이고, 요금감액을 받지 않는 서적과 달력, 다이어리는 800g이다.
>
> 답 ①

더 알아보기➕

통상우편물의 최대 중량
- 최소 2g~최대 6,000g
- 단, 다음과 같은 경우는 예외적 무게에 따름
  - 정기간행물, 서적, 달력, 다이어리로서 요금감액을 받는 우편물은 1,200g
  - 요금감액을 받지 않는 서적과 달력, 다이어리는 800g
  - 국내특급은 30kg이 최대 중량

| STEP3 | 우편물의 접수

01 다음 중 우편물의 물품에 따른 포장방법으로 옳지 <u>않은</u> 것은?

① 독약·극약·독물 및 극물은 성질이 같은 것에 한하여 2가지 이상 함께 포장 가능하다.
② 혐오성이 없는 살아있는 동물은 튼튼한 병, 상자 기타 적당한 용기에 넣어 완전히 그 탈출 및 배설물의 누출을 방지할 장치를 해야 한다.
③ 액체·액화하기 쉬운 물건은 안전누출방지용기에 넣어 내용물이 새어나지 않도록 봉하고 외부의 압력에 견딜 수 있는 튼튼한 상자에 넣는다.
④ 칼은 적당한 칼집에 넣거나 싸서 상자에 넣는 등의 방법으로 포장한다.

> **해설** 독극물은 2가지 종류를 함께 포장할 수 없다.
>
> 답 ①

더 알아보기⊕

물품에 따른 포장방법

구분	포장방법
1. 칼·기타 이에 유사한 것	적당한 칼집에 넣거나 싸서 상자에 넣는 등의 방법으로 포장할 것
2. 액체·액화하기 쉬운 물건	안전누출방지용기에 넣어 내용물이 새어나지 않도록 봉하고 외부의 압력에 견딜 수 있는 튼튼한 상자에 넣고, 만일 용기가 부서지더라도 완전히 누출물을 흡수할 수 있도록 솜, 톱밥 기타 부드러운 것으로 충분히 싸고 고루 다져 넣을 것
3. 독약·극약·독물 및 극물과 생병원체 및 생병원체를 포유하거나 생명원체가 부착한 것으로 인정되는 것	• 전호의 규정에 의한 포장을 하고 우편물 표면 보기 쉬운 곳에 품명 및 "위험물"이라고 표시할 것 • 우편물 외부에 발송인의 자격 및 성명을 기재할 것 • 독약·극약·독물 및 극물은 이를 2가지 종류로 함께 포장하지 말 것
4. 산꿀벌 등 일반적으로 혐오성이 없는 살아 있는 동물	튼튼한 병, 상자 기타 적당한 용기에 넣어 완전히 그 탈출 및 배설물의 누출을 방지할 장치를 할 것

02 국내 우편물의 최대 중량으로 옳지 <u>않은</u> 것은?

① 봉함우편물 – 50g
② 요금감액을 받지 않는 서적과 달력 – 1,200g
③ 국내특급 통상우편물 – 30kg
④ 소포우편물 – 30kg

> **해설** 요금감액을 받는 정기간행물, 서적, 달력, 다이어리의 최대중량은 1,200g이고, 요금감액을 받지 않는 서적과 달력, 다이어리의 최대 중량은 800g이다.
>
> 답 ②

03 우편물의 포장검사에 대한 내용으로 옳지 <u>않은</u> 것은?

① 2가지 종류의 독극물을 함께 포장한 것이 아닌지 검사한다.
② 살아있는 동물을 보낼 경우 탈출과 배설물 누출을 방지하는 장치가 있는지 검사한다.
③ 독극물이나 생병원체는 새지 않도록 튼튼하게 포장하고, 우편물 표면에 위험물이라고 표시하고 발송인의 자격과 핸드폰번호를 적었는지 검사한다.
④ 묶어서 발송하는 정기간행물의 띠종이는 발송 요건에 맞는지 검사한다.

> **해설** 독극물이나 생병원체는 새지 않도록 튼튼하게 포장하고, 우편물 표면에 "위험물"이라고 표시하고 "발송인의 자격과 성명"을 적었는지 검사한다.
>
> 답 ③

04 다음 중 소포우편물의 제한용적에 해당하지 <u>않는</u> 것은?

① 무게 30kg 이내
② 최소 가로 · 세로 · 높이 세 변을 합하여 35cm, 가로는 17cm 이상, 세로는 12cm 이상
③ 최대 가로 · 세로 · 높이 세 변을 합하여 160cm, 어느 변이나 1m를 초과할 수 없음
④ 원통형은 최소 지름의 2배와 길이를 합하여 50cm

> **해설** 원통형은 최소 지름의 2배와 길이를 합하여 35cm(단, 지름은 3.5cm 이상, 길이는 17cm 이상)
>
> 답 ④

05 우편물 접수에 관한 설명으로 옳지 <u>않은</u> 것은?

① 우편물 접수 시 검사 결과 규정에 위반된 것을 발견하였을 때에는 발송인이 보완하여 제출해야 하며, 불응할 때에는 접수를 거부할 수 있다.
② 통상우편물은 봉투에 넣어 봉함을 원칙으로 한다.
③ 우편엽서와 전자우편물은 봉함하지 않고 발송할 수 있다.
④ 병균류의 경우 관공서 방역연구소, 세균검사소, 의사 등의 허가를 받으면 접수하여 등기우편으로 발송 가능하다.

> **해설** 살아있는 병균 또는 이를 함유하거나 부착되어 있다고 인정되는 물건으로 관공서 방역연구소, 세균검사소, 의사(군의관 포함), 치과의사, 수의사 또는 약사의 면허를 받은 자가 등기우편으로 발송하는 것은 접수할 수 있다.
>
> 답 ④

06 다음 중 국내 우편물의 제한 중량 및 용적에 관한 내용으로 옳지 <u>않은</u> 것은?

① 소포우편물의 최대 부피는 가로·세로·높이 세 변을 합하여 160cm이며, 어느 변이나 1.5m를 초과할 수 없다.

② 국내특급의 무게는 30kg 이내이어야 한다.

③ 통상우편물의 평면의 최소용적은 길이 14cm, 너비 9cm이다.

④ 서신 등 의사전달물 및 통화의 최대 부피는 가로·세로 및 두께를 합하여 90cm이며, 어느 쪽이나 60cm를 초과할 수 없다.

해설 **소포우편물의 최대용적**
- 가로·세로·높이 세 변을 합하여 160cm이다.
- 다만, 어느 변이나 1m를 초과할 수 없다.

답 ①

| STEP4 | 국내우편물의 부가서비스

01 다음 중 등기취급에 대한 설명으로 옳지 않은 것은?

① 우편물 부가취급의 기본이 되는 서비스이다.
② 망실, 훼손 등의 사고가 일어날 경우 등기취급우편물과 보험등기우편물의 손해배상액은 서로 같다.
③ 우편물의 모든 취급과정을 기록한다.
④ 유가물이나 신용카드, 중요서류 등은 접수 검사할 때 내용품에 적합한 보험취급으로 발송하게 하고 이에 응하지 않을 때는 접수를 거절할 수 있다.

> **해설**
> 우편물 취급과정에서 망실, 훼손 등의 사고가 일어날 경우에는 등기취급우편물과 보험등기우편물의 손해배상액이 서로 다르므로 이용자에게 사전에 반드시 고지하여 발송인이 선택하도록 조치한다.
>
> 답 ②

02 다음 중 계약등기 우편제도에 대한 내용으로 옳지 않은 것은?

① 맞춤형은 1회 및 월 발송물량에 제한이 없다.
② 일반형 계약등기의 요금은 통상요금, 중량 구간별 요금, 부가취급수수료로 구성되어 있다.
③ 등기취급을 전제로 우체국장과 발송인과 별도의 계약에 따라 접수한 통상우편물을 배달하고, 그 배달결과를 발송인에게 전자적 방법 등으로 알려준다.
④ 일반형은 한 발송인이 1회 500통 이상이고 월 10,000통 이상 발송하는 등기통상 우편물을 대상으로 로 한다.

> **해설**
> • 일반형 계약등기 : 통상요금＋등기취급수수료＋부가취급수수료
> • 맞춤형 계약등기 : 표준요금＋중량 구간별 요금＋부가취급수수료
>
> 답 ②

03 다음에서 설명하는 국내우편물의 부가서비스는?

> 다른 법령에 따라 「민사소송법」이 정하는 방법으로 송달하고 송달 사실을 우편송달통지서를 통해 발송인에게 알려주는 부가취급 서비스로, 법 제187조의 규정에 의해 지정된 서류에 한하여 취급한다.

① 등기취급
② 국내특급
③ 민원우편
④ 특별송달

 해설 특별송달은 등기취급하는 통상우편물에 한하여 취급한다.

답 ④

04 다음 글에서 설명하는 서비스는 무엇인가?

> 보험등기 봉투를 이용하여 귀금속, 보석, 옥석, 기타 귀중품을 배달하는 보험취급제도의 하나로 통상우편물에 한정한다.

① 유가증권등기
② 물품등기
③ 통화등기
④ 안심소포

 해설
① 현금과 교환할 수 있는 우편환증서나 수표 따위의 유가증권을 보험등기 봉투에 넣어 직접 수취인에게 송달하는 서비스이다.
③ 우편을 이용해서 현금을 직접 수취인에게 배달하는 제도이다.
④ 고가의 상품 등 등기소포우편물을 대상으로 한다.

답 ②

▶ **더 알아보기**➕

물품등기의 취급대상
• 귀금속 : 금, 은, 백금 및 이들을 재료로 한 제품
• 보석류 : 다이아몬드, 진주, 자수정, 루비, 비취, 사파이어, 에메랄드, 오팔, 가닛 등 희소가치를 가진 것
• 주관적 가치가 있다고 신고 되는 것 : 응시원서, 여권, 신용카드류 등

05 다음 중 **통화등기에 대한 설명으로 옳은 것은?**

① 한도는 100만 원 이하의 국내통화로서 100원 미만의 단수는 붙일 수 없다.

② 강제 통용력이 있는 외국화폐도 취급 가능하다.

③ 통화등기우편물은 등기취급우편물로 발송하여야 한다.

④ 취급하는 중에 잃어버린 경우에는 통화등기 금액의 반액을 변상하여 주는 보험취급의 일종이다.

① 100만 원 이하의 국내통화로서 10원 미만의 단수는 붙일 수 없다.

② 다음의 것은 통화등기로 취급할 수 없다.

- 현재 사용할 수 없는 옛날 통화
- 마모 · 오염 · 손상의 정도가 심하여 통용하기가 곤란한 화폐
- 외국화폐

④ 만일 취급하는 중에 잃어버린 경우에는 통화등기 금액 전액을 변상하여 주는 보험취급의 일종이다.

답 ③

06 다음 중 **국내우편의 특수취급제도에 대한 설명으로 옳지 않은 것은?**

① 특별송달은 등기취급을 전제로 「민사소송법」의 규정에 의한 방법으로 송달하는 우편물로서 배달우체국에서 배달결과를 발송인에게 통지하는 특수취급제도이다.

② 보험통상에는 통화등기, 물품등기, 유가증권등기, 외화등기가 속한다.

③ 통화등기는 국내 통화를 수취인에게 직접 배달하는 제도이다.

④ 내용증명의 내용문서는 한글 사용을 원칙으로 하며 원본과 등본 모두 양면으로 작성할 수 있다.

내용문서는 한글, 한자 또는 그 밖의 외국어로 자획을 명확하게 기록한 문서에 한정하여 취급하며 숫자, 괄호, 구두점이나 그 밖에 일반적으로 사용하는 기호는 함께 쓸 수 있다. 그리고 공공의 질서, 선량한 풍속에 반하는 내용이 아니어야 하며 내용문서의 원본과 등본이 같은 내용임을 쉽게 알아볼 수 있어야 한다. 내용문서의 원본과 등본의 작성은 양면을 사용하여 작성할 수 있고, 양면으로 작성한 경우 2매로 계산한다.

답 ④

07 계약등기 우편의 부가취급서비스에 대한 내용으로 옳지 <u>않은</u> 것은?

① 착불배달은 우편물의 요금을 배달할 때 수취인에게서 받는 제도이다.

② 우편주소 정보제공을 이용하려면 수취인의 동의를 받아야 한다.

③ 반환취급 사전납부는 일반형 계약등기 우편물을 대상으로 하며, 최초 1년간은 등기우편물 반환율에 1%를 가산하여 적용한다.

④ 회신우편은 발송인이 사전에 배달과 회신에 대한 상세한 사항을 계약관서와 협의하여 정한 계약등기 우편물이다.

> **해설**
> 반환취급 사전납부는 일반형 계약등기 우편물을 대상으로 하며, 최초 1년간은 등기우편물 반환율에 0.5%를 가산하여 적용한다.
>
> 답 ③

08 선납 등기 라벨 서비스에 대한 설명으로 옳지 <u>않은</u> 것은?

① 등기번호 및 발행번호가 부여된 선납 라벨을 우체국 창구 등에서 구매하여 첨부하면 창구 외(우체통, 무인접수기)에서도 등기우편물을 접수할 수 있도록 하는 서비스이다.

② 등기통상우편물을 대상으로 한다.

③ 판매가격은 200g까지 1,800원[정액(단일)요금]으로 처리한다.

④ 접수채널은 전 관서 우편창구 및 우체통 투함, 무인우체국이다.

> **해설**
> ③은 선납 준등기 라벨의 판매가격에 대한 설명이다.
> 선납 등기 라벨 서비스의 판매가격은 중량별 차등 적용되는 등기통상우편물의 요금에 따라 달라지며, 다음과 같다.
> • 기본 : 중량별 통상우편요금 + 등기취급 수수료
> • 선택 : 익일특급 수수료, 배달증명 수수료
>
> 답 ③.

09 다음 국내우편물 보험취급 중 안심소포에 관한 내용으로 가장 옳은 것은?

① 귀금속, 보석, 옥석 및 그 밖의 귀중품이나 주관적 가치가 있다고 신고하는 것을 보험등기봉투에 넣어 수취인에게 직접 송달한다.

② 사회통념상 크기에 비하여 가격이 높다고 발송인이 신고한 것으로서 그 취급에 특히 유의할 필요가 있는 물품은 안심소포로 접수하도록 하고, 보석류나 귀금속은 물품등기로 접수하도록 안내한다.

③ 현금과 교환할 수 있는 우편환증서나 수표 따위의 유가증권을 보험등기봉투에 넣어 직접 수취인에게 송달하는 서비스이다.

④ 우편을 이용해서 현금을 직접 수취인에게 배달하는 제도로서 해당 관서를 방문해야 하는 번거로움이 없어 시간이 절약되고 번잡한 수속절차를 생략할 수 있다.

해설
① 물품등기
③ 유가증권등기
④ 통화등기

정답 ②

더 알아보기 ⊕

안심소포의 취급대상
- 등기소포를 전제로 보험가액 300만 원 이하의 귀중품 · 고가품 등 사회통념상 크기에 비하여 가격이 높다고 발송인이 신고한 것으로서 그 취급에 특히 유의할 필요가 있는 물품과 파손, 변질 등의 우려가 있는 물품
- 귀금속, 보석류 등의 소형포장우편물은 물품등기로 접수하도록 안내
- 부패하기 쉬운 냉동 · 냉장 물품은 이튿날까지 도착이 가능한 지역이어야 함
  ※ 우편물 배달기한 내에 배달하기 곤란한 지역으로 가는 물품은 접수 제외
- 등기소포 안의 내용물은 발송인이 참관하여 반드시 확인

10 다음 부가서비스에 대한 내용을 바르게 연결한 것은?

> ㄱ. 「민사소송법」이 정하는 방법에 따라 등기통상으로 송달하고 송달 사실을 우편송달통지서를 통해 발송인에게 알려주는 부가취급 서비스이다.
> ㄴ. 현금과 교환할 수 있는 우편환증서나 수표 따위의 유가증권을 보험등기 봉투에 넣어 직접 수취인에게 송달하는 서비스이다.
> ㄷ. 우체국과 금융기관과의 계약을 통해 외국통화(현물)를 고객에게 직접 배달하는 맞춤형 우편서비스이다.

	ㄱ	ㄴ	ㄷ
①	통화등기	외화등기	안심소포
②	특별송달	유가증권등기	외화등기
③	물품등기	특별송달	통화등기
④	보험통상	유가증권등기	외화등기

 해설

특별송달
- 특별송달이란 「민사소송법」이 정하는 방법에 따라 등기통상으로 송달하고 송달 사실을 우편송달통지서를 통해 발송인에게 알려주는 부가취급 서비스이다.
- 「민사소송법」 제187조의 규정에 의해 지정된 서류에 한하여 취급하게 된다.
- 등기취급하는 통상우편물에 한하여 취급한다.

유가증권등기
- 현금과 교환할 수 있는 우편환증서나 수표 따위의 유가증권을 보험등기 봉투에 넣어 직접 수취인에게 송달하는 서비스이다.
- 망실하거나 훼손한 경우에는 봉투 표면에 기록된 금액을 배상하여 주는 보험취급제도의 일종이다.
- 유가증권등기우편물은 등기취급우편물로 발송하여야 한다.

외화등기
- 우체국과 금융기관과의 계약을 통해 외국통화(현물)를 고객에게 직접 배달하는 맞춤형 우편서비스이다.
- 맞춤형 계약등기(보험취급 + 본인지정 + 익일특급)의 방식이다.
- 금융기관과의 계약을 통하여 외화현금을 접수·배달한다.

정답 ②

11 계약등기 우편제도에 대한 내용으로 옳지 <u>않은</u> 것은?

① 일반형의 취급대상(물량기준)은 한 발송인이 1회 100통 이상이고 월 5,000통 이상(두 요건 모두 충족) 발송하는 등기통상 우편물이다.

② 착불배달, 회신우편, 본인지정배달, 우편주소정보 제공, 반환취급 사전납부 등의 부가취급서비스가 가능하다.

③ 맞춤형 계약등기 취급상품과 요금에 대해 과학기술정보통신부장관이 고시한다.

④ 맞춤형은 1회 및 월 발송물량에 제한이 없다.

> **일반형 계약등기**
> - 등기취급을 전제로 부가취급서비스를 선택적으로 포함하여 계약함으로써, 고객이 원하는 우편서비스를 제공하는 상품
> - 한 발송인이 1회에 500통 이상, 월 10,000통 이상(두 요건 모두 충족) 발송하는 등기통상 우편물
>
> **맞춤형 계약등기**
> - 등기취급을 전제로 신분증류 등 배달 시 특별한 관리나 서비스가 필요한 우편물로 표준요금을 적용하는 상품
> - 1회, 월 발송물량 제한 없음
> - 취급상품과 요금에 대해 과학기술정보통신부장관이 고시
>
> 답 ①

12 다음 중 국내특급우편에 부가할 수 있는 우편역무는 무엇인가?

① 착불배달
② 등기
③ 본인지정배달
④ 회신우편

> 국내특급우편에 부가할 수 있는 우편역무는 등기취급과 배달증명이다(「우편법 시행규칙」 별표 2).
>
> 답 ②

13 다음 중 선택등기 서비스에 대한 설명으로 옳지 <u>않은</u> 것은?

① 선택등기 서비스는 등기 취급 및 발송인의 우편물 반환 거절을 전제로 우편물을 배달하되, 수취인에게 배달할 수 없는 경우 준등기 취급에 따라 우편물을 배달하는 특수취급제도이다.

② 6kg까지의 통상우편물을 취급하되, 특급 취급 시 20kg까지 가능하다.

③ 요금은 중량별 통상우편요금과 선택등기 취급수수료인 2,100원의 합으로 산정한다.

④ 선택등기는 접수한 다음 날부터 3일 이내에 배달해야 한다.

> **해설** 선택등기 서비스는 6kg까지의 통상우편물을 취급하되, 특급 취급 시 30kg까지 가능하다.
>
> 답 ②

14 다음 중 내용증명의 취급요령에 대한 설명으로 옳지 <u>않은</u> 것은?

① 수취인에게 발송할 내용문서의 원본, 우체국에서 보관할 등본, 발송인에게 교부할 등본에는 우편날짜도장으로 계인한다.

② 동문내용증명인 경우 우체국에서 보관하는 등본에 기록된 수취인의 주소, 성명 아래쪽에 걸치도록 우편날짜도장으로 계인한다.

③ 내용문서의 원본이나 등본의 수량이 2장 이상일 때에는 내용문서의 원본 및 등본의 글자를 훼손하지 않도록 빈 여백에 우편날짜도장으로 간인해야 하며, 천공기로 간인해서는 안 된다.

④ 내용증명 취급수수료에 해당하는 우표는 우체국에 보관하는 등본의 빈 곳에 붙이고 우편날짜도장으로 소인한다.

> **해설** 내용문서의 원본이나 등본의 수량이 2장 이상일 때에는 내용문서의 원본 및 등본의 글자를 훼손하지 않도록 빈 여백에 우편날짜도장으로 간인하거나, 천공기로 간인하여야 한다.
>
> **내용증명 취급요령**
> • 수취인에게 발송할 내용문서의 원본, 우체국에서 보관할 등본, 발송인에게 교부할 등본에는 우편날짜도장으로 계인한다. 다만, 동문내용증명인 때에는 우체국에서 보관하는 등본에 기록된 수취인의 주소·성명 아래쪽에 걸치도록 우편날짜도장으로 계인한다.
> • 내용문서의 원본이나 등본의 수량이 2장 이상일 때에는 내용문서의 원본 및 등본의 글자를 훼손하지 않도록 빈 여백에 우편날짜도장으로 간인하거나, 천공기로 간인하여야 한다.
> ※ 발송인의 인장이나 지장으로 간인하지 않음에 주의해야 한다.
> • 내용증명 취급수수료에 해당하는 우표는 우체국에 보관하는 등본의 빈 곳에 붙이고 우편날짜도장으로 소인한다. 다만, 즉납으로 출력된 요금증지를 첨부하거나 날짜가 표시되어 있는 후납 인을 날인하는 경우에는 소인을 생략하며, 후납인 아래에 취급수수료 금액을 표시하여야 한다.
>
> 답 ③

| STEP5 | 그 밖의 우편서비스

01 다음 중 준등기 우편서비스에 관한 설명으로 옳지 <u>않은</u> 것은?

① 우편물의 접수에서 배달 전(前) 단계까지는 등기우편으로 취급하고 수취함에 투함하여 배달을 완료하는 제도이다.

② 등기우편으로 취급되는 단계까지만 손해배상을 하는 우편서비스이다.

③ 200g 이하의 국내통상우편물이 대상이다.

④ 요금은 전자우편 제작수수료를 포함하여 1,500원이다.

> **해설** 준등기 우편서비스의 요금은 1,800원(정액 요금)이며, 전자우편 제작수수료는 별도이다.
>
> 답 ④

02 우편부가서비스에 대한 내용으로 옳지 <u>않은</u> 것은?

① 우체국축하카드는 일반통상우편과 등기통상우편 모두 가능하며 당일특급, 익일특급, 배달증명, 상품권 동봉서비스, 예약배달서비스가 가능하다.

② 고객맞춤형 엽서의 부가형은 희망하는 고객에게만 발송인 · 수취인의 주소 · 성명, 통신문까지 함께 인쇄하여 신청고객이 지정한 수취인에게 발송까지 대행한다.

③ 광고우편엽서의 전국판은 4개 이상의 광역지방자치단체 지역에서 동시에 판매하며, 최저 5만 장 이상 20만 장까지 발행한다.

④ 나만의 우표에 사용할 자료가 타인의 초상권, 지적재산권 등을 침해한 경우에는 정당한 권리자로부터 받은 사용허가서나 사용권한 증명 서류를 제출해야 한다.

> **해설** 광고우편엽서 전국판은 최저 20만 장 이상 300만 장까지, 지방판은 최저 5만 장 이상 20만 장 미만으로 발행한다.
>
> 답 ③

더 알아보기⊕

광고우편엽서의 발행량과 판매지역
- 전국판 : 최저 20만 장 이상 300만 장까지 발행하며 특별시, 광역시 · 도 중 4개 이상의 광역지방자치단체 지역에서 동시에 판매
- 지방판 : 최저 5만 장 이상 20만 장 미만으로 발행하며 특별시, 광역시 · 도 중 3개 이하의 광역지방자치단체에서 판매

03 다음 중 광고우편엽서에 대한 설명으로 옳지 <u>않은</u> 것은?

① 4급 또는 5급 우체국이 설치되어 있는 시 · 군에서 접수 가능하다.
② 광고주가 구입 요청을 한 경우에만 판매구역에 관계없이 광고주가 지정하는 우체국에서 판매한다.
③ 발행일 50일 전에 광고디자인 설명서, 광고디자인 자료를 함께 접수한다.
④ 광고디자인의 조건은 5색 이내이다.

 광고우편엽서는 전국 우체국에서 접수 가능하다.

답 ①

04 우체국쇼핑에서 다음 내용과 가장 관계가 깊은 서비스는?

> 검증된 우수한 품질의 농 · 수 · 축산물을 전국 우편망을 이용해 생산자와 소비자를 연결해주는 서비스

① 전통시장
② 제철식품
③ 특산물
④ 생활마트

 ① 전통시장 : 대형 유통업체의 상권 확대로 어려워진 전통시장 소상인들의 판로 확보를 위해 전국의 전통시장 상품을 인터넷몰에서 판매하는 서비스
② 제철식품 : 출하시기의 농수산 신선식품, 소포장 가공식품, 친환경 식품 등을 적기에 판매하는 서비스
④ 생활마트 : 중소기업의 공산품을 개인에게 판매하는 오픈마켓 형태 서비스

답 ③

05 다음 우편물 부가서비스에 해당하는 내용으로 바르게 연결되지 **않은** 것은?

① 모사전송(팩스) 우편서비스 - 시내와 시외는 다른 요금을 적용한다.

② 월요일 배달 일간신문 - 토요일자 발행 조간신문과 금요일자 발행 석간신문을 토요일이 아닌 다음 주 월요일에 배달한다.

③ 인터넷우표 - 고객편의 제고와 위조·변조를 방지하기 위하여 단독으로 사용할 수 없으며 수취인 주소가 함께 있어야 한다.

④ 고객맞춤형 엽서(기본형) - 우편엽서의 앞면 왼쪽이나 뒷면 한 곳에 고객이 원하는 내용을 인쇄하여 신청고객에게 판매하는 서비스

> **해설** 모사전송(팩스) 우편서비스는 시내와 시외 모두 동일한 요금을 적용하고, 취급대상은 서신, 서류, 도화 등을 내용으로 한 통상우편물이어야 한다.
>
> 답 ①

06 다음 중 우편물 부가서비스에 관한 설명으로 옳지 **않은** 것은?

① 모사전송(팩스) 우편서비스의 취급대상은 서신, 서류, 도화 등을 내용으로 한 통상우편물이어야 한다.

② 나만의 우표 신청자는 나만의 우표에 사용할 사진이나 이미지에 대한 사용권한이 있어야 한다.

③ 월요일 배달 일간신문은 신문사가 토요일자 신문을 월요일자 신문과 함께 봉함하여 발송하려 할 때에 봉함을 허용한다.

④ 인터넷우표 서비스는 익일특급을 제외한 등기통상 및 국제우편물과 소포를 취급한다.

> **해설** 인터넷우표 서비스는 일반통상과 등기통상 두 종류가 있으며, 등기통상은 익일특급도 가능하다. 국제우편물과 소포는 이용대상이 아니다.
>
> 답 ④

07 다음 중 전자우편 서비스의 접수방법에 대한 설명으로 옳지 <u>않은</u> 것은?

① 전자우편 서비스는 우편취급국을 포함한 우체국 창구에서 접수가 가능하다.
② 우체국 창구에서 접수한 발송인이 접수 당일 우편물 접수를 철회하는 경우 접수 화면에서 해당 우편물의 접수번호를 검색한 후 접수 취소 처리한다.
③ 인터넷우체국에서 접수하는 경우 우편요금 및 수수료 결제가 완료됐을 때 접수가 성립한 것으로 본다.
④ 우체국과 계약을 통해 정기적으로 등기우편물을 발송하는 경우 창구 직원이 계약고객시스템에서 주소록 및 내용문 파일을 가접수하고, 계약우체국에서 가접수 내용을 검색하여 연계 접수한 후 결제가 완료되면 접수가 성립된 것으로 본다.

> **해설** 계약고객 전용 시스템 접수의 경우 우체국과 계약을 통해 정기적으로 등기우편물을 발송하는 고객이 계약고객시스템에서 주소록 및 내용문 파일을 가접수하고, 계약우체국에서 가접수 내용을 검색하여 연계 접수하고 결제가 완료되면 접수가 성립된 것으로 본다.
>
> 답 ④

08 다음 중 나만의 우표 서비스의 접수방법에 대한 설명으로 옳은 것은?

① 나만의 우표는 별정우체국과 우편취급국을 제외한 전국 우체국에서 접수가 가능하다.
② 기본이미지 외 이미지를 추가로 요청할 경우 1종 추가마다 500원씩 요금을 징수하며, 전지 신청량에 따라 이미지 서비스는 최대 20종까지 무료로 제공할 수 있다.
③ 접수자는 신청서에 우편날짜도장으로 날인하여 원본은 우체국에 1년 동안 보관한다.
④ 전지 신청량이 13장일 경우 이미지 서비스는 2종까지 무료로 제공할 수 있다.

> **해설** ③ 접수자는 신청서에 우편날짜도장으로 날인하여 원본은 우체국에 1년 동안 보관하고, 신청자에게 사본 1부를 접수증으로 교부하며, 1부는 제작기관에 사진이나 데이터와 함께 송부한다.
> ① 나만의 우표는 전국 우체국(별정우체국, 우편취급국 포함), 인터넷우체국, 모바일 앱, (재)한국우편사업진흥원 및 접수위탁기관에서 접수할 수 있다.
> ② 기본이미지 외 이미지를 추가적으로 요청할 경우 1종 추가마다 600원씩 요금을 징수하며, 전지 신청량에 따라 고객이미지 최대 20종까지 무료로 제공할 수 있다.
> ④ 전지 신청량이 13장일 경우 이미지 서비스는 5종까지 무료로 제공할 수 있다. 전지 신청량이 1장일 경우 1종, 2~10장일 경우 2종, 11~50장일 경우 5종, 51~100장일 경우 10종, 101장 이상일 경우 20종까지 이미지 서비스를 무료로 제공할 수 있다.
>
> 답 ③

09 다음 중 고객맞춤형 엽서의 접수방법에 대한 설명으로 옳지 <u>않은</u> 것은?

① 고객맞춤형 엽서는 전국 우체국(별정우체국, 우편취급국 포함), 인터넷우체국 및 모바일앱에서 접수가 가능하다.

② 접수할 때 신청 자료의 내용이 다른 사람의 초상권, 저작권 등을 침해한 것으로 확인한 경우에는 신청고객이 해당 권리자에게서 받은 사용허가서나 그 밖의 사용권한을 증명할 수 있는 서류를 제출하도록 안내해야 하며, 서류는 접수한 날부터 1년(이미지 : 3개월) 동안 보관해야 한다.

③ 접수 시 고객맞춤형 엽서를 우편물로 발송하기 전에는 엽서에 표기되어있는 액면 금액만을 우편요금으로 인정한다는 것을 안내해야 한다.

④ 고객이 고객맞춤형 엽서의 교환을 요청한 때에는 훼손엽서로 규정하여 교환금액(현행 10원)을 수납한 후 액면 금액에 해당하는 우표, 엽서, 항공서간으로 교환해 준다.

> **해설** 접수할 때 신청 자료의 내용이 다른 사람의 초상권, 저작권 등을 침해한 것으로 확인한 경우에는 신청고객이 해당 권리자에게서 받은 사용허가서나 그 밖의 사용권한을 증명할 수 있는 서류를 제출하도록 안내하며, 서류 보관 기간은 접수한 날부터 5년(이미지 : 3개월)이다.
>
> 답 ②

| STEP 6 | 우편에 관한 요금

01 다음 중 우편요금 등의 반환사유와 반환청구기간 연결이 옳지 <u>않은</u> 것은?

① 우편관서의 잘못으로 너무 많이 징수한 우편요금 등 – 해당 우편요금 등을 납부한 날부터 60일

② 부가취급을 하지 않은 경우의 그 부가취급수수료 – 해당 우편요금 등을 납부한 날부터 60일

③ 납부인이 우편물을 접수한 후 우편관서에서 발송이 완료되지 아니한 우편물의 접수를 취소한 경우 – 우편물 접수 당일

④ 우편관서에서 우편물의 부가취급의 수수료를 받은 후 우편관서의 잘못으로 부가취급하지 아니한 경우의 그 부가취급수수료 – 해당우편요금 등을 납부한 날부터 30일

> **해설** 우편관서에서 우편물의 부가취급의 수수료를 받은 후 우편관서의 잘못으로 하지 아니한 경우의 그 부가취급수수료 – 해당우편요금 등을 납부한 날부터 60일
>
> 답 ④

02 다음 중 우편요금후납 우편물에 관한 내용으로 옳지 <u>않은</u> 것은?

① 회계절차상의 번잡함을 줄이고 우체국은 우표의 소인절차를 생략할 수 있는 제도이다.
② 요금후납 계약의 담보금은 부가취급수수료를 제외한 1개월분의 우편요금 추산액의 2배 이상으로 한다.
③ 계약우체국장은 우편요금 체납을 이유로 담보금 면제 취소를 받은 사람에 대해서 담보금 면제 혜택을 2년간 금지할 수 있다.
④ 우편취급국은 총괄우체국장의 사전 승인을 받은 후 이용 가능하다.

> **해설** 우편요금후납 우편물
> 우편물의 요금(부가취급수수료 포함)을 우편물을 발송할 때에 납부하지 않고 1개월간 발송예정 우편물의 요금액의 2배에 해당하는 금액을 담보금으로 제공하고 1개월간의 요금을 다음달 20일까지 납부하는 제도
>
> 답 ②

03 우편요금별납 우편물에 대한 설명으로 옳지 <u>않은</u> 것은?

① 우편물 표면에 "요금별납"의 표시만을 하고, 요금은 일괄하여 현금(신용카드 결제 등 포함)으로 별도 납부하는 제도이다.
② 관할 지방우정청장이 지정하는 우체국(우편취급국 포함)에서만 취급이 가능하다.
③ 발송인이 개개의 우편물에 우표를 붙이는 일과 우체국의 우표 소인을 생략할 수 있어 발송인 및 우체국 모두에게 편리한 제도이다.
④ 동일한 10통 이상의 우편물에 중량이 다른 1통의 우편물이 추가되는 경우에는 별납으로 접수가 불가능하다.

> **해설** 우편요금별납 우편물의 취급기준 통수
> • 10통 이상의 통상우편물 또는 소포우편물
> • 동일한 10통 이상의 우편물에 중량이 다른 1통의 우편물이 추가되는 경우에도 별납으로 접수 가능
>
> 답 ④

04 다음 중 우편요금후납 우편물의 취급대상 우편물에 속하지 <u>않는</u> 것은?

① 우편요금 수취인부담 우편물
② 한 사람이 매월 100통 이상 보내는 통상우편물
③ 예약배달서비스를 부가한 우체국축하카드
④ 발송우체국장이 정한 조건에 맞게 지방자치단체가 발송한 우편물

해설 예약배달서비스를 부가한 우체국축하카드는 요금후납 대상우편물에 속하지 않는다.

답 ③

더 알아보기⊕

우편요금후납 우편물의 취급대상우편물
• 한 사람이 매월 100통 이상 보내는 통상 · 소포우편물
• 반환우편물 중에서 요금후납으로 발송한 등기우편물
• 모사전송(팩스)우편물, 전자우편
• 우편요금표시기 사용 우편물, 우편요금 수취인부담 우편물
• 발송우체국장이 정한 조건에 맞는 국가 또는 지방자치단체의 우편물
• 우체통에서 발견된 습득물 중 우편물에서 이탈된 것으로 인정되지 않는 주민등록증

05 다음 중 우편요금 감액대상인 서적우편물에 대한 설명으로 옳지 <u>않은</u> 것은?

① 공중이 이용할 수 있도록 출판물에 가격이 표시된 출판물 또는 국제표준도서번호, 국제표준일련 간행물번호가 인쇄된 출판물에 대해 감액을 적용한다.
② 비정기적으로 발간되는 출판물에 대해서만 감액을 적용한다.
③ 본지, 부록 등을 포함한 우편물 1통의 총 무게는 1,500g을 초과할 수 없으며, 본지 외 내용물의 무게는 본지의 무게를 초과해서는 안 된다.
④ 우편엽서, 빈 봉투, 지로용지, 발행인(발송인) 명함은 각각 1장만 동봉 가능하다.

해설 본지, 부록 등을 포함한 우편물 1통의 총 무게는 1,200g을 초과할 수 없으며, 본지 외 내용물(부록, 기타 동봉물)의 무게는 본지의 무게를 초과해서는 안 된다.

답 ③

06 다음 중 국내우편요금 제도에 대한 내용으로 옳은 것은?

① 요금수취인부담 우편물의 취급대상은 통상우편물, 등기소포우편물, 계약등기이다.
② 우편요금 별납우편물은 관할 지방우정청장이 지정하는, 우편취급국을 제외한 모든 우체국에서 취급이 가능하다.
③ 요금수취인부담 우편물의 발송유효기간은 3년이 원칙이다.
④ 한 사람이 매월 50통 이상 보내는 통상·소포우편물은 우편요금 후납우편물의 취급대상이다.

> **해설**
> ② 우편요금 별납우편물은 관할 지방우정청장이 지정하는 우체국(우편취급국 포함)에서만 취급이 가능하다.
> ③ 요금수취인부담 우편물의 발송유효기간은 2년이 원칙이다. 단, 국가기관, 지방자치단체, 정부투자기관은 발송유효기간을 제한하지 않을 수 있어 2년을 초과하여 정할 수 있다.
> ④ 한 사람이 매월 100통 이상 보내는 통상·소포우편물이 우편요금 후납우편물의 취급대상이다.
>
> 답 ①

07 다음 중 요금수취인부담 우편물의 취급방법에 대한 설명으로 옳지 않은 것은?

① 국가기관, 지방자치단체 또는 정부투자기관에 있어서는 발송유효기간을 표시하지 아니할 수 있다.
② 발송유효기간을 경과하여 발송한 요금수취인부담 우편물은 발송인에게 반환한다.
③ 요금수취인부담 우편물 계약의 해지 후에는 해당 우편물이 발송유효기간 내에 발송된 경우라고 하더라도 발송인에게 반환해야 한다.
④ 우편요금은 부가취급수수료를 포함한 금액의 110%이며, 우편요금 합계금액에 원 단위가 있을 경우에는 절사한다.

> **해설**
> 요금수취인부담 우편물 계약의 해지 후라도 발송유효기간 내에 발송된 요금수취인부담 우편물은 수취인에게 배달한다.
>
> 답 ③

08 다음 중 정기간행물의 우편물 정기발송계약에 따른 우편요금 감액요건에 대한 설명으로 옳지 <u>않은</u> 것은?

① 계약당사자가 아닌 대리점, 영업사원, 개인 등이 발송하는 정기간행물은 감액대상에서 제외한다.

② 미등록물은 발행주기와 동일하게 계속해서 계약일 이전 일간은 10회 이상, 주간은 5회 이상, 월간은 3회 이상의 발행 실적을 증빙하는 서류 및 기발행된 간행물(또는 표지)을 제출해야 한다.

③ 정기간행물의 등록사항 변경과 휴간, 정간 등의 사유가 생기거나 계약서의 내용이 변경된 경우 그 사유가 발생한 날로부터 15일 이내에 서면으로 신고해야 한다.

④ 우편물의 정기 발송일에 우편물을 3회(일간은 10회) 이상 계속해서 발송하지 아니하는 경우 정기발송계약은 해지된다.

> **해설** 정기간행물의 등록사항 변경과 휴간, 정간 등의 사유가 생기거나 계약서의 내용이 변경되었을 경우에는 그 사유가 발생한 날로부터 10일 이내에 서면으로 신고하여야 하며, 이에 따른 정기간행물은 정기 발송일에 발송한 것으로 간주한다. 단, 휴간 횟수는 최근 6개월간(일간은 1개월간) 정기발송 횟수의 20% 이하로 제한한다.
>
> **답 ③**

09 다음은 등록물의 종별·간별 기본 감액률에 대한 표이다. ㉠과 ㉡에 들어갈 값으로 옳은 것은?

종별	간별	기본 감액률
신문	일간	㉠
신문·잡지	주간	59%
잡지	월간	㉡

	㉠	㉡
①	62%	50%
②	60%	45%
③	50%	62%
④	45%	60%

> **해설** 주 3회 이상 발행하여 발송하는 정기간행물인 일간 신문의 경우 기본 감액률은 62%(㉠)이고, 월 1회 이상 발행하여 발송하는 정기간행물인 월간 잡지의 경우 기본 감액률은 50%(㉡)이다.
>
> **답 ①**

10 다음 중 다량 우편물의 우편요금 감액에 대한 설명으로 옳지 <u>않은</u> 것은?

① 우편물의 종류와 중량 및 규격이 같은 우편물로서 1회에 2천 통 이상 발송하는 요금별납 일반우편물 또는 1회에 1천 통 이상 발송하는 요금후납 일반우편물이 감액 대상 우편물에 해당한다.

② 물량(기본) 감액을 위한 1회 발송 최소우편물 수는 1만 통 이상이다.

③ 환부불필요 우편물인 경우 우편물 표면 왼쪽 중간에 "환부불필요 우편"이라고 표시해야 한다.

④ 1회 발송 물량이 2만 통이며, 동일지역으로 발송하는 경우 우편요금은 0.5%가 감액된다.

 해설 1회 발송 물량이 2만 통이며, 동일지역으로 발송하는 경우 우편요금은 1% 감액한다.

다량 우편물의 물량(기본) 감액률

1회 접수물량 및 발송지역	1만 통 이상		5만 통 이상		10만 통 이상	
	동일지역	타지역	동일지역	타지역	동일지역	타지역
물량(기본) 감액률	1%	0.5%	2%	1%	4%	2%

※ 우편물의 1회 접수물량, 우편물 접수 · 배달권역(동일지역 또는 타지역)에 따라 감액률을 적용

※ 동일지역, 타지역 미구분 시 전체 물량에 대해 타지역 감액률 적용

※ 동일지역(우편물 접수지역과 배달지역을 권역화하여 권역 내인 경우)과 타지역(접수지역과 배달지역을 달리할 경우)으로 구분

답 ④

STEP7 | 손해배상 및 손실보상

01 국내우편물의 손해배상 청구절차에 대한 내용으로 옳지 <u>않은</u> 것은?

① 손해가 있다고 인정될 때는 우편물 수취를 거부한 다음 날부터 20일 안에 수취거부자(신고인)에게 손해 검사에 참관하도록 연락해야 한다.

② 배달우체국에서는 손해사실의 신고를 받았을 때에는 집배원 또는 책임직이 수취거부 우편물의 외장 또는 무게의 이상유무, 직원의 고의나 잘못이 있는지 등을 검사하여야 한다.

③ 발송인이나 수취인이 우편물에 이상이 있다고 주장하는 경우, 우편물을 수취거부하고 신고하도록 안내한다.

④ 신고를 받은 직원은 업무 담당자에게 전달하고, 업무 담당자는 우편물류시스템에 사고접수내역을 등록한 후 배달우체국에 검사를 요청한다.

> **해설** 손해가 있다고 인정될 때는 우편물 수취를 거부한 다음 날부터 15일 안에 수취거부자(신고인)에게 손해 검사에 참관하도록 연락해야 한다.
>
> **정답** ①

02 다음 중 국내우편업무 관련 손실보상 등의 범위에 해당하지 <u>않는</u> 것은?

① 우편업무를 수행 중에 도로 장애로 담장 없는 집터, 논밭이나 그 밖의 장소를 통행하여 생긴 손실에 대한 보상을 피해자가 청구하는 경우

② 손실보상이 있는 사실을 안 날부터 6개월 안에 청구한 것

③ 우편업무를 수행 중인 운송원·집배원과 항공기·차량·선박 등이 통행료를 내지 않고 도로나 다리를 지나간 경우

④ 운송원이 도움을 받은 경우 도와준 사람에게 보상하는 경우

> **해설** 손실보상이 있었던 날부터 1년 안에 청구하여야 한다.
>
> **정답** ②

03 다음 중 국내우편 손실보상 등의 절차로 옳지 <u>않은</u> 것은?

① 손실보상 청구인은 반드시 출석하여 질문을 받아야 한다.

② 도와준 사람에게 줄 보수나 손실보상을 청구할 때에는 청구인의 주소, 성명, 청구사유, 청구금액을 적은 청구서를 운송원 등이 소속하고 있는 우체국장을 거쳐 관할 지방우정청장에게 제출하여야 한다.

③ 청구서와 의견서를 받은 지방우정청장은 그 내용을 심사하여 청구내용이 정당하지 아니하다고 인정하는 때에는 그 사유서를 청구인에게 보낸다.

④ 청구내용이 정당하다고 인정하는 때에는 청구한 보수나 손실보상금을 청구인에게 지급하여야 한다.

> **해설** 지방우정청장은 필요하다고 인정하는 경우에는 청구인의 출석을 요구하여 질문하거나 관계 자료를 제출하도록 할 수 있다.
>
> 답 ①

04 다음 중 손해를 배상한 우편물의 처리에 관한 내용으로 옳지 <u>않은</u> 것은?

① 손해가 있다고 신고한 우편물을 우체국에서 보관하거나 총괄우체국으로 보내는 경우, 우편물 상태를 책임자가 정확하게 확인하고 주고받아야 하며 손해 상태가 달라지지 않도록 취급해야 한다.

② 검사결과 손해가 없는 것으로 드러나는 경우, 손해검사조서 1통은 우편물과 함께 수취거부자에게 보내고 1통은 관할 경찰서에서 보관한다.

③ 손해를 배상한 우편물은 배상한 우체국에서 반송불능우편물 처리방법에 따라서 처리한다.

④ 수리비용 등 일부 손해를 배상한 경우에는 우편물을 내어줄 수 있다.

> **해설** 검사결과 손해가 없는 것으로 드러나는 경우, 손해검사조서 1통은 우편물과 함께 수취거부자에게 보내고 1통은 해당 우체국에서 보관한다.
>
> 답 ②

05 다음 중 국내우편 손해배상의 법적 사항으로 옳지 <u>않은</u> 것은?

① 손해배상에 이의가 있을 때는 결정 통지를 받을 날부터 3개월 안에 민사소송을 제기할 수 있다.
② 손해배상 청구권의 시효는 우편물을 발송한 날부터 1년이다.
③ 해당 손해배상에 대해 공무원의 고의 또는 중대한 잘못이 있는 경우 배상책임을 물을 수 있다.
④ 손해배상 결정서를 받은 청구인은 우편물을 받은 날부터 3년 안에 배상액을 청구할 수 있다.

 손해배상 결정서를 받은 청구인은 우편물을 받은 날부터 5년 안에 배상액을 청구할 수 있는데, 그 이후에는 시효로 인해 권리가 소멸된다.

④

06 다음은 이용자 실비지급제도의 범위 및 지급사유이다. (   ) 안에 들어갈 알맞은 내용은?

• 모든 우편은 우체국 직원의 잘못이나 불친절한 응대 등으로 (   ) 이상 우체국을 방문하였다고 신고한 경우 지급가능하다.
• EMS는 종 · 추적조사나 손해배상을 청구한 때 (   ) 이상 지연 응대한 경우 지급가능하다.

① 2회, 2일
② 2회, 3일
③ 3회, 2일
④ 3회, 3일

 • 모든 우편은 우체국 직원의 잘못이나 불친절한 응대 등으로 (2회) 이상 우체국을 방문하였다고 신고한 경우 실비지급이 가능하다.
• EMS는 종 · 추적조사나 손해배상을 청구한 때 (3일) 이상 지연 응대한 경우 실비지급이 가능하다.

②

더 알아보기⊕

이용자 실비지급제도의 범위와 지급액

구분	지급사유	실비지급액
모든 우편	우체국 직원의 잘못이나 불친절한 응대 등으로 2회 이상 우체국을 방문하였다고 신고한 경우	1만 원 상당의 문화상품권 등 지급
EMS	종·추적조사나 손해배상을 청구한 때 3일 이상 지연 응대한 경우	무료발송권(1회 3만 원권)
	한 발송인에게 월 2회 이상 손실이나 망실이 생긴 때	무료발송권(1회 10kg까지) ※ 보험가입여부와 관계없이 월 2회 이상 손실·망실이 생긴 때

07 우편이용자가 실비지급을 받고자 할 때에는 사유발생일로부터 며칠 이내에 신고해야 하는가?

① 5일
② 7일
③ 15일
④ 30일

 해설 사유가 발생한 날부터 15일 이내에 해당 우체국에 신고하여야 한다.

답 ③

더 알아보기⊕

이용자 실비지급제도
- 우정사업본부장이 공표한 기준에 맞는 우편서비스를 제공하지 못할 경우에 예산의 범위에서 교통비 등 실비의 전부나 일부를 지급하는 제도를 말한다.
- 부가취급 여부·재산적 손해 유무를 요건으로 하지 않고 실비를 보전하는 점에서 손해배상과 성질상 차이가 있다.

08 우편물 손해배상의 범위와 배상금액을 연결한 것으로 옳지 <u>않은</u> 것은?

① 통상 준등기 손실 시 – 최고 5만 원
② 등기취급 소포 손실 시 – 최고 50만 원
③ 당일특급 소포 지연배달 시 – 최고 10만 원
④ 파손 · 훼손 · 분실한 우편물 – 손실 · 분실에 해당하는 금액

해설 손해배상의 범위 및 금액

구분			손실, 분실(최고)	지연배달
통상	일반		없음	없음
	준등기		5만 원	없음
	등기취급		10만 원	D+5일 배달분부터 : 우편요금과 등기취급수수료
	국내특급	당일특급	10만 원	• D+1일 0시~20시까지 배달분 : 국내특급수수료 • D+1일 20시 이후 배달분 : 우편요금과 국내특급수수료
		익일특급	10만 원	D+3일 배달분부터 : 우편요금 및 국내특급수수료
소포	일반		없음	없음
	등기취급		50만 원	D+3일 배달분부터 : 우편요금 및 등기취급수수료
	국내특급	당일특급	50만 원	• D+1일 0시~20시까지 배달분 : 국내특급수수료 • D+1일 20시 이후 배달분 : 우편요금과 국내특급수수료

※ D는 우편물을 접수한 날을 말하며, 공휴일과 우정사업본부장이 배달하지 않기로 정한 날은 배달기한에서 제외한다.

정답 ③

09 손해배상 청구권에 대한 설명 중 빈칸에 들어갈 알맞은 내용은?

> • 손해배상의 청구권자는 당해 우편물의 (   )이다.
> • 손해배상결정서를 받은 청구인은 우편물을 받은 날부터 (   ) 안에 배상액을 청구할 수 있다. 그 이후에는 시효로 인해 권리가 소멸된다

① 발송인 또는 발송인의 승인을 얻은 수취인, 5년
② 발송인 또는 발송인의 가족, 3년
③ 발송인 또는 발송인의 승인을 얻은 수취인, 3년
④ 발송인 또는 발송인의 가족, 5년

 해설
• 손해배상의 청구권자는 당해 우편물의 발송인 또는 발송인의 승인을 얻은 수취인으로 한다.
• 손해배상 청구권은 우편물을 발송한 날부터 1년이다. 다만, 손해배상결정서를 받은 청구인은 우편물을 받은 날부터 5년 안에 배상액을 청구할 수 있다. 그 이후에는 시효로 인해 권리가 소멸된다.

답 ①

10 국내우편물에서 손해가 있는 것으로 판단되면 손해배상 청구를 심사한다. 다음 중 심사할 사항으로 옳지 않은 것은?

① 우편물을 정상적으로 수취한 다음에 신고한 것은 아닌지
② 우편물을 발송한 날로부터 6개월 내에 청구한 것인지
③ 청구자가 수취인이라면 발송인의 승인을 얻은 것인지
④ 원인이 발송인이나 수취인에게 있거나 불가항력적이었던 것은 아닌지

해설 우편물을 발송한 날로부터 1년 내에 청구한 것인지 심사한다.

답 ②

> ### 더 알아보기➕
>
> 청구 심사가 끝나면 적정한 감정기관의 의견이나 증빙자료를 바탕으로 배상 금액을 결정하고 손해배상결정서를 청구인에게 보낸다. 청구인은 금융창구를 통해 배상액을 청구할 수 있다.

11 다음은 우편물의 손실보상에 관한 내용이다. 옳지 <u>않은</u> 것은?

① 우편업무 수행 중에 통행료를 지급하지 않고 도로나 다리를 이용한 경우 해당 통행료는 손실보상의 범위에 속한다.

② 운송원이 도움을 받은 경우 도와준 사람에 대한 보상은 손실보상의 범위에 속한다.

③ 우편업무 수행 중에 도로 장애로 논밭이나 그 밖의 장소를 통행하여 생긴 손실에 대한 보상을 피해자가 청구하는 경우 보상해 주어야 한다.

④ 손실보상은 그 사실이 있었던 날로부터 6개월 이내에 청구하여야 한다.

> **해설** 손실보상 사실이 있었던 날부터 1년 안에 청구하여야 한다.
>
> 답 ④

12 다음 중 손해를 배상하지 않아도 되는 경우가 <u>아닌</u> 것은?

① 우편물의 손해가 당해 우편물의 성질, 결함 또는 불가항력으로 인하여 발생한 경우

② 수취인이 우편물을 정당하게 받았을 경우

③ 우편물이 분실되었을 경우

④ 우편물을 교부할 때 외부에 파손의 흔적이 없고, 무게도 차이가 없을 경우

> **해설** 발송인이나 수취인의 잘못으로 손해가 생긴 경우, 우편물의 성질·결함 또는 불가항력적인 이유로 손해가 생긴 경우, 우편물을 배달(교부)할 때 외부에 파손 흔적이 없고 무게도 차이가 없는 경우, 수취인이 우편물을 정당하게 받았을 경우에 손해를 배상하지 않는다.
>
> 답 ③

13 다음 중 국내우편물의 손해배상청구에 관한 내용으로 옳지 <u>않은</u> 것은?

① 손해가 있다고 인정될 때는 우편물 수취를 거부한 다음 날부터 15일 안에 수취거부자(신고인)에게 손해 검사에 참관하도록 연락해야 한다.

② 수리비용 등 일부 손해를 배상한 경우 우편물을 내어줄 수 없다.

③ 손해배상 청구권은 우편물을 발송한 날부터 1년인데, 손해배상결정서를 받은 청구인은 우편물을 받은 날부터 5년 안에 배상액을 청구할 수 있다.

④ 배달우체국에서는 손해사실의 신고를 받았을 때에는 집배원 또는 책임직이 수취거부 우편물의 외장 또는 무게의 이상 유무, 직원의 고의나 잘못이 있는지 등을 검사하여야 한다.

해설 손해를 배상한 우편물은 배상한 우체국에서 반송불능우편물 처리방법에 따라서 처리하고, 수리비용 등 일부 손해를 배상한 경우에는 우편물을 내어줄 수 있다.

답 ②

더 알아보기 ⊕

손해배상 우편물의 처리
- 손해를 배상한 우편물은 배상한 우체국에서 반송불능우편물 처리방법에 따라서 처리한다. 다만, 수리비용 등 일부 손해를 배상한 경우에는 우편물을 내어줄 수 있다.
- 검사결과 손해가 없는 것으로 드러나는 경우, 손해검사조사서 1통은 우편물과 함께 수취거부자에게 보내고 1통은 해당 우체국에서 보관한다.
- 손해가 있다고 신고한 우편물을 우체국에서 보관하거나 총괄우체국으로 보내는 경우, 우편물 상태를 책임자가 정확하게 확인하고 주고받아야 하며 손해 상태가 달라지지 않도록 취급해야 한다.

14 국내통상 당일특급우편물이 접수한 다음 날 21시에 지연배달 되었을 경우 지연배달에 대한 배상금액의 종류로 맞는 것은?

① 우편요금 및 국내특급수수료
② 우편요금 및 등기취급수수료
③ 국내특급수수료
④ 등기취급수수료

해설 국내통상 특급우편 지연배달 기준 및 배상금액
- 당일특급
  - D+1 0시~20시 전까지 배달 : 국내특급수수료
  - D+1 20시 이후 배달 : 우편요금 및 국내특급수수료
- 익일특급
  D+3 이상 지연배달 : 우편요금 및 국내특급수수료

답 ①

| STEP8 | 그 밖의 청구와 계약

01 다음 중 우편사서함 사용계약 신청서 접수에 대한 내용으로 옳지 <u>않은</u> 것은?

① 사서함 신청을 받은 우체국장은 국가기관, 지방자치단체, 일일 배달 예정 물량이 100통 이상인 다량이용자, 우편물 배달 주소지가 사서함 설치 우체국의 관할구역인 신청자 순서로 우선 계약을 할 수 있다.

② 사서함은 2인 이상이 공동으로 사용할 수 없다.

③ 법인, 공공기관 등 단체의 우편물 수령인은 5명까지 등록 가능하며 신규 개설할 때나 대리 수령인이 바뀐 때는, 미리 신고할 경우에만 가능하다.

④ 사서함 관리 시 개인정보보호를 위해 신청인의 주소, 사무소나 사업소의 소재지는 확인할 수 없다.

> **해설**
> 사서함 관리를 위해 필요한 경우 신청인(사서함 사용 중인 사람 포함)의 주소, 사무소나 사업소의 소재지를 확인할 수 있다.
>
> 답 ④

02 보관우편물의 보관국 변경 또는 배달청구 우편물의 처리요령으로 옳지 <u>않은</u> 것은?

① 보관국 변경청구인 경우, 이미 다른 우체국을 보관국으로 변경 청구한 것은 아닌지 확인해야 하며, 변경은 2회까지 가능하다.

② 청구인이 수취인이 아닌 경우에는 정당하게 위임을 받은 사람인지 제출한 서류를 근거로 확인한다.

③ 요청한 고객이 정당한 수취인인지 확인해야 한다.

④ 해당 우편물을 수취인이 수령하기 전 우편물만 청구 가능하다.

> **해설** 보관국 변경 또는 배달청구 우편물의 처리요령
> • 요청한 고객이 정당한 수취인인지 확인(정당한 수취인만 가능)
> • 보관국 변경청구인 경우, 이미 다른 우체국을 보관국으로 변경 청구한 것은 아닌지 확인(1회만 가능)
> • 해당 우편물을 수취인이 수령하지 않는지 확인(수령 전 우편물만 가능)
> • 특히, 청구인이 수취인이 아닌 경우에는 정당하게 위임을 받은 사람인지 제출한 서류를 근거로 주의해서 확인
>
> 답 ①

03 보관국에서 보관우편물을 수취인에게 내어줄 때 청구인이 수취인이 아닌 경우 정당하게 위임받은 사람인지 확인하는 서류로 옳지 <u>않은</u> 것은?

① 위임하는 사람이 법인의 대표인 경우에는 대표자의 위임장과 법인인감증명서, 대리인 신분증을 확인한다.

② 위임장과 위임인(수취인)의 인감증명서, 대리인의 신분증을 확인하고, 인감증명서는 본인발급분만 가능하다.

③ 군복무자는 위임장과 부대장(대대장 이상)의 위임사실 확인(명판과 직인 날인), 대리인 신분증을 확인한다.

④ 수감자는 위임장과 교도소장의 위임사실 확인(명판과 직인 날인), 대리인 신분증을 확인한다.

> **해설** 위임장과 위임인(수취인)의 인감증명서, 대리인의 신분증 확인, 인감증명서는 본인발급분이나 대리발급분 모두 가능하며, '본인서명 사실확인서'도 가능하다.
>
> 답 ②

04 국내우편물 수취인의 주소 · 성명 변경청구 및 우편물의 반환청구의 수리여부 검토에 대한 설명으로 옳지 <u>않은</u> 것은?

① 발송인의 청구를 받아들여도 업무상 지장이 없는지 확인한다.

② 내용증명의 수취인 주소 · 성명을 변경하는 경우에는 우편물을 반환한 뒤, 반드시 새로운 내용물로 다시 작성하여 발송하여야 한다.

③ 우편물이 이미 발송되었거나 발송준비가 완료가 된 경우 우편물 배달 전에 배달국에 알릴 수 있는 상황인지 확인해야 한다.

④ 우편물 배달기한을 생각할 때 청구가 실효성이 있을지 확인해야 한다.

> **해설** 내용증명의 수취인 주소 · 성명을 변경하는 경우 우편물을 반환한 뒤, 새로운 내용물로 다시 작성하여 발송하거나, 봉투와 원본 · 등본의 내용을 모두 같게 고친 후 발송하여야 한다.
>
> 답 ②

| **STEP 9** | 우편물류

01 다음 중 우편물의 발송에 대한 내용으로 옳지 <u>않은</u> 것은?

① 발송·도착구분 작업이 끝난 우편물은 운송방법지정서에 지정된 운송편으로 발송한다.
② 분류하거나 구분한 우편물은 섞이지 않게 운송용기에 적재한다.
③ 우편물의 발송순서는 일반등기우편물, 특급우편물, 일반우편물 순으로 발송한다.
④ 우편물량이 적을 경우에는 형태별로 묶어 담고 운송용기 국명표는 혼재 표시된 국명표를 사용한다.

> **해설** 우편물의 발송순서는 특급우편물, 일반등기우편물, 일반우편물 순으로 발송한다.
>
> 답 ③

더 알아보기 ✚

우편물의 발송기준
- 발송·도착구분 작업이 끝난 우편물은 운송방법지정서에 지정된 운송편으로 발송한다.
- 우편물의 발송순서는 특급우편물, 일반등기우편물, 일반우편물 순으로 발송한다.
- 우편물 발송 시 운송확인서를 운전자와 교환하여 발송한다.

02 배달의 우선순위에 맞춰 우편물을 처리하는 순서로 가장 옳은 것은?

① 기록취급우편물 → 일반통상우편물 → 제1, 2순위 이외의 우편물
② 일반통상우편물 → 등기통상우편물 → 국제항공우편물
③ 국제항공우편물 → 국제선편우편물 → 등기소포우편물
④ 등기소포우편물 → 국제항공우무편물 → 등기통상우편물

> **해설** 우편물 배달의 우선순위
> • 1순위 : 기록취급우편물, 국제항공우편물
> • 2순위 : 일반통상우편물(국제선편통상우편물 중 서장 및 엽서 포함)
> • 3순위 : 제1, 2순위 이외의 우편물
>
> 답 ①

03 다음 운송의 종류에 해당하는 내용으로 옳지 <u>않은</u> 것은?

① 정기운송은 우편물의 안정적인 운송을 위하여 관할 지방우정청장이 운송구간, 수수국, 수수시각, 차량톤수 등을 우편물 운송방법 지정서에 지정하고 시행한다.
② 임시운송은 물량의 증감에 따라 정기운송편 이외 방법으로 운송하는 것이다.
③ 특별운송은 우편물 정시송달이 가능하도록 최선편에 운송하고 운송료는 선결제한다.
④ 특별운송은 우편물의 일시적인 폭주와 교통의 장애 등 그 밖의 특별한 사정이 있다고 인정되는 경우에 우편물의 원활한 송달을 위하여 전세차량·선박·항공기 등을 이용하여 운송한다.

> **해설** 특별운송은 우편물 정시송달이 가능하도록 최선편에 운송하고 운송료는 사후에 정산한다.
>
> 답 ③

04 다음 중 우편물 배달 기준으로 옳은 것은?

① 시소재지 이상 총괄우체국의 일반우편물은 우편물이 도착한 날 순로 구분하고 그날 배달한다.

② 집배국 일반우편물의 오전 도착 분은 순로 구분하여 그날 배달한다.

③ 집배국 일반우편물의 오후 도착 분은 도착 그날 순로 구분하여 다음날 배달한다.

④ 시한성 우편물, 등기소포는 도착 당일 구분하여 당일 배달한다.

> **해설**
> - 모든 지역의 일반우편물은 우편물이 도착한 날 순로 구분을 하여 다음날에 배달한다. 단, 집배순로구분기 설치국의 오후시간대 도착우편물은 도착한 다음날 순로 구분을 하여, 순로 구분한 다음날에 배달한다.
> - 시한성 우편물, 특급(당일, 익일)우편물, 등기소포는 도착 당일 구분하여 당일 배달한다.
>
> 탑 ④

05 배달의 일반원칙으로 옳지 <u>않은</u> 것은?

① 수취인이 2명 이상인 경우에는 수취인 모두에게 배달한다.

② 취급과정을 기록하는 우편물은 정당 수령인으로부터 그 수령사실의 확인을 받고 배달하여야 한다.

③ 우편물은 그 표면에 기재된 곳에 배달한다.

④ 우편사서함 번호를 기록한 우편물은 당해 사서함에 배달한다.

> **해설**
> 수취인이 2명 이상인 경우에는 그중 1인에게 배달한다.
>
> 탑 ①

더 알아보기

배달의 일반원칙
- 우편물은 그 표면에 기재된 곳에 배달한다.
- 수취인이 2명 이상인 경우에는 그중 1인에게 배달한다.
- 우편사서함 번호를 기록한 우편물은 당해 사서함에 배달한다.
- 취급과정을 기록하는 우편물은 정당 수령인으로부터 그 수령사실의 확인[서명(전자서명 포함) 또는 날인]을 받고 배달하여야 한다.

06 다음 중 우편물의 사서함 교부방법으로 옳지 <u>않은</u> 것은?

① 우편사서함 번호를 기록하지 않은 익일특급은 사서함에 넣지 않고 주소지에 배달한다.

② 우편사서함에 교부하는 우편물은 운송편이나 수집편이 도착할 때마다 구분하여 즉시 사서함에 투입한다.

③ 사서함 이용자가 사서함에서 안내표찰을 꺼내 창구에 제출하면 담당자는 따로 보관하고 있는 우편물을 내어준다.

④ 전자서명방식으로 수령인의 서명을 받고 배달결과를 우편물류시스템에 등록한다.

> **해설** 사서함번호를 기록하지 않은 우편물
> 우편사서함 번호를 기록하지 않은 우편물이라도 우편사서함 사용자에게 가는 우편물이 확실할 때에는 우편사서함에 투입 가능
> ※ 다만, 당일특급, 특별송달, 보험등기, 맞춤형 계약등기, 등기소포우편물은 사서함에 넣지 않고 주소지에 배달
>
> 답 ①

07 다음 중 부가취급우편물의 발송에 대한 설명으로 옳지 <u>않은</u> 것은?

① 덮개가 있는 우편상자에 담아 덮개에 운송용기 국명표를 부착하는데, 반드시 봉함할 필요는 없다.

② 부가취급우편물송달증은 관리작업이 끝난 우편물을 발송할 때 전산 송부(e-송달증시스템)한다.

③ 당일특급우편물은 국내특급우편자루를 사용하고 다른 우편물과 구별하여 해당 배달국이나 집중국으로 별도로 묶어서 발송한다.

④ 운송용기에 담을 때에는 책임자나 책임자가 지정하는 사람이 참관하여 우편물류시스템으로 부가취급우편물 송달증을 생성하고 송달증과 현품 수량을 대조 확인한 후 발송한다.

> **해설** 덮개가 있는 우편상자에 담아 덮개에 운송용기 국명표를 부착하고 묶음끈을 사용하여 반드시 봉함한 후 발송한다.
>
> 답 ①

08 다음 중 보관우편물의 교부에 관한 내용으로 옳지 <u>않은</u> 것은?

① 종이배달증은 등기취급한 보관우편물은 배달증의 적요란에 '보관'이라고 적은 후 수취인에게 내어 줄 때까지 보관한다.

② 교통이 불편하거나 그 밖의 사유로 수취인이 10일 이내에 우편물을 교부받을 수 없다고 인정될 때 에는 30일 이내로 교부기간을 연장할 수 있다.

③ 자국에서 보관 교부할 우편물이 도착하였을 때는 해당 우편물에 도착날짜도장을 날인하고 따로 보관한다.

④ '우체국보관'의 표시가 있는 우편물은 그 우체국 창구에서 수취인에게 우편물을 내어준다.

> **해설** 교통이 불편하거나 그 밖의 사유로 수취인이 10일 이내에 우편물을 교부받을 수 없다고 인정될 때에는 20일 이내로 교부기간을 연장할 수 있다.
>
> 답 ②

09 우편물 배달의 우선순위에 대한 내용으로 옳지 <u>않은</u> 것은?

① 국제항공우편물은 제2순위로 배달한다.

② 제1순위부터 제3순위까지 우편물 중 한 번에 배달하지 못하고 잔량이 있을 때에는 다음편에 우선 배달한다.

③ 기록취급우편물은 제1순위로 배달한다.

④ 우편물 배달의 우선순위는 총 3가지로 구분한다.

> **해설** 제2순위 배달물은 일반통상우편물(국제선편통상우편물 중 서장 및 엽서포함)이다. 국제항공우편물은 제1순위 배달물에 해당한다.
>
> 답 ①

10 사서함우편물 교부방법에 대한 내용으로 옳지 <u>않은</u> 것은?

① 우편사서함 번호를 기록하지 않은 우편물이라도 우편사서함 사용자에게 가는 우편물이 확실할 때에는 우편사서함에 투입 가능하다.

② 사서함 이용자가 사서함에서 안내표찰을 꺼내 창구에 제출하면 담당자는 따로 보관하고 있는 우편물을 내어준다.

③ 사서함번호와 주소가 함께 기록된 우편물은 사서함에 넣을 수 있으며 익일특급 우편물은 주소지에 배달한다.

④ 사서함번호만 기록한 우편물은 해당 사서함에 정확하게 넣고 수취인에게 우편물 도착사실을 알려주며, 생물 등 변질이 우려되는 소포는 냉동·냉장고에 보관하였다가 수취인에게 내어준다.

> **해설** 사서함번호와 주소가 함께 기록된 우편물은 우편물을 사서함에 넣을 수 있으며, 당일특급, 특별송달, 보험취급, 맞춤형 계약등기, 등기소포 우편물은 주소지에 배달한다.
>
> 답 ③

11 다음 중 우편물 배달의 특례에 관한 설명으로 옳지 <u>않은</u> 것은?

① 마을공동수취함은 마을 대표(이장)가 관할 우체국장의 승인을 얻어 마을주민의 공동부담으로 설치할 수 있다.

② 수취인이 없어 무인우편물보관함에 배달할 때는 수취인의 동의를 받은 후 배달해야 한다.

③ 우편사서함에 교부하는 우편물은 운송편 또는 수집편이 도착할 때마다 구분하여 즉시 사서함에 투입하여야 한다.

④ 휴가 등으로 수취인이 장기간 집을 비울 때 등기우편물은 주소지에 동거인이 있다면 그 동거인에게 배달할 수 있다.

> **해설** 마을공동수취함은 교통이 불편한 도서·농어촌 지역, 공동생활 지역 등 정상적인 우편물의 배달이 어려울 경우 배달우체국장이 설치한다.
>
> 답 ①

12 다음 중 원칙적으로 무인우편물보관함에 배달할 수 있는 우편물은 무엇인가?

① 특별송달우편물
② 등기우편물
③ 착불배달우편물
④ 보험취급우편물

 등기우편물을 무인우편물보관함에 배달하는 경우에는 무인우편물보관함에서 제공하는 배달확인이 가능한 증명자료로 수령사실의 확인을 갈음할 수 있다(「우편법 시행령」 제42조 제3항).

무인우편물보관함에 배달할 수 없는 우편물
• 보험취급우편물
• 특별송달우편물
• 착불배달우편물
• 계약등기우편물로서 회신우편 및 본인지정배달을 부가취급으로 지정한 우편물

답 ②

13 다음 중 우편물 배달에 관한 설명으로 가장 옳지 <u>않은</u> 것은?

① 사서함번호와 주소가 함께 기재된 사서함우편물 중 익일특급 우편물은 주소지에 배달한다.
② 수취인의 직접 수령한 사실의 확인이 필요한 우편물은 무인우편물 보관함에 배달할 수 없다.
③ 우편물의 보관기간은 교통이 불편하거나 그 밖의 사유로 수취인이 10일 이내에 우편물을 교부받을 수 없다고 인정될 때에는 20일 이내로 교부기간을 연장할 수 있다.
④ 같은 건축물 또는 같은 구내의 수취인에게 배달할 우편물은 그 건축물이나 구내의 관리사무소, 접수처 또는 관리인에게 배달할 수 있다.

 사서함번호와 주소가 함께 기록된 우편물
우편물을 사서함에 넣을 수 있으며, 당일특급, 특별송달, 보험취급, 맞춤형 계약등기 우편물은 주소지에 배달한다.

답 ①

14 휴가 등으로 수취인이 장기간 집을 비울 때 우편물 배달방법으로 옳은 것은?

① 수취인 장기부재신고서에 돌아올 날짜를 미리 신고한 경우, 돌아올 날짜가 15일 이후에는 경비실이나 이웃에 보관한다.

② 주소지에 동거인이 없는 경우에는 "수취인 장기부재" 표시하여 반송한다.

③ 수취인 장기부재신고서에 돌아올 날짜를 미리 신고한 경우, 돌아올 날짜가 15일 이내에는 돌아올 날짜에 배달한다.

④ 수취인 주소지에 동거인이 있는 경우에는 그 동거인에게 배달한다.

 수취인 장기부재 시 우편물 배달
휴가 등으로 수취인이 장기간 집을 비울 때 등기우편물은 다음과 같이 배달할 수 있다.
• 주소지에 동거인이 있는 경우에는 그 동거인에게 배달
• 수취인 장기부재신고서에 돌아올 날짜를 미리 신고한 경우
  – 15일 이내 : 돌아올 날짜의 다음날에 배달
  – 15일 이후 : "수취인 장기부재" 표시하여 반송

답 ④

15 등기취급우편물의 배달방법에 대한 내용으로 옳지 <u>않은</u> 것은?

① 당일특급은 3회 배달 후 보관하지 않고 반송한다.

② 맞춤형 계약등기는 3회 배달, 2일 보관 후 반송한다.

③ 등기소포는 2회 배달, 2일 보관 후 반송한다.

④ 특별송달은 2회 배달, 2일 보관 후 반송한다.

 종류별 배달방법

우편물 종류	배달방법
당일특급, 특별송달	3회 배달 후 보관하지 않고 반송
맞춤형 계약등기	3회 배달, 2일 보관 후 반송
내용증명, 보험취급(외화 제외), 선거우편, 등기소포	2회 배달, 2일 보관 후 반송
기타 등기통상	2회 배달, 4일 보관 후 반송

답 ④

16 국내우편물 배달의 특례에 대한 설명으로 옳지 않은 것은?

① 일반우편물은 원래 주소지에 배달하고 등기우편물은 1차 배달이 안 되었을 경우 대리수령인에게 배달한다.

② 같은 건축물이나 같은 구내의 수취인에게 배달할 우편물은 그 건축물이나 구내의 관리사무소, 접수처, 관리인에게 배달 가능하다.

③ 수취인 장기부재신고서에 돌아올 날짜를 미리 신고한 경우, 15일 이후에는 돌아올 날짜의 다음날에 배달한다.

④ 관리사무소, 접수처, 관리인 등이 없는 경우에는 일반우편물은 우편함에 배달하고 우편함에 넣을 수 없는 우편물과 부가취급우편물, 요금수취인부담우편물을 수취인에게 직접 배달한다.

해설 수취인 장기부재 시 수취인 장기부재신고서에 돌아올 날짜를 미리 신고한 경우
• 15일 이내 : 돌아올 날짜의 다음날에 배달
• 15일 이후 : "수취인 장기부재" 표시하여 반송

답 ③

17 우편물 발착업무의 작업내용으로 옳지 <u>않은</u> 것은?

① 분류 · 정리작업은 우편물을 종류별로 구분하고 우편물 구분작업을 쉽게 하기 위하여 기계구분우편물과 수구분우편물로 분류하는 등의 작업이다.

② 구분작업은 발송구분과 도착구분, 우편집중국별 구분과 집배원별 구분 등이 있다.

③ 발송작업은 구분이 완료된 우편물을 보내기 위한 송달증 생성, 체결, 우편물 적재 등의 작업이다.

④ 도착작업은 도착한 운송용기를 개봉하지 않고 검사하여 확인하는 작업이다.

해설 도착작업은 도착한 운송용기를 검사하고 개봉하여 확인하는 작업이다.

우편물 발착업무
우편물 발착업무는 접수우편물을 행선지별로 구분 · 발송하고 배달우편물은 배달국의 집배원별로 구분 · 인계하는 작업을 말하며, 그 처리과정은 분류 · 정리, 구분, 발송, 도착 작업으로 구성되어 있다.

답 ④

18 운송선로에 대한 설명으로 옳은 것은?

① 운송수단에 따라 육로우편운송선로, 항공우편운송선로로 구분한다.
② 운영방법에 따라 우체국 보유 차량으로 운송하는 직영운송과 운송업체에 위탁하여 운송하는 위탁운송으로 구분한다.
③ 직영운송은 우정사업본부장이 지정하는 비영리법인 및 운송사업자 등에게 우편물을 위탁하여 운송하는 방식이다.
④ 수집은 우편집중국 등에서 배달할 우편물을 배달국으로 보내는 운송 형태를 말한다.

> **해설**
> ① 운송수단에 따라 육로우편운송선로, 항공우편운송선로, 선편우편운송선로, 철도우편운송선로로 구분한다.
> ③ 위탁운송은 우정사업본부장이 지정하는 비영리법인 및 운송사업자 등에게 우편물을 위탁하여 운송하는 방식이다.
> ④ 배분은 우편집중국 등에서 배달할 우편물을 배달국으로 보내는 운송 형태를 말한다.
>
> 답 ②

19 운송용기의 개봉작업으로 옳지 <u>않은</u> 것은?

① 도착검사가 끝난 운송용기가 해당 부서에 도착하면 운송용기에 부착된 국명표를 제거하지 않은 상태로 처리한다.
② 인계·인수가 끝난 우편물은 익일특급, 등기우편 순으로 개봉하여 처리한다.
③ 부가취급우편물을 담은 운송용기를 개봉할 때에는 책임자나 책임자가 지정하는 사람이 참관하여야 한다.
④ 개봉이 끝난 운송용기는 운송용기 관리지침에 따르고 우편자루는 뒤집어서 남은 우편물이 없는가를 확인해야 한다.

> **해설**
> 도착검사가 끝난 운송용기가 해당 부서에 도착하면 운송용기에 부착된 국명표를 제거하고 처리한다.
>
> 답 ①

국제우편

| STEP 1 | 국제우편 총설

01 국제우편에 대한 설명으로 가장 옳지 **않은** 것은?

① 국제우편의 초창기부터 범세계적 우편기구를 통해 국제우편물을 교환하였다.

② 국가 또는 그 관할 영토의 경계선을 넘어 우편을 교환하는 제도를 의미한다.

③ 국제우편은 국내우편과 비교해 볼 때 차별되고 독특한 취급내용과 절차가 있다.

④ 나라와 나라 상호 간에 의사나 사상을 전달, 매개하거나 물건을 송달할 목적으로 취급되는 우편물을 국제우편물이라고 한다.

> **해설**
> 초창기에는 개별 당사국 간의 조약에 의하여 국제우편물을 교환하였으나 운송수단의 발달, 교역의 확대 등에 따른 우편수요의 증가와 이용조건 및 취급방법의 상이함에서 오는 불편 등을 해소하기 위하여 범세계적인 국제 우편기구인 만국우편연합(UPU)을 창설하였다.
>
> 답 ①

02 아·태우편연합(APPU)에 관한 내용으로 옳지 **않은** 것은?

① 우리나라는 아·태우정연수소의 창설국인 동시에 관리이사국으로서 초대 교수부장을 비롯한 교수 요원과 자문관을 파견했다.

② 우리나라는 제11차 APPU 총회를 2013년에 개최하여 집행이사회 의장국으로 활동했다.

③ APPU 총회 기간 중 한국 우정의 우정IT 홍보와 함께 회원국 대표들과의 협력 관계를 더욱 공고히 하였다.

④ APPU의 집행이사회(Executive Council)는 원칙적으로 매년 1회 개최하며, 총회의 결정에 따라 부여받은 임무를 수행하고 연합의 연차 예산 검토·승인한다.

제9차 총회는 2005년에 한국의 서울에서, 제10차 총회는 2009년에 뉴질랜드의 오클랜드에서, 제11차 총회는 2013년에 인도의 뉴델리에서 개최되었다. 우리나라는 제9차 APPU 총회를 개최하여 2006년부터 2009년까지 집행이사회 의장국으로 활동했다.

답 ②

더 알아보기➕

아시아 · 태평양우정대학(APPC; Asian-Pacific Postal College)
- 아 · 태지역의 우편업무 개선 · 발전을 위한 우정직원 훈련을 목적으로 1970년 9월 10일에 4개국(우리나라, 태국, 필리핀, 대만)이 유엔개발계획(UNDP)의 지원을 받아 창설한 지역훈련센터로, 태국 방콕에 소재
  ※ 설립 당시 명칭 : 아 · 태우정연수소(APPTC; Asian-Pacific Postal Training Center)
- 우리나라는 연수소의 창설국인 동시에 관리이사국(GB)으로서 초대 교수부장을 비롯한 교수요원과 자문관을 파견했으며, 교과목으로는 우편관리자과정(PMC)을 비롯하여 20여 과목. 1971년부터 매년 연수생 약 15명을 파견

03 다음 중 국제우편물의 종류와 그에 관한 내용으로 옳지 <u>않은</u> 것은?

① 국제소포는 모두 기록 취급하는 우편물로 발송 수단에 따라 항공소포와 선편소포로 구분한다.
② 국제통상우편물은 각 국가의 우정당국이 자유롭게 선택하여 발송우편물의 종류 및 취급 방법을 적용한다.
③ 우선취급우편물은 우선적 취급을 받으며 최선편으로 운송되는 우편물로, 무게한계는 2kg이다.
④ 우리나라는 우편물의 취급속도에 따라 국제통상우편물을 구분한다.

해설 우리나라는 우편물의 내용물을 근거로 하여 구분한다.
- 서장(Letters), 소형포장물(Small packet) : 무게한계 2kg
- 인쇄물(Printed papers) : 무게한계 5kg
- 시각장애인용 우편물(Items for the blind) : 무게한계 7kg
- 우편자루 배달인쇄물(M-bag) : 10kg~30kg
- 기타 : 항공서간(Aerogramme), 우편엽서(Postcard)

답 ④

04 국제특급우편물(EMS)에서 서류와 비서류에 관한 내용으로 옳지 <u>않은</u> 것은?

① 서류는 세관검사가 필요 없는 서류 등을 발송할 때 이용한다.

② 서류는 번호가 주로 EE로 시작하는 운송장을 이용한다.

③ 비서류는 서류 이외의 우편물을 발송할 때 이용한다.

④ 비서류는 일반적으로 번호가 EC로 시작하는 운송장을 사용한다.

해설 비서류는 일반적으로 번호가 EM 또는 ES로 시작하는 주소기표지(운송장)를 사용한다.

국제특급우편물(EMS)

서류	서류 등을 발송할 때 이용하며, 번호가 주로 EE로 시작하는 주소기표지(운송장)를 이용(서류기준 : 종이로 된 문서 형식의 편지류, 계약서, 입학서류, 서류와 함께 보내는 팸플릿 등 홍보용 첨부물. 다만, 서적, CD, 달력 등은 비서류 취급)
비서류	서류 이외의 우편물을 발송할 때 이용하며, 일반적으로 번호가 EM, ES 등으로 시작하는 주소기표지(운송장)를 사용 – 사전통관정보 제공, 실제중량과 부피중량 비교적용

답 ④

05 다음 중 만국우편연합(UPU)의 임무에 대한 설명으로 가장 옳지 <u>않은</u> 것은?

① 우편업무분야에 있어서 국제적인 기준을 마련하는 역할을 한다.

② 이해관계자들 간의 협력과 상호작용을 보장한다.

③ 상호 연결된 단일 우편 영역에서 우편물의 자유로운 교환을 보장한다.

④ 고객의 변화하는 요구에 대한 충족을 보장한다.

해설 UPU의 임무
전 세계 사람들 사이의 통신을 증진하기 위하여 다음과 같이 효율적이고 편리한 보편적 우편서비스의 지속적인 발전을 촉진한다.
• 상호 연결된 단일 우편 영역에서 우편물의 자유로운 교환을 보장
• 공정하고 공통된 표준을 채택하고, 기술 이용을 촉진
• 이해관계자들 간의 협력과 상호작용의 보장
• 효과적인 기술협력 증진
• 고객의 변화하는 요구에 대한 충족을 보장

답 ①

06 국제특급우편(EMS)에 대한 내용으로 옳지 않은 것은?

① 부가취급으로는 배달증명과 보험취급 두 가지가 있다.
② 접수관서는 전국 모든 우체국 및 우편취급국이다.
③ 등기와 항공을 기본으로 한다.
④ 종류에는 수시국제특급우편과 계약국제특급우편이 있다.

> 해설 부가취급으로는 배달통지와 보험취급, 배달보장서비스(카할라 우정연합 국가에 한함)가 있다.
>
> 답 ①

07 우편자루 배달인쇄물의 중량한계로 옳은 것은?

① 10kg 이상 30kg 이하
② 10kg 이상 50kg 이하
③ 20kg 이상 30kg 이하
④ 30kg 이상 80kg 이하

> 해설 우편자루 제한중량은 10kg~30kg(kg 단위로 계산)으로, 우편자루 내 각 우편물의 중량은 2kg을 초과할 수 없다.
>
> 답 ①

08 우리나라의 UPU 활동에 대한 설명으로 옳지 않은 것은?

① 1922년 일본이 '조선(Choseon)'으로 개칭하였으나 1949년 '대한민국(Republic of Korea)' 국호로 회원국 자격을 회복하였다.
② 1879년 제5차 워싱턴 총회에 참석하여 가입신청서를 제출함으로써 정식가입이 이루어졌다.
③ 북한은 1974년 로잔느 총회에서 가입하였다.
④ 우리나라는 1994년 제21차 UPU 총회를 서울에서 성공리에 개최하였으며, 이후 2016년 관리이사회 이사국으로 선출되어 활동하였다.

> 해설 우리나라는 1897년 제5차 워싱턴 총회에 참석하여 가입신청서를 제출하였으며 1900년 1월 1일 '대한제국(Empire of Korea)' 국호로 정식 가입하였다.
>
> 답 ②

09 다음 중 만국우편연합의 상설 기관으로만 짝지어진 것은?

> 총회, 관리이사회, 우편운영이사회, 국제사무국

① 총회
② 총회, 우편운영이사회
③ 관리이사회, 국제사무국
④ 관리이사회, 우편운영이사회, 국제사무국

 만국우편연합의 상설 기관은 관리이사회, 우편운영이사회, 국제사무국이 해당된다.

정답 ④

더 알아보기 ➕

연합의 상설 기관
- 관리이사회(Council of Administration; CA) : 우편에 관한 정부정책 및 감사 등과 관련된 사안을 담당
- 우편운영이사회(Postal Operations Council; POC) : 우편업무에 관한 운영적, 상업적, 기술적, 경제적 사안을 담당
- 국제사무국(International Bureau; IB) : 연합업무의 수행, 지원, 연락, 통보 및 협의기관으로 기능

10 다음에서 설명하는 것은 무엇인가?

> 세계 어느 지역이나 단일 요금으로 보낼 수 있는 국제우편 특유의 우편물 종류로서 편지지와 봉투를 겸한
> 직사각형의 봉함엽서 형태를 가진다.

① 서장
② 우편엽서
③ 항공서간
④ 인쇄물

 항공서간(Aerogramme)
세계 어느 지역이나 단일 요금으로 보낼 수 있는 국제우편 특유의 우편물 종류로서 봉함엽서 형태를 가지며 간편하고
저렴하다.

정답 ③

11 시각장애인용 우편물에 관한 설명으로 옳지 <u>않은</u> 것은?

① 검은색 바탕에 검정색과 흰색으로 된 상징표지를 부착해야 한다.
② 우표, 요금인영증지 및 금전적 가치를 나타내는 어떠한 증서도 포함할 수 없다.
③ 항공부가요금을 제외한 모든 요금은 면제된다.
④ 우편물 표면에 "Items for the blind"라고 표시한다.

> **해설** 흰색 바탕에 검정색과 흰색으로 된 상징표지를 부착해야 한다.
>
>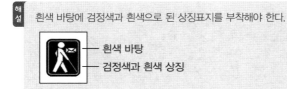
> ── 흰색 바탕
> ── 검정색과 흰색 상징
>
> 답 ①

12 국제우편물을 운송편에 따라 구분할 때 그 구분으로 옳은 것은?

① 항공우편물, 선편우편물
② 우선취급(Priority)우편물, 항공우편물
③ 비우선취급(Non-priority)우편물, 철도우편물
④ 선편우편물, 철도우편물

> **해설** 국제우편물의 운송편에 따른 구분 : 항공우편물, 선편우편물
>
> 답 ①

13 서장에 관한 요건으로 적절하지 <u>않은</u> 것은?

① 서장은 규격 우편물과 우편물의 포장에 관련된 규정을 따름
② 봉투에 넣은 우편물은 취급 중 어려움이 없도록 직사각형 형태일 것
③ 우편엽서와 모양은 다르지만 지질이 같은 우편물은 모양에 맞는 봉투를 사용
④ 물량이나 포장 상태를 보아 할인 요금을 미리 낸 우편물과 혼동할 수 있는 우편물인 경우에는 우편물의 주소 면에 서장임을 표시하는 'Letter'라는 단어를 추가

 우편엽서와 모양은 다르지만 지질이 같은 우편물도 직사각형 봉투에 넣어야 함

🖩 ③

14 K-Packet에 대한 설명으로 옳지 <u>않은</u> 것은?

① 「국제우편규정」 제3조, 제9조에 따라 과학기술정보통신부장관이 고시한 전자상거래용 국제우편서비스이다.
② 우체국과 계약하여 이용하며 최소 계약물량은 100통이다.
③ 2kg 이하 소형물품을 인터넷우체국이 제공하는 API 시스템을 통해 온라인으로 접수한다.
④ 손해배상은 발송우정당국 책임이며, 처리절차는 기존 국제등기우편과 동일하다. 단, 종추적 배달 결과가 없는 경우에 한하여 행방조사 청구가 가능하다.

 우체국과 계약하여 이용하며 최소 계약물량에 대한 제한은 없다.

K-Packet의 특징
- EMS와 같은 경쟁서비스이며 고객맞춤형 국제우편 서비스로서 평균 송달기간은 7~10일
- 우체국과 계약하여 이용하며, 인터넷우체국이나 인터넷우체국이 제공하는 API 시스템을 통해 온라인으로 접수
  - 우체국과 계약 시 최소 발송물량에 대한 제한 없음
  - API(Application Program Interface) 시스템 : 이용자의 정보시스템과 인터넷우체국 사업자포털시스템 간 우편번호, 종추적 정보, 접수정보 등을 교환할 수 있도록 제공하는 IT서비스
  - 온라인으로 판매되는 소형물품(2kg 이하)의 해외배송에 적합한 서비스로 'L'로 시작하는 우편물번호를 사용하며, 1회 배달 성공률 향상을 위해 해외 우정당국과 제휴하여 수취인 서명 없이 배달하기로 약정한 국제우편서비스
  - K-Packet 제휴(서비스) 국가는 우정사업본부장이 고시로 정함
- 월 이용금액에 따라 이용 요금 감액
- 지방우정청, 총괄우체국 및 6급 이하 우체국(별정국 포함)에서 계약 가능하며 우편취급국은 총괄우체국이 접수국으로 지정한 경우 가능
- 무료 방문접수서비스 제공 및 전국의 모든 우체국에서 접수 가능
  - 월 발송물량이 50통 미만 및 6급 이하 우체국은 방문접수를 제공하지 않음
  - 계약관서의 인력·차량 사정에 따라 방문접수 또는 별도의 접수장소를 상호 협의하여 결정
- 국내에서 K-Packet을 등기소형포장물보다 우선 취급

🖩 ②

15 다음 ㉠, ㉡, ㉢에 들어갈 내용으로 적절한 것은?

> • 우편자루 배달인쇄물(M-bag)은 인쇄물을 넣은 우편자루 하나를 하나의 우편물로 취급하는 것이며 제한무게는 (㉠) 이상 (㉡)까지
> • 전쟁 포로 및 민간인 피억류자 소포는 무게 (㉢)까지 우편 요금이 면제되지만, 내용물을 분할할 수 없는 소포, 포로에게 분배하기 위하여 수용소나 포로 대표자에게 발송되는 소포는 10kg까지 발송 가능

	㉠	㉡	㉢
①	10kg	20kg	5kg
②	20kg	30kg	3kg
③	10kg	30kg	5kg
④	20kg	40kg	3kg

 해설
• 우편자루 배달인쇄물(M-bag)은 인쇄물을 넣은 우편자루 하나를 하나의 우편물로 취급하는 것이며 제한무게는 (10kg) 이상 (30kg)까지
• 전쟁 포로 및 민간인 피억류자 소포는 무게 (5kg)까지 우편 요금이 면제되지만, 내용물을 분할할 수 없는 소포, 포로에게 분배하기 위하여 수용소나 포로 대표자에게 발송되는 소포는 10kg까지 발송 가능

답 ③

16 아시아 · 태평양우편연합(APPU)에 대한 내용으로 옳지 <u>않은</u> 것은?

① 총회는 회원국의 전권 대표로 구성되어 매년 1회 개최되고, 집행이사회는 4년마다 개최된다.
② 한국과 필리핀이 공동 제의하여 우리나라, 태국, 대만, 필리핀의 4개국이 협약에 서명함으로써 창설회원국이 되었다.
③ 아시아 · 태평양우정대학과 사무국은 태국의 방콕에 소재하고 있다.
④ 설립 목적은 지역 내 각 회원국 간의 우편관계를 확장, 촉진 및 개선하고 우편업무분야에 있어서 국제협력을 증진하는 데 있다.

 해설
총회는 회원국의 전권 대표로 구성되어 4년마다 개최되고, 집행이사회는 매년 1회 개최된다.

답 ①

> **더 알아보기 ⊕**
>
> **APPU의 기관**
> - 총회(Congress) : 연합의 최고기관이며 비상설기구인 총회(4년마다 개최)는 회원국의 전권대표로 구성. APPU 헌장 및 총칙의 수정 등 공동 관심사 토의를 위해 소집한다.
> - 집행이사회(Executive Council) : 총회와 총회 사이에 연합 업무의 계속성을 유지하기 위하여 원칙적으로 매년 1회 개최된다.
> - 아시아·태평양우정대학(APPC; Asian-Pacific Postal College) : 아·태 지역의 우편업무 개선 발전을 위한 우정 직원 훈련 목적으로 1970년 4개국(우리나라, 태국, 필리핀, 대만)이 창설한 APPU 산하의 지역훈련센터로 태국 방콕에 소재하고 있다.
> - 사무국(Bureau) : 집행이사회의 감독 하에 회원국을 위한 연락, 통보 및 문의에 대하여 중간 역할을 담당하며 태국의 방콕에 소재하고 있다.

17 다음 중 국제통상우편물에 관한 내용으로 옳지 <u>않은</u> 것은?

① 소설원고 또는 필사한 악보는 인쇄물로 취급할 수 있다.
② 소형포장물은 발송절차가 소포에 비해 복잡하다.
③ 우편엽서는 직사각형이어야 한다.
④ 항공서간은 세계 모든 지역에서 공통된 단일요금이 적용된다.

소형포장물은 발송절차가 소포에 비해 간단하다. 내용품의 가격이 300SDR 이하일 경우에는 세관표지(CN22)를, 300SDR이 초과될 경우에는 세관신고서(CN23)를 첨부하면 된다.

답 ②

18 국제특급우편(EMS)에 대한 설명으로 옳지 <u>않은</u> 것은?

① 행방조사 결과 우체국의 잘못으로 송달예정기간보다 72시간 이상 늦어진 것으로 판정된 경우 납부한 우편 요금을 환불한다.
② 외국에서 국내 배달우체국에 도착한 국제특급우편물은 국내당일특급우편물의 예에 따라 배달한다.
③ 항공편 사정, 천재지변, 상대국 통관, 배달 상황 등에 따라 배달(취급) 중지되는 경우가 있으므로 접수할 때 취급 가능한 국가를 반드시 국제우편물 발송조건(포스트넷 또는 인터넷우체국)에서 확인해야 한다.
④ 각 접수우체국마다 그날 업무마감시간이 제한되어 있어, 마감시간 이후 분은 다음 날 국외 발송 승인 후 접수한다.

- 행방조사 결과 우체국의 잘못으로 송달예정기간보다 48시간 이상 늦어진 것으로 판정된 경우 납부한 우편 요금 환불(다만, 배달을 시도했으나 수취인이 부재한 경우와 공휴일 및 통관 소요일은 송달예정기간에서 제외)
- 단, EMS 배달보장서비스 적용 우편물의 경우, 송달예정일보다 늦어진 경우 우편요금 반환(세관계류 등은 기간에서 제외)

답 ①

19 다음 중 한 · 중 해상특송서비스에 관한 설명으로 옳지 <u>않은</u> 것은?

① EMS와 같은 경쟁서비스이며 전자상거래 전용 국제우편 서비스이다.
② 온라인으로 판매되는 물품의 중국배송에 적합하다.
③ e−Shipping을 이용하는 고객에 한하여 이용 가능하다.
④ 별정국, 우편취급국을 포함하여 모든 우체국에서 이용계약 가능하다.

해설

지방우정청, 총괄우체국에서 이용계약 가능하며 6급 이하 우체국(별정국, 우편취급국 포함)은 총괄우체국장의 승인을 받은 경우에 한한다.

답 ④

20 다음 중 국제우편물의 내용물에 따른 구분 중 우리나라 A/O가 <u>아닌</u> 것은?

① 시각장애인용 우편물
② 우편자루 배달인쇄물
③ 우편엽서
④ 인쇄물

해설

국제우편물의 내용물에 따른 구분
- L/C : 서장(Letters), 우편엽서(Postcard), 항공서간(Aerogramme)
- A/O : 인쇄물(Printed papers), 소형포장물(Small packet), 시각장애인용 우편물(Items for the blind), 우편자루 배달인쇄물(M−bag)

답 ③

21 다음 중 국제특급우편(EMS)으로 보낼 수 없는 물품으로만 묶인 것은?

① 송금환, 마그네틱 테이프, 상품견본
② 동전 및 화폐, 가공하지 않은 금, 송금환
③ 업무용 서류, 컴퓨터 데이터, 유가증권류
④ 마이크로 필름, 가공한 은, 마약류

 해설

EMS로 보낼 수 없는 물품
- 동전 및 화폐, 송금환, 유가증권류, 금융기관 간의 교환 수표
- UPU에서 정한 일반적인 우편금지물품 : 취급상 위험하거나 다른 우편물을 오염 또는 파손시킬 우려가 있는 것, 마약류 및 향정신성 물질, 폭발성 · 가연성 또는 위험한 물질, 외설적이거나 비도덕적인 물품
- 가공 또는 비가공의 금, 은, 백금과 귀금속, 보석 등 귀중품
- 상대국가에서 수입을 금하는 물품
- 여권을 포함한 신분증

EMS로 보낼 수 있는 물품
- 업무용 · 상업용 서류, 컴퓨터 데이터
- 상품견본, 마그네틱 테이프, 마이크로 필름, 상품(국가에 따라 차이가 있음)

답 ②

22 카할라 우정연합에 대한 설명으로 옳은 것은?

① 아시아 · 태평양 연안 지역 내 5개 우정당국(한국, 미국, 일본, 중국, 호주)이 결성하였다.
② 2002년에 결성하여 회원국을 확대하고 있고, 사무국은 미국에 소재하고 있다.
③ 국제특송시장에서의 주도권 확보 및 국제특급우편(EMS) 경쟁력 향상을 목적으로 하고 있다.
④ 카할라(Kahala)는 최초 회의가 개최된 중국 내 지명(地名)이다.

 해설

① 아시아 · 태평양 연안 지역 내 6개 우정당국(한국, 미국, 일본, 중국, 호주, 홍콩)이 결성하였다.
② 2002년에 결성하여 회원국을 확대하고 있고, 사무국은 홍콩에 소재하고 있다.
④ 카할라(Kahala)는 최초 회의가 개최된 미국(하와이) 내 지명(地名)이다.

답 ③

23 국제우편물 취급우체국에 대한 설명으로 옳지 <u>않은</u> 것은?

① 교환국은 국제우편물을 직접 외국으로 발송하고, 외국에서 오는 우편물을 받는 업무를 수행하는, 즉 교환업무를 취급하는 우체국이다.
② 통관국은 세관 공무원이 주재하거나 파견되어 국제우편물의 수출입에 관한 세관검사를 실시하는 우체국이다.
③ 통상국은 국제우편물의 접수와 배달 업무를 수행하는 일반우체국이다.
④ 국제우편물류센터와 인천해상교환우체국은 통관국과 통상국의 업무를 겸하고 있으며, 부산국제우체국은 통관국의 업무를 수행하고 있다.

> **해설** 국제우편물류센터와 부산국제우체국은 통관국과 통상국의 업무를 겸하고 있으며, 인천해상교환우체국은 통관국의 업무를 수행하고 있다.
>
> 답 ④

24 다음 중 계약국제특급우편(Contracted EMS)에 대한 설명으로 옳은 것은 모두 몇 개인가?

> ㄱ. 국제특급우편물을 발송하는 사람이 우체국과 미리 계약을 하고 그 계약에 따라 우체국에서 우편물을 수집(접수)·발송
> ㄴ. 월 30만 원을 초과하여 EMS를 발송하는 고객이 계약을 맺을 수 있으며, 월간 이용 금액에 따라 4%에서 최대 15%까지 할인
> ㄷ. 이용자가 정기발송 계약을 체결하지 아니하고 발송물량이 있을 때마다 수시로 발송(대부분의 창구접수 일반고객을 말함)
> ㄹ. 1회에 30만 원을 초과하여 EMS를 발송하는 이용자에 대하여 50만 원까지는 3%, 50만 원을 초과하는 금액에 대하여는 계약국제특급우편 감액률을 적용하여 할인

① 1개
② 2개
③ 3개
④ 4개

> **해설**
> ㄱ. (○) 국제특급우편물을 발송하는 사람이 우체국과 미리 계약을 하고 그 계약에 따라 우체국에서 우편물을 수집(접수)·발송
> ㄴ. (×) 월 50만 원을 초과하여 EMS를 발송하는 고객이 계약을 맺을 수 있으며, 월간 이용 금액에 따라 4%에서 최대 18%까지 할인
> ㄷ. (×) 수시국제특급우편(On demand, EMS)에 대한 설명이다.
> ㄹ. (×) 수시국제특급우편(On demand, EMS)에 대한 설명이다.
>
> 답 ①

| STEP2 | 국제우편물 종별 접수요령

01 다음 중 우편자루 배달인쇄물(M-bag)의 접수에 관한 내용으로 옳지 <u>않은</u> 것은?

① 내용품 가격이 300SDR 이하인 경우에는 세관표지를 작성하여 붙이고 내용품의 가격이 300SDR을 초과할 때에는 세관신고서를 작성하여 붙인다.

② 접수할 때 하나의 통상우편물로 취급한다.

③ 주소기재용 꼬리표는 90mm×140mm의 두꺼운 종이 등(두 개의 구멍이 있어야 함)으로 2장을 작성하여, 1장은 우편물에 붙이고 1장은 우편자루 목에 묶고 봉인한다.

④ 우편요금과는 별도로 통관절차대행수수료 2,500원을 징수한다.

> **해설** 우편요금과는 별도로 통관절차대행수수료 4,000원을 징수한다.
>
> 답 ④

02 국제소포우편물 운송장의 작성 및 첨부에 관한 내용으로 옳은 것은?

① 운송장의 제2면은 발송인에게 교부하고, 제3면은 접수우체국에게 교부한다.

② 국제소포우편물 운송장에는 도착국가에서 필요한 서식(송장, 세관신고서)을 별도 작성하여 첨부해야 한다.

③ 발송인이 작성 제출한 운송장에는 우편물의 총중량과 요금, 접수우체국명, 접수일자 등을 접수담당자가 명확하게 기재하여야 한다.

④ 반송이나 전송의 경우에는 반드시 항공편으로 보내고, 운송장에는 ○표시한다.

> **해설** ① 주소기표지의 제2면은 접수우체국에서 접수원부로 보관하고, 제3면은 발송인에게 교부한다.
> ② 국제소포우편물 운송장에는 도착국가에서 필요한 서식(송장, 세관신고서)이 포함되어 있으므로 이러한 서식을 별도 작성하여 첨부할 필요가 없다. 다만, 발송인이 필요하다고 인정하는 경우에는 우리나라와 도착국가에서의 통관 수속에 필요한 모든 서류(상업송장, 수출허가서, 수입허가서, 원산지증명서, 건강증명서 등)를 첨부할 수 있다.
> ④ 선편이나 항공편 중 하나를 택하여 ×표시 한다.
>
> 답 ③

03 국제우편물 접수 시 유의사항으로 옳지 <u>않은</u> 것은?

① 국내우편물과 마찬가지로 우편물을 우체통에 넣거나 우체국에서 접수한다.
② EMS는 발송인의 요청에 따라 발송인을 방문하여 접수 가능하다.
③ 우편사무우편물, 요금별납, 요금후납, 요금계기별납에 따른 우편물은 날짜도장을 날인해야 한다.
④ 국제우편물의 소인, 그 밖의 업무취급에는 국제우편날짜도장을 사용한다.

> **해설** 우편사무우편물, 요금별납, 요금후납, 요금계기별납에 따른 우편물은 날짜도장을 날인하지 않는다.
>
> 답 ③

04 국제특급우편(EMS)의 접수에 대한 내용으로 옳지 <u>않은</u> 것은?

① 20만 원 이상의 물품일 경우 반드시 고객에게 보험 이용 여부를 문의한 후 이용할 때는 해당 칸에 표시한다.
② 보내는 사람의 주소 · 성명도 영문으로 기록한다.
③ EMS 운송장 기록시 우편요금은 원화 가격을 아라비아 숫자로 기록한다.
④ 발송인은 운송장 기록시 신속한 통관과 정확한 배달을 위하여 우편번호(Postal code)를 반드시 기록한다.

> **해설** 10만 원 이상의 물품일 경우 반드시 고객에게 보험 이용 여부를 문의한 후 이용할 때는 해당 칸에 표시(보험 가액은 원화로 기록)한다.
>
> 답 ①

05 국제소포우편물 중 보험소포의 접수에 대한 내용으로 옳지 <u>않은</u> 것은?

① 보험가액은 원화(KRW)로 표시한다.
② 소포우편물 가격의 일부만 보험가입이 가능하다.
③ 보험가액 작성 후 잘못된 부분이 있을 경우 한 번은 정정(수정)이 가능하다.
④ 보험소포우편물의 중량은 10g 단위로 표시한다.

보험가액은 원화(KRW)로 표시. 발송인이 운송장 해당란에 로마문자와 아라비아숫자로 기록해야 하며 보험가액은 잘못 적은 경우 지우거나 고쳐 치지 말고 운송장을 다시 작성하도록 발송인에게 요구한다. 보험가액은 어떠한 경우에도 고쳐 쓸 수 없다.

답 ③

06 국제우편물 접수 시 점검사항으로 옳지 <u>않은</u> 것은?

① 부가취급 요청이 있는 경우, 이를 상대 국가에서 허용하는지 확인해야 한다.
② 봉투의 일부분이 투명한 창문으로 된 것을 사용하는지 확인한다.
③ 소형포장물은 통관에 회부하여야 한다.
④ 검사 결과 규정 위반이 발견되면 보완하여 제출하도록 요구하고, 이를 거부하면 접수를 거절한다.

해설 봉투 전부가 투명한 창문으로 된 것을 사용하고 있는지 확인해야 한다.

답 ②

07 보험취급에 대한 내용으로 옳지 <u>않은</u> 것은?

① 분실 · 훼손되거나 도난당한 경우 보험가액의 범위 내에서 실제로 발생된 손해액을 배상하는 제도 이다.
② 발송가능 국가는 접수 시 확인한다.
③ 최고한도액은 5,000SDR이다.
④ 내용품의 일부가치만을 보험 취급하는 것도 가능하다.

 건당 최고한도액은 4,000SDR(7,000,000원)이다.

답 ③

08 다음에 해당하는 특수취급우편물은?

> 우편물에 접수번호를 부여하고 접수한 때로부터 배달되기까지의 취급과정을 그 번호에 따라 기록하여 우편물 취급과 송달의 확실성을 보장하기 위한 제도

① 배달통지
② 등기
③ 항공
④ 국제속달

해설 등기는 우편물 취급 및 송달의 확실성을 보장하기 위한 제도로서, 망실·도난·파손의 경우에는 손해배상을 해주는 제도이다.

답 ②

더 알아보기✚

등기(Registered)
- 모든 통상우편물은 등기로 발송 가능하다.
- 도착국의 국내법이 허용하는 경우 봉함된 등기서장에 각종 지참인불 유가증권, 여행자수표, 백금, 금, 은, 가공 또는 비가공의 보석 및 기타 귀중품을 넣을 수 있다(국내 관련법규에서 허용하는 범위 내에서만 취급).
- 접수우체국에서는 국제등기번호표 CN04를 우편물 앞면의 적정한 위치에 부착한다.

09 국제소포우편물 운송장의 작성과 첨부에 대한 설명 중 옳지 <u>않은</u> 것은?

① 국제소포우편물 운송장은 5연식으로 되어 있으며, 별도의 복사지 없이도 제1면의 기록 내용이 제5면까지 복사된다.
② 운송장의 제4면은 세관신고서이다.
③ 국제소포우편물 운송장에는 도착국가에서 필요한 서식(송장·세관신고서)이 포함되어 있으므로 별도 작성할 필요 없다. 다만, 발송인이 필요하다고 인정하는 경우, 우리나라와 도착국가에서의 통관 수속에 필요한 모든 서류를 첨부 가능하다.
④ 소포우편물이 배달 불능일 경우에 발송인에게 즉시 반송하고, 반송이 불가능할 경우 포기함을 표시하여야 한다.

도착국가 우체국 소포우편물 배달시도 시 배달 불능의 경우 '포기'와 '반송'을 발송인이 우편물 접수 시 선택하도록 한다. 발송인이 반송받기를 원하지 않은 경우 'ㅁ Treat as abandoned 포기'를 선택하여 ∨ 또는 × 표시한다. 발송인이 반송받기를 원할 경우, 항공 또는 선편 중 하나를 반드시 선택하여 ∨ 또는 × 표시한다(해당 운송편으로 반송 가능한지 포스트넷에 확인 후 기표지에 표시). 발송인의 지시사항이 없거나 지시사항이 모순되는 경우에는 별도통보 없이 소포우편물을 반송 조치토록 되어 있음에 유의한다.

답 ④

10 다음 중 통관에 회부하여야 할 통상우편물로 적절하지 <u>않은</u> 것은?

① 소형포장물
② 세관표지 및 세관신고서가 붙어있는 통상우편물
③ 세관장이 특히 통관검사에 부칠 필요가 있다고 인정하는 그 밖의 통상우편물
④ 시각장애인용 우편물

통상우편물 중 통관에 회부하여야 할 우편물
- 소형포장물
- 세관표지(CN22) 및 세관신고서(CN23)가 붙어있는 통상우편물
- 통관우체국장이나 세관장이 특히 통관검사에 부칠 필요가 있다고 인정하는 그 밖의 통상우편물

답 ④

11 다음 중 국제특급우편물(EMS)의 특성으로 옳지 <u>않은</u> 것은?

① 운송장 작성 시 중량은 10g 단위로 기재한다.
② EMS 프리미엄 서비스는 민간 국제특송사와 제휴하여 서비스를 제공하는 형태이다.
③ 국제특급우편물의 보험취급한도액은 4,000SDR이다.
④ 우편취급국을 제외한 모든 우체국에서 접수가 가능하다.

국제특급우편물은 우편취급국을 포함해서 모든 우체국에서 접수한다.

답 ④

12 K-Packet 접수에 대한 설명 중 옳지 **않은** 것은?

① 계약관서의 장은 방문접수할지 별도의 장소에서 접수할지를 협의하여 결정하고 이를 계약 사항에 표시할 수 있다.

② 운송장을 작성할 때에는 반드시 규격 및 무게를 정확히 기재하고, 표시한 무게와 실제 우편물 무게가 다를 경우 즉시 이용 고객에게 알린다.

③ 2개 이상의 포장물품을 테이프, 끈 등으로 묶어 하나로 발송할 수 없다.

④ K-Packet을 발송할 경우 인터넷 접수시스템으로 발송인과 수취인의 주소, 내용품명, 내용품 가액 등 필수 입력사항을 한글과 영문으로 입력한다.

> **해설** 라벨표지 작성 시, K-Packet을 발송할 경우 인터넷 접수시스템으로 발송인과 수취인의 주소, 내용품명, 내용품 가액 등 필수 입력사항을 영문으로 입력한다.
>
> 답 ④

13 국제우편의 특수취급에 관한 내용으로 옳지 **않은** 것은?

① 종류에는 등기, 배달통지, 보험취급이 있다.

② 우리나라 법규에서 허용하지 않더라도 도착국의 국내법이 허용하는 한 봉함된 등기서장 안에 귀중품을 넣어 발송할 수 있다.

③ 보험가액은 4,000SDR을 최고한도로 하며, 내용품의 일부만을 보험취급할 수도 있다.

④ 배달통지 취급은 모든 우편물(통상우편물, 소포우편물, 특급우편물)에 가능하다.

> **해설** 도착국의 국내법이 허용하는 한 봉함된 등기서장 안에 귀중품을 넣어 발송할 수 있지만, 이때에도 우리 국내 관련법규에서 허용하는 범위 내에서만 취급한다.
>
> 답 ②

14 특수취급우편물 중 다음 내용에 해당하는 것은?

> 우편물 접수 시 발송인의 청구에 따라 우편물을 수취인에게 배달하고 수취인에게서 수령 확인을 받아
> 발송인에게 통지하여 주는 제도이다.

① 등기(Registered)

② 배달통지(Advice of delivery)

③ 보험서장(Insured letters)

④ 항공

 배달통지(Advice of delivery)
우편물 접수 시 발송인의 청구에 따라 우편물을 수취인에게 배달하고 수취인에게서 수령 확인을 받아 발송인에게 통지
하여 주는 제도로, 배달통지(A.R)는 국내우편의 배달증명과 유사하다.

달 ②

15 다음 중 국제특급우편물(EMS) 접수에 관한 내용으로 옳지 <u>않은</u> 것은?

① 유학서류 및 선하증권이 포함된 우편물은 EMS 접수가 불가능하다.

② EMS 프리미엄 접수 시 원칙적으로 사서함 발송이 불가능하다.

③ 국제특급우편물 접수 시 중량은 20g 단위로 기재한다.

④ 상대국의 보험취급 여부와 관계 없이 우리나라와 EMS를 교환하는 모든 나라로 발송하는 EMS에
대하여 보험취급이 가능하다.

 국제특급우편물 접수 시 중량은 10g 단위로 기재한다.

달 ③

16 국제우편물의 특수취급과 국제특급우편물의 부가취급에 공통적으로 해당하지 <u>않는</u> 것은?

① 배달통지

② 보험취급

③ 등기

④ 해상특송서비스

• 국제우편물의 특수취급 : 등기, 배달통지, 보험취급
• 국제특급우편(EMS)의 부가취급 : 항공 및 등기를 기본으로 하고, 배달통지, 보험취급, 배달보장서비스(카할라 우정연합 국가에 한함) 등의 부가취급을 할 수 있다.

답 ④

17 국제보험소포우편물 운송장의 작성 및 첨부에 관한 내용으로 옳지 <u>않은</u> 것은?

① 보험가액은 원화(KRW)로 표시하여야 하며 발송인이 운송장 해당란에 로마문자와 아라비아 숫자로 기재한다.

② 소포우편물 내용물의 실제가격보다 낮은 가액을 보험가액으로 할 수 없으며 이러한 경우 사기보험으로 간주한다.

③ 보험소포우편물의 중량은 10g 단위로 표시하며, 10g 미만의 단수는 10g으로 절상한다.

④ 보험가액은 잘못 기재하였다 하더라도 지우거나 정정할 수 없다.

소포우편물 내용물의 실제가격보다 높은 가액을 보험가액으로 할 수 없으며 이러한 경우 사기보험으로 간주한다.

답 ②

18 특수취급우편물에 대한 설명으로 옳은 것은?

① 모든 통상우편물은 등기로 발송될 수 있으며 등기우편물을 발송하는 사람은 일반우편요금 이외에 등기취급수수료를 납부해야 한다.

② 배달통지는 특급우편물을 제외한 모든 우편물을 취급대상으로 한다.

③ 보험가액의 최고한도는 5,000SDR이다.

④ 보험취급하여 발송할 수 있는 물건에는 귀금속, 수표, 고급시계, 도자기 등이 있다.

② 배달통지는 모든 우편물(통상우편물, 소포우편물, 특급우편물)을 취급대상으로 한다.
③ 보험가액의 최고한도는 4,000SDR(7백만 원)까지이나, 상대국에서 취급하는 최고한도액이 그 이하인 경우에는 상대국의 취급한도액 범위에서 취급한다.
④ 도자기나 유리컵 등 파손되기 쉬운 물품은 보험취급하여 발송할 수 없다.

답 ①

| STEP3 | 국제우편요금

01 국제우편요금 수취인부담(International Business Reply Service; IBRS)에 관한 설명으로 옳지 <u>않은</u> 것은?

① 모든 우체국에서 취급 가능하다.
② 인쇄물(봉투)은 1,100원, 엽서는 500원이다.
③ IBRS 우편물에는 날짜도장을 날인하지 않는다.
④ 외국에서 도착된 IBRS 우편물은 국내우편요금 수취인부담 우편물의 배달 예에 준해 배달하고 요금을 징수한다.

> **해설** 집배우체국에 한하여 취급한다.
>
> 답 ①

02 다음 중 국제우편요금의 결정 및 요금체계에 대한 내용으로 옳지 <u>않은</u> 것은?

① 우편물 종별에 따라 통상우편물요금, 소포우편물요금, 국제특급우편요금, K-Packet요금, 한중해상특송 요금 등으로 구분하며, 부가취급에 따른 부가취급수수료가 있다.
② 국제우편요금이 결정되면 고시한다.
③ 만국우편협약에서 정한 범위 안에서 우체국장이 결정한다.
④ 운송편별에 따라 선편요금과 항공요금으로 구분한다.

> **해설** 만국우편협약에서 정한 범위 안에서 과학기술정보통신부장관이 결정한다.
>
> 답 ③

03 국제우편요금의 별납에 대한 내용으로 맞지 <u>않는</u> 것은?

① 발송인이 표시를 하지 아니한 경우에는 우체국에서 요금별납인을 날인한다.

② 발송 기준 통상우편물 10통 이상을 취급요건으로 한다.

③ 우편취급국을 포함한 모든 우체국에서 취급한다.

④ 한 사람이 한 번에 같은 우편물(동일무게)을 보낼 때에 우편물 외부에 요금별납 표시를 하여 발송하고 우편요금은 별도로 즉납하는 제도이다.

> **해설** 우편취급국을 제외한 모든 우체국에서 취급한다.
>
> 답 ③

04 다음 중 국제회신우표권의 교환 등에 대한 설명으로 옳은 것은?

① 국제회신우표권은 한 사람이 하루에 20매를 초과하여 구입을 요구할 경우 별도의 신청서가 필요하다.

② 판매할 때는 국제회신우표권의 오른쪽 해당란에 우편날짜도장을 날인한다.

③ 외국에서 판매한 국제회신우표권은 우리나라에서 외국으로 발송되는 항공보통서장의 4지역 10g 요금에 해당하는 우표류와 교환한다.

④ 우리나라에서 판매된 국제회신우표권은 우리나라에서 교환할 수 있다.

> **해설**
> ② 판매할 때는 국제회신우표권의 왼쪽 해당란에 우편날짜도장을 날인하고, 교환할 때에는 국제회신우표권의 오른쪽 해당란에 날인한다.
> ③ 외국에서 판매한 국제회신우표권은 우리나라에서 외국으로 발송되는 항공보통서장의 4지역 20g 요금에 해당하는 우표류와 교환한다.
> ④ 우리나라에서 판매된 국제회신우표권은 우리나라에서 교환할 수 없다.
>
> 답 ①

| STEP4 | 국제특급우편(EMS) 주요 부가서비스 및 제도

 01 서울에서 호주로 EMS 배달보장 서비스를 이용하여 5월 10일 접수했다면 배달보장일은 언제인가?

① 5월 12일

② 5월 13일

③ 5월 15일

④ 5월 20일

> **해설** 서울에서 접수하여 호주로 보낼 경우에는 접수한 날로부터 +3일 이내에 배달이 보장된다.
>
> 답 ②

더 알아보기 ➕

EMS 배달보장 서비스의 배달기한
- 아시아지역 : 접수+2일 이내 배달보장
- 캐나다, 미국, 호주, 유럽 : 접수+3일 이내 배달보장

---

 02 수출우편물 발송확인 서비스에 대한 설명으로 옳지 않은 것은?

① 수출신고필증상 1건당 1건의 우편물 발송을 원칙으로 하며 분할하여 발송할 수 있다.

② 선적완료 처리된 이후에는 우편발송확인서는 정정할 수 없다.

③ 수출우편물 발송확인 서비스는 별정우체국 및 우편취급국을 제외한 전국우체국에서 취급한다.

④ 발송인이 사전에 세관에 수출신고를 하여 수리된 물품이 들어 있는 우편물을 대상으로 한다.

> **해설** 수출우편물 발송확인 서비스는 별정우체국 및 우편취급국을 포함한 전국우체국에서 취급한다.
>
> 답 ③

03 다음 중 계약 국제특급우편 이용 금액이 3,000만 원일 경우 감액률은 얼마인가?

① 8%
② 12%
③ 14%
④ 18%

 해설

계약 국제특급우편의 감액요건 및 감액범위

(단위 : 1개월, 만 원)

기준금액	50 초과 ~150	150 초과 ~500	500 초과 ~1,000	1,000 초과 ~2,000	2,000 초과 ~5,000	5,000 초과 ~10,000	10,000 초과 ~20,000	20,000 초과
감액률	4%	6%	8%	10%	12%	14%	16%	18%

※ 단, 18% 이상 감액률은 해당 지방우정청 승인 후 적용

답 ②

04 국제특급우편(EMS) 요금의 주요 특별 감액에 대한 내용으로 가장 옳은 것은?

① 계약기간이 1년을 초과하고 직전 계약기간 이용 금액이 100백만 원 이상인 경우, 2%p 추가 감액한다.
② 장기이용 계약고객 감액조건의 금액은 고시된 요금(EMS 프리미엄은 요금표) 기준이며, 일괄계약 고객 및 환적프로세스 이용고객은 제외된다.
③ 인터넷 접수시스템(e-Shipping)을 통해 접수한 경우, 3%p 추가 감액한다.
④ 전자상거래 플랫폼(쇼핑몰 등)을 통해 고객의 주문을 받은 상품을 발송하는 업체의 경우, 1%p 추가 감액(요금감액에 추가 적용)한다.

해설

① 계약기간이 3년을 초과하고 직전 계약기간 이용 금액이 100백만 원 이상인 경우, 2%p 추가 감액(요금감액에 추가 적용)한다.
③ 인터넷 접수시스템(e-Shipping)을 통해 접수한 경우, 5%p 추가 감액한다.
④ 전자상거래 플랫폼(쇼핑몰 등)을 통해 고객의 주문을 받은 상품을 발송하는 업체의 경우, 3%p 추가 감액(요금감액에 추가 적용)한다.

답 ②

05 수출우편물 발송확인 서비스에 대한 설명으로 옳지 <u>않은</u> 것은?

① 외국으로 발송하는 국제우편물중 수출신고 대상물품이 들어 있는 경우 우체국에서 해당우편물의 발송 사실을 세관에 확인하여 주는 서비스

② 발송인이 사전에 세관에 수출신고를 하여 수리된 물품이 들어 있는 우편물 대상

③ 수리일로부터 15일 내에 선(기)적 하여야 하며, 기일 내 선(기)적하지 아니한 경우에는 과태료 부과와 수출신고 수리가 취소됨

④ 사후증빙 또는 관세 환급 심사를 위하여 수출하고자 하는 물품을 세관에 수출 신고한 후 필요한 검사를 거쳐 수출 신고를 받아 물품을 외국무역선에 적재하기까지의 절차

> **해설**
> **수출우편물 발송확인 서비스**
> • 외국으로 발송하는 국제우편물중 수출신고 대상물품이 들어 있는 경우 우체국에서 해당우편물의 발송 사실을 세관에 확인하여 주는 서비스
> • 절차 : 사후증빙 또는 관세 환급 심사를 위하여 수출하고자 하는 물품을 세관에 수출 신고한 후 필요한 검사를 거쳐 수출 신고를 받아 물품을 외국무역선에 적재하기까지의 절차
> • 대상 우편물 : 발송인이 사전에 세관에 수출신고를 하여 수리된 물품이 들어 있는 우편물로 수리일로부터 30일 내에 선(기)적 하여야 하며, 기일 내 선(기)적하지 아니한 경우에는 과태료 부과와 수출신고 수리가 취소됨
>
> 답 ③

06 국제특급우편(EMS) 요금 감액 제도에 대한 내용으로 옳지 <u>않은</u> 것은?

① 일괄계약 국제특급우편의 감액 시 기준금액은 EMS 프리미엄은 요금표 기준이며, 수수료를 포함한다.

② 수시 국제특급우편의 요금감액률은 30만 원 초과~50만 원까지는 3%, 50만 원 초과 시에는 계약국제특급우편 감액률을 적용한다.

③ 계약 국제특급우편은 EMS 우편물을 발송하는 이용자와 우편관서의 이용계약에 의해 운영된다.

④ 수시 국제특급우편은 별도의 이용계약을 맺지 않고 1회에 이용금액 30만 원을 초과하여 국제특급우편(EMS)을 발송하는 창구접수 이용자에게 요금 감액을 해준다.

> **해설**
> **일괄계약 국제특급우편의 감액요건 및 감액범위**
>
> (단위 : 1개월, 만 원)
>
> | 이용금액 | 50 초과~500 | 500 초과~1,000 | 1,000 초과~2,000 | 2,000 초과~5,000 | 5,000 초과~10,000 | 10,000 초과~20,000 | 20,000 초과 |
> |---|---|---|---|---|---|---|---|
> | 감액률 | 2% | 3% | 4% | 5% | 6% | 7% | 8% |
>
> ※ 감액할 때 기준금액은 고시된 요금(EMS 프리미엄은 요금표) 기준이며, 수수료는 제외
>
> 답 ①

07 국제우편 스마트 접수로 인한 기대효과로 적절하지 <u>않은</u> 것은?

① 창구요원의 접수부담이 경감된다.
② 발송기록이 저자되어 DB 작업이 활성화된다.
③ 국제우편 이용고객의 정보를 획득하고 분석함으로써 전략상품마케팅 활성화에 기여한다.
④ 국제우편 접수채널이 단일화되어 이용고객의 편의가 증진된다.

> **해설** **국제우편 스마트 접수의 기대효과**
> • 국제우편 접수채널 다양화를 통한 이용고객의 편의 증진 및 EMS, 등 기소형포장물 등 전략상품 서비스 경쟁력 향상
> • 주소기표지 조제비용 절감에 따른 경영 수지 기여
> • 국제우편 이용고객의 정보 획득 및 분석으로 EMS, 등기소형포장물 등 전략상품마케팅 활성화에 기여
> • 사전통관제도 기반 마련 및 수출업체 지원 강화로 기업고객 유치 확대
> • 현업 창구요원의 접수부담 경감
> • 발송기록이 저장됨에 따라 DB 작업의 활성화가 가능
>
> 답 ④

| STEP5 | EMS 프리미엄 서비스

01 EMS 프리미엄 서비스에 대한 내용으로 옳지 <u>않은</u> 것은?

① 우편물의 길이와 둘레의 합이 300cm를 초과할 경우 EMS 프리미엄 서비스를 이용할 수 없다.
② 무게 산정 시 실중량과 체적중량(가로cm × 세로cm × 높이cm/6,000) 중 무거운 중량이 적용된다.
③ EMS 프리미엄 서비스는 공익성을 추구하는 공기업과 이윤추구를 목적으로 하는 사기업의 제휴를 통한 시너지를 제고한다.
④ SMS 배달안내, Export/Import 수취인 요금부담, 통관대행 등 다양한 부가서비스를 제공한다.

> **해설** EMS 프리미엄 서비스 부피 제한 : 우편물의 길이와 둘레의 합이 400cm 초과 불가(최대 변 길이 274cm 이하)
>
> 답 ①

02 EMS 프리미엄 주요 부가서비스에 대한 내용으로 옳은 것은?

① 통관대행은 EMS 계약 고객에 한해 접수우편물의 수출통관을 대행하는 서비스이다.
② 고중량특송 서비스는 30kg 초과 70kg 이하의 고중량화물을 팔레트 단위로 Door to Door 방식으로 배송하는 전문 특송 서비스이다.
③ Export 수취인 요금부담은 우편물을 발송할 때의 요금을 도착국의 수취인이 지불하는 서비스로 수취인이 개인인 경우 접수가 제한된다.
④ 고중량 우편물의 개인, 계약고객에 대한 방문접수는 전국의 모든 우체국에서 수행한다.

① 통관대행은 모든 고객(개인 및 EMS 계약고객)을 대상으로 하는 서비스이다.
② 고중량특송은 70kg 초과 고중량화물을 팔레트 단위로 Door to Door 방식으로 배송하는 전문 특송 서비스이다.
④ 고중량 우편물의 개인, 계약고객에 대한 방문접수는 5급 이상 총괄 우체국에서 수행한다(부득이한 경우 UPS 지점이나 대리점에서 방문접수 가능).

답 ③

03 EMS 프리미엄 서비스를 이용할 시 발송할 수 없는 품목은 모두 몇 개인가?

ㄱ. 전자담배   ㄴ. 드라이아이스
ㄷ. 버터나이프   ㄹ. 초

① 1개   ② 2개
③ 3개   ④ 4개

주요 발송 불가 품목

알코올 첨가된 음료	향수나 알코올이 포함된 스킨
음식 및 의약품	모든 음식물과 의약품 ※ 단, 의약품의 경우 발송인이 도착국에 통관여부 등 확인이 필요하며, 추가로 현지 의사의 영문으로 발행된 처방전 등이 필요함
담배나 담배관련 제품	전자담배 포함
탄약	화약, 총알 등 폭발성이 있다고 분류된 물품
소형화기 및 무기, 모형 총기	장난감 무기, 총기 포함
드라이아이스	위험품으로 간주

가공되지 않은 동물성 생산품 (Animal Products –Non–domesticated)	• 암소, 염소, 양, 돼지는 가축으로, 그 외 다른 동물들은 가공되지 않은 동물들로 여겨지며, 이들에게서 나온 아이템이나 제품들은 발송 금지 • 가공되지 않은 동물들에게서 나온 제품은 옷(신발, 벨트, 지갑, 핸드백), 장식품(보석, 실내장식)이나 그 외 부산물(by–products)이며, 다음과 같은 아이템 등으로 만든 것 – 양서류, 조류, 갑각류, 어류, 산호, 조개류, 동물성 해면스펀지, 뿔, 발톱, 발굽, 손톱, 상아, 치아, 부리, 거북딱지, 고래수염[이 제품들의 가루(powder) 및 폐기물(waste)을 포함]
화기성 제품	메탄올, 아세톤, 매니큐어, 초, 성냥 등
칼	• 신체적 위해를 가할 목적의 무기용 칼 • 일반적으로 음식준비에 쓰이는 칼, 만능칼, 주머니칼은 발송 가능. 무기용 칼, 스위치블레이드(칼날이 튀어나오는 나이프), 도검, 총검은 금지 ※ 각국의 금지 제한물품을 참고 (예) 중국은 버터나이프를 제외한 모든 종류의 칼을 금지)
위험물 · 위험물품	가스(GAS), 방사성물질, 소화기, 스프레이 등도 발송 불가
발전기	대부분의 발전기는 가솔린으로 테스트 되는데, 탱크 가스를 다 빼냈다 하더라도 잔여물이 남게 되고 이로 인해 불이 날 수 있으므로 금지
주류, 알코올 성분 함유된 화장품	미스트, 스킨, 향수 등
가격측정이 어려운 물품	동전, 화폐, 우표, 유가증권, 우편환, 세팅되지 않은 보석류, 산업용 다이아몬드, 사람의 유해
현금 및 양도성 물품	고가의 우표, 유가증권 불가
시체	사람의 유해 등 유골을 포함한 사람과 동물의 시체
상아 · 상아제품, 모피류	
살아있는 동식물	종자류, 채소, 야채 포함
특별용품	예술품, 골동품, 보석, 금, 은 등

답 ③

04 EMS 프리미엄 서비스에 대한 내용으로 옳지 않은 것은?

① 원칙적으로 사서함 주소 접수가 불가능하지만, 발송동의서를 작성하여 첨부 시 가능하다.
② EMS 프리미엄 주요 부가서비스에는 SMS 배달안내, 통관대행, Export/Import 수취인 요금부담, 고중량특송 서비스 등이 있다.
③ 비서류 접수 시 체적무게가 70kg을 초과할 경우 EMS 프리미엄으로 발송할 수 없다.
④ 세관신고서를 작성할 때는 내용품명, 물건 개수, 품목가격을 영문으로 기록해야 한다.

해설 **행방조사청구제도의 청구기한**
비서류 접수 시 실제무게가 70kg 초과될 경우에는 EMS 프리미엄으로 발송할 수 없지만, 체적무게가 70kg 초과될 경우에는 기표지를 2장으로 하여 발송 가능하다.

답 ③

| STEP6 | 각종 청구제도

01 국제우편 손해배상제도에 해당하는 내용으로 옳지 <u>않은</u> 것은?

① 국제특급의 경우 지급된 배상금은 원칙적으로 발송우정당국이 부담하고 있으나 상대국에 따라 책임우정당국이 배상하는 경우도 있다.

② 청구 권한은 수취인에게 배달되기 전까지는 발송인에게, 배달된 후에는 수취인에게 있다.

③ 우편물의 분실, 파손 또는 도난 등 사고에 대한 책임이 있는 우정당국이 손해배상금을 부담한다.

④ 포장부실, 내용품의 성질상 훼손된 경우 등 발송인에게 귀책사유가 있어도 손해배상을 청구할 수 있다.

 포장부실, 내용품의 성질상 훼손된 경우 등 발송인에게 귀책사유가 있으면 손해배상이 면책된다.

답 ④

더 알아보기 ➕

손해배상의 면책
- 화재, 천재지변 등 불가항력에 의해 발생한 경우
- 발송인 귀책사유에 의한 경우 : 포장부실, 내용품의 성질상 훼손된 경우 등
- 도착국가의 국내법에 따라 압수 및 금지물품 등에 해당되어 몰수, 폐기된 경우
- 내용품의 실제가격을 초과 사기하여 보험에 든 경우 등

02 다음 중 행방조사청구제도에 대한 내용으로 <u>잘못된</u> 것은?

① 청구권자는 발송인 또는 수취인이다.

② 발송 및 도착국가는 우편물 행방조사를 청구할 수 있지만, 제3국은 제외된다.

③ 청구대상우편물은 등기우편물, 소포우편물, 국제특급우편물이다.

④ 행방조사의 종류는 우편, 팩스, 전자우편 등을 이용한 조사가 있다.

 행방조사를 청구할 수 있는 국가 : 발송 및 도착국가는 물론 제3국도 가능하다.

답 ②

03 국제우편물 유형별 손해배상액에 관한 내용으로 옳지 <u>않은</u> 것은?

① 등기우편물이 분실, 전부 도난 또는 전부 훼손된 경우는 52,500원 범위 내의 실손해액과 납부한 우편요금(등기료 제외)을 배상한다.
② 보통소포우편물이 일부 분실·도난 또는 일부 훼손된 경우는 70,000원에 1kg당 7,870원을 합산한 금액 범위 내의 실손해액을 배상한다.
③ 보험서장이 분실, 전부 도난 또는 전부 훼손된 경우는 보험가액 범위 내의 실손해액과 납부한 우편요금(보험취급수수료 포함)을 배상한다.
④ 국제특급우편물(EMS)의 내용품이 서류인 경우 일부 도난 또는 훼손된 경우는 52,500원 범위 내의 실손해액과 납부한 국제특급우편요금을 배상한다.

> **해설** 보험서장이 분실, 전부 도난 또는 전부 훼손된 경우는 보험가액 범위 내의 실손해액과 납부한 우편요금(보험취급수수료 제외)을 배상한다.
>
> 답 ③

04 국제우편 손해배상의 요건이 <u>아닌</u> 것은?

① 우편물에 실질적인 손해가 발생해야 함
② 내용품의 성질상 우편물이 훼손된 경우
③ 우편관서의 과실이 있어야 함
④ 행방조사청구가 기한 내에 이루어져야 함

> **해설** 포장부실, 내용품의 성질상 훼손된 경우 등 발송인 귀책사유에 의한 경우는 손해배상의 면책사유에 해당한다.
>
> 답 ②

05 국제우편 행방조사청구제도의 청구기한에 대한 내용으로 옳지 <u>않은</u> 것은?

① 우편물을 발송 – 발송 다음 날부터 계산하여 6개월 이내
② EMS 프리미엄 – 발송한 날부터 3개월 이내
③ 국제특급 우편물 – 6개월 이내
④ 배달보장서비스 – 30일 이내

> **해설** 행방조사청구제도의 청구기한
> 우편물을 발송한 다음 날부터 계산하여 6개월(다만, 국제특급 우편물의 경우에는 4개월 이내)
> ※ EMS 프리미엄의 청구기한은 발송한 날부터 3개월, 배달보장서비스는 30일 이내
>
> 답 ③

| **STEP 7** | 국제우편물 및 국제우편요금의 반환

01 다음 중 국제우편물의 반환청구에 대한 내용으로 <u>잘못된</u> 것은?

① 외국으로 발송할 준비를 완료한 경우 청구인이 해당 우편물의 발송인이 맞는지 확인하고, 기록취급 우편물인 경우에는 접수증 등으로 확인한다.
② 접수국 발송 전 반환청구 시 청구 수수료는 무료이다.
③ 외국 발송 전 K – Packet을 반송하는 경우 반송취급료는 국내등기소포요금이다.
④ 외국으로 이미 발송한 경우 청구인에게 국제우편물 반환 및 주소변경·정정청구서를 로마 문자 활자체와 아라비아 숫자로 정확하게 적도록 하여야 한다.

> **해설** 외국 발송 전 국제우편물의 국내 반송취급료
>
> | 우편물 종류 | 반송취급료 |
> | --- | --- |
> | 등기통상/K – Packet/EMS(서류) | 국내등기통상우편요금 |
> | 국제소포/EMS(비서류)/한·중 해상특송 | 국내등기소포요금 |
>
> 답 ③

02 다음 중 국제우편물의 반환에 대한 내용으로 <u>잘못된</u> 것은?

① 청구시한은 우편물이 수취인에게 배달되기 전 청구서가 해당우체국에 도착되어 적절하게 조치할 수 있는 시점이다.

② 수취인에게 보낼 필요가 없게 된 경우는 우편물 반환을 청구할 수 있는데, 청구권자는 관할 지방우정청장이다.

③ 대상우편물은 등기, 소포, 특급우편 및 보통통상 등 모든 국제우편물이 해당되나 청구서 접수 시 청구의 수리 가능 여부를 검토하여 접수한다.

④ 외부 기재사항을 잘못 기재하여 발송한 경우나 발송 후 수취인의 주소가 변경된 것을 알게된 경우는 외부 기재사항에 대한 변경 및 정정 청구를 할 수 있다.

> **해설** 수취인에게 보낼 필요가 없게 된 경우는 우편물 반환을 청구할 수 있는데, 청구권자는 발송인이다.
>
> 답 ②

03 국제우편요금 반환 요건과 반환 금액에 대한 내용으로 옳지 <u>않은</u> 것은?

① 등기우편물·소포우편물 또는 보험취급된 등기우편물·소포우편물의 분실·전부 도난 또는 완전 파손 등의 경우 납부한 국제우편요금 등과 등기·보험취급수수료를 반환한다.

② 다른 법령 또는 상대국 규정에 의해 압수되는 등의 사유에 의하여 반환되지 아니하는 우편물은 요금 반환이 불가능하다.

③ 행방조사청구에 따른 조사결과 우편물의 분실 등이 우편관서의 과실로 발생하였음이 확인된 경우 행방조사청구료를 반환한다.

④ 우편관서의 과실로 우편요금의 과다 징수 시 과다 징수된 국제우편요금 등을 반환한다.

> **해설** 등기우편물·소포우편물 또는 보험취급된 등기우편물·소포우편물의 분실·전부 도난 또는 완전 파손 등의 경우 납부한 국제우편요금(등기·보험취급수수료 제외)을 반환한다.
>
> 답 ①

| STEP8 | 국제우편 수수료 및 우편요금 고시

01 다음은 과학기술정보통신부 고시 국제우편에 관한 요금 중 항공통상우편요금에 대한 표이다. ㉠과 ㉡에 들어갈 금액으로 바르게 짝지어진 것은?

구분	세계단일요금
항공서간	㉠
항공엽서	㉡

	㉠	㉡
①	430원	400원
②	430원	480원
③	480원	400원
④	480원	430원

> **해설** 항공서간의 세계단일요금은 480원, 항공엽서의 세계단일요금은 430원이다.
>
> 답 ④

02 다음 중 선편통상우편요금에 대한 설명으로 옳지 않은 것은?

① 서신의 경우 20g까지는 470원이 적용된다.
② 엽서는 중량과 관계없이 310원이 적용된다.
③ 중량이 90g인 인쇄물은 820원이 적용된다.
④ 인쇄물의 경우 모든 국가에 5kg까지 발송이 가능하다.

> **해설** 해설인쇄물의 경우 캐나다와 아일랜드는 2kg까지만 발송이 가능하다.
>
> 답 ④

03 다음 중 우정사업본부에서 고시한 국제우편 이용에 관한 수수료에 대한 내용으로 옳지 <u>않은</u> 것은?

① 통상우편물과 소포우편물의 항공우편에 대한 행방조사 청구료는 무료이다.
② 외국으로 발송 후 주소를 변경할 경우, 소포우편물은 청구료를 지불하여야 하지만 통상우편물은 무료이다.
③ 소포우편물의 반송취급료는 배달국가의 반송요금을 적용한다.
④ 특급우편물을 보낼 때 해외 전자상거래용 반품서비스(IBRS)에 대한 수수료는 2kg 이하의 소형 물품을 대상으로 한다.

 소포우편물과 통상우편물 모두 외국으로 발송 후 주소를 변경할 경우 청구료를 지불하여야 한다.

주소변경 및 환부 청구료

외국으로 발송준비 완료 전	• 접수국 발송준비 완료 : 무료 • 접수국 발송 후 : 국내등기취급수수료
외국으로 발송 후	• 항공우편 청구 : 1,800원 • 팩스 청구 : 4,800원

답 ②

계리직
우편상식/금융상식

PART

02 | 금융상식
단원별 예상문제

※ 22.01.17. 공개된 최신 학습자료의 내용을 반영하였습니다.

| STEP1 | 금융경제일반

01 경제주체에 대한 설명으로 적절하지 **않은** 것은?

① 생산의 주체로 노동, 토지라는 생산요소를 투입하여 재화와 용역을 생산하는 경제주체는 가계부문 이다.

② 규율과 정책의 주체로서 가계와 기업이 경제행위를 하는 방식을 규율하고 정책을 수립하는 경제주 체는 정부부문이다.

③ 국외자로서 국내부문의 과부족을 수출입을 통하여 해결해주는 경제주체는 해외부문이다.

④ 경제활동을 하는 경제주체는 가계, 기업, 정부, 해외로 분류할 수 있다.

> **해설** '가계부문'은 생산요소의 공급주체로서 생산요소인 노동, 자본, 토지를 제공하며, 그 결과로 얻은 소득을 소비하거나 저 축하는 경제주체를 말한다. 제시된 내용은 '기업부문'에 해당한다.
>
> **답** ①

02 단기금융시장과 자본시장에 대한 설명으로 옳지 **않은** 것은?

① 단기금융시장은 만기 1년 이하의 채권이 거래되는 시장을 의미한다.

② 자본시장은 주로 기업, 금융기관, 정부 등이 장기자금을 조달하는 시장으로 장기금융시장이라고도 한다.

③ 콜시장, 기업어음시장, 양도성예금증서시장, 환매조건부채권매매시장은 단기금융시장에 해당된다.

④ 양도성예금증서는 기업어음과 마찬가지로 할인방식으로 발행되며, 정기예금에 양도성을 부여한 예 금증서를 말한다.

> **해설** 단기금융시장(money market)은 보통 만기 1년 이내의 금융자산이 거래되는 시장을, 자본시장(capital market)은 만기 1년 이상의 채권이나 만기가 없는 주식이 거래되는 시장을 의미한다.
>
> **답** ①

03 금융시장의 기능으로 알맞지 <u>않은</u> 것은?

① 투자자가 분산투자를 통해 투자위험을 줄일 수 있도록 한다.
② 금융거래에 필요한 정보를 수집하는 데 드는 비용과 시간을 줄여준다.
③ 투자자에게 높은 유동성을 제공한다.
④ 기업의 효용을 증진시키는 기능을 한다.

> **해설** 소비주체인 가계부문에 적절한 자산운용 및 차입기회를 제공하여 가계가 자신의 시간 선호(time preference)에 맞게 소비시기를 선택할 수 있게 함으로써 소비자 효용을 증진시키는 기능을 한다.
>
> 답 ④

04 다음 중 주가에 대한 설명으로 옳지 <u>않은</u> 것은?

① 우리나라의 주식 유통시장은 장내유통시장과 장외유통시장으로 구분된다.
② 일반적으로 우리나라 주식시장에서 외국인 투자가 증가하면 주가지수는 올라간다.
③ 현재의 코스피는 1980년 1월 4일의 지수를 1,000으로 하여 작성하고 있다.
④ 유가증권시장, 코스닥시장은 장내유통시장에 포함된다.

> **해설** 코스피지수는 유가증권시장에 상장되어 있는 종목을 대상으로 산출되는 대표적인 종합주가지수이다. 1980년 1월 4일을 기준시점으로 이 날의 주가지수를 100으로 하고 개별종목 주가에 상장주식수를 가중한 기준시점의 시가총액과 비교시점의 시가총액을 비교하여 산출하는 시가총액방식 주가지수이다.
>
> 답 ③

05 금융시장의 유형에서 금융거래의 단계에 따라 구분한 것으로 옳은 것은?

① 단기금융시장과 자본시장
② 채무증서시장과 주식시장
③ 발행시장과 유통시장
④ 거래소시장과 장외시장

> **해설**
> ① 금융거래의 만기에 따라 : 단기금융시장(자금시장)과 장기금융시장(자본시장)
> ② 금융수단의 성격에 따라 : 채무증서시장과 주식시장
> ④ 금융거래의 장소에 따라 : 거래소시장과 장외시장
>
> **답** ③

06 다음 중 금리에 대한 설명으로 옳지 않은 것은?

① 채권시장에서 형성되는 금리를 채권수익률이라고 하며, 채권가격이 오르면 채권수익률은 오르게 되고, 채권가격이 떨어지면 채권수익률은 떨어진다.

② 표면금리가 동일한 예금이자라도 복리 · 단리 등의 이자계산 방법이나 이자에 대한 세금의 부과 여부 등에 따라 실효금리는 달라진다.

③ 명목금리는 물가상승에 따른 구매력의 변화를 감안하지 않은 금리이다.

④ 예금가입자가 받는 실질 이자소득은 같은 금리 수준에서 물가상승률이 낮을수록 늘어나게 된다.

> **해설**
> 채권가격이 오르면 채권수익률은 떨어지고, 반대로 채권가격이 떨어지면 채권수익률은 올라가게 된다.
>
> **답** ①

07 주요 국가와 글로벌 주요 주가지수에 대한 설명으로 옳지 않은 것은?

① 신흥시장의 경우 MSCI지수에 편입되면 외국인 매수세가 늘어날 가능성이 높아 주가상승의 모멘텀으로 작용하기도 한다.

② MSCI지수에는 MSCI EAFE, MSCI World, MSCI EM 등의 지수가 있다.

③ FTSE100은 영국의 100개 상장기업을 대상으로 하는 대표적인 영국의 주식시장지수이다.

④ 미국의 뉴욕증권거래소는 세계에서 가장 큰 주식시장이며, 미국 기업들만 상장되어 있다.

> **해설**
> 미국의 뉴욕증권거래소(NYSE; New York Stock Exchange)는 거래량이나 거래금액 면에서 세계에서 가장 큰 주식시장이며, 처음과 달리 지금은 다수의 외국 기업들도 상장되어 있다.
>
> **답** ④

08 다음 중 환율에 대한 설명으로 옳지 <u>않은</u> 것은?

① 우리나라는 외국 화폐 1단위에 상응하는 원화 가치를 환율로 표시하는 자국통화표시법을 사용하고 있다.

② 우리나라는 과거에는 변동환율제도를 사용했으나 외환위기 이후 고정환율제도를 사용하고 있다.

③ 지속적인 경상수지 흑자는 환율 하락 요인으로 작용한다.

④ 환율이 상승할 경우, 우리나라 수출품의 외화로 표시된 가격은 하락한다.

> **해설** 나라마다 자국의 사정에 따라 환율정책을 달리하고 있는데 대체로 고정환율제도와 변동환율제도로 나눌 수 있다. 우리나라의 경우 변동환율제도를 채택하고 있으며, 환율이 외환시장에서의 수요와 공급에 따라 결정된다. 반면에 고정환율제도는 정부나 중앙은행이 외환시장에 개입하여 환율을 일정한 수준으로 유지시키는 제도로, 우리나라도 과거에는 이 제도를 사용했으나 1997년 IMF 외환위기 이후에 자유변동환율제도로 변경 · 적용하고 있다.
>
> 답 ②

09 다음 중 금리에 관한 설명으로 옳지 <u>않은</u> 것은?

① 통상 자금 공급이 늘어나면 금리는 상승하고 반대로 자금에 대한 수요가 늘어나면 금리는 하락한다.

② 금리의 변동은 가계소비와 기업투자 수준, 물가, 국가 간의 자금이동 등 여러 분야에 큰 영향을 미친다.

③ 화폐의 가치는 물가 변동에 의해 영향을 받으며, 물가가 상승하면 화폐의 실질 구매력은 떨어진다.

④ 시장금리는 경제주체의 신용도에 따라 다르게 적용된다.

> **해설** 통상 자금에 대한 수요가 늘어나면 금리는 상승하고 반대로 자금 공급이 늘어나면 금리는 하락한다.
>
> 답 ①

10 다음 중 채무증서시장과 주식시장에 대한 설명으로 옳은 것은?

① 채무증서와 달리 주식으로 조달된 자금은 원리금 상환의무가 부여된다.

② 채무증서의 만기는 통상 1년 이내의 단기, 1년과 10년 사이의 중기, 10년 이상의 장기로 구분된다.

③ 채권은 주식보다 기업부도 발생에 따른 위험이 더 크다.

④ 채무증서는 주식보다 자산가치의 변동성이 크다.

> **해설**
> ① 채무증서와는 달리 주식으로 조달된 자금에 대해서는 원리금 상환의무가 없다.
> ③ 주식은 채권보다 기업부도 발생에 따른 위험이 더 크다.
> ④ 주식은 채무증서보다 자산가치의 변동성이 크다.
>
> 답 ②

| STEP2 | 금융회사와 금융상품

01 다음 중 우리나라 금융회사 중 비은행금융회사에 속한 것으로 옳은 것은?

① 증권사

② 중소기업은행

③ 한국산업은행

④ 새마을금고

> **해설**
> 증권사는 금융투자회사, 중소기업은행, 한국산업은행은 은행 중 특수은행으로 분류된다.
>
> 답 ④

02 다음에서 설명하는 금융상품은?

> • 이 상품은 고객이 우체국이나 은행에 맡긴 자금을 단기금융상품에 투자해 얻은 이익을 이자로 지급하는 구조로 되어 있어 시장실세금리에 의한 고금리가 적용되고 입출금이 자유로우며 각종 이체 및 결제기능이 가능한 단기상품이다.
> • 언제 필요할지 모르는 자금이나 통상 500만 원 이상의 목돈을 1개월 이내의 초단기로 운용할 때 유리하며 각종 공과금, 신용카드대금 등의 자동이체용 결제통장으로도 활용할 수 있는 예금이다.

① 보통예금
② 가계당좌예금
③ 시장금리부 수시입출식예금
④ 저축예금

 시장금리부 수시입출금식예금 (MMDA; Money Market Deposit Account)
• 고객이 우체국이나 은행에 맡긴 자금을 단기금융상품에 투자해 얻은 이익을 이자로 지급하는 구조로 되어 있어 시장실세금리에 의한 고금리가 적용되고 입출금이 자유로우며 각종 이체 및 결제기능이 가능한 단기상품이다.
• 언제 필요할지 모르는 자금이나 통상 500만 원 이상의 목돈을 1개월 이내의 초단기로 운용할 때 유리하며 각종 공과금, 신용카드대금 등의 자동이체용 결제통장으로도 활용할 수 있는 예금이다.
• 예금거래 실적에 따라 마이너스대출, 수수료 면제, 대출·예금금리 우대, 각종 공과금 및 신용카드대금 결제, 타행환 송금 등 부대서비스를 제공하고 있는데 일부은행의 경우 이를 불허하거나 자동이체 설정 건수를 제한하고 있다.
• 주로 증권사, 종합금융회사의 어음관리계좌(CMA), 자산운용회사의 단기금융상품펀드(MMF) 등과 경쟁하는 상품이다.

답 ③

03 다음에서 설명하는 금융상품은?

> 고객의 돈을 모아 주로 CP(기업어음), CD(양도성예금증서), RP(환매조건부채권), 콜(call) 자금이나 잔존만기 1년 이하의 안정적인 국공채로 운용하는 실적배당상품이다.

① RP
② CMA
③ MMF
④ MMDA

 단기금융상품펀드(MMF)는 고객의 돈을 모아 주로 CP(기업어음), CD(양도성예금증서), RP(환매조건부채권), 콜(call) 자금이나 잔존만기 1년 이하의 안정적인 국공채로 운용하는 실적배당상품을 말한다.

답 ③

04 다음 중 거치식 예금으로 분류되는 것끼리 짝지어진 것은?

① 시장금리부 수시입출금식예금, 실세금리연동형 정기예금
② 환매조건부채권, 주가지수연동 정기예금
③ 어음관리계좌, 주택청약종합저축
④ 가계당좌예금, 단기금융상품펀드

 해설

① 시장금리부 수시입출금식예금(입출금이 자유로운 상품), 실세금리연동형 정기예금(거치식 예금)
③ 어음관리계좌(입출금이 자유로운 상품), 주택청약종합저축(특수목적부 상품)
④ 가계당좌예금, 단기금융상품펀드(입출금이 자유로운 상품)

답 ②

더 알아보기 ➕

거치식 예금
- 정기예금
- 실세금리연동형 정기예금
- 양도성예금증서(CD)
- 정기예탁금
- 주가지수연동 정기예금(ELD)
- 환매조건부채권(RP)

05 금융유관기관에 대한 설명으로 옳지 <u>않은</u> 것은?

① 한국은행은 우리나라 중앙은행으로 화폐를 발행하고 통화신용정책을 수립하고 집행한다.
② 금융감독원은 정부조직과는 독립된 특수법인으로 되어 있는데 이는 금융감독업무와 관련하여 자율성을 잃지 않고 중립적이고 전문적인 금융감독 기능을 구현하기 위함이다.
③ 예금보험공사에서 보호하는 금융회사는 은행·한국은행, 금융감독원, 증권투자매매·중개업을 인가받은 회사, 보험회사, 상호저축은행, 종합금융회사 등이다.
④ 한국은행의 금융통화위원회는 기준금리(정책금리)를 정하고 여타 통화신용정책에 관해 결정을 내린다.

예금보험공사에서 보호하는 금융회사는 은행, 증권투자매매·중개업을 인가받은 회사(증권사, 선물사, 자산운용사 등), 보험회사, 상호저축은행, 종합금융회사 등이다. 다만, 정부·지방자치단체·한국은행·금융감독원·예금보험공사 및 부보금융회사의 예금은 보호대상에서 제외된다.

目 ③

06 가계당좌예금에 대한 내용으로 옳지 <u>않은</u> 것은?

① 모든 은행에 걸쳐 1인 1계좌만 거래 가능하다.
② 가입대상은 신용상태가 양호한 개인, 자영업자이다.
③ 가계수표를 발행할 수 있는 개인용 당좌예금을 말하며, 이자가 지급되지 않는다는 것이 특징이다.
④ 예금잔액이 부족할 경우 대월한도 범위 내에서 자동대월이 가능하며 거래실적이 양호한 경우에는 소액가계자금도 대출받을 수 있다.

해설
가계당좌예금은 가계수표를 발행할 수 있는 개인용 당좌예금이며 무이자인 일반 당좌예금과는 달리 이자가 지급되는 가계우대성 요구불예금을 말한다.

目 ③

07 다음 중 MMDA, MMF, CMA를 비교한 내용으로 옳지 <u>않은</u> 것은?

① MMF는 예금자보호의 대상이 되지 않는다.
② MMDA 취급금융회사는 은행과 증권사이다.
③ MMDA와 CMA는 이체 및 결제가 가능하다.
④ 증권사의 CMA와 달리 종합금융회사의 CMA는 예금자보호 대상이 된다.

해설
MMDA 취급금융회사는 은행만 해당한다. 은행, 증권사에서 취급하는 것은 MMF이다.

目 ②

08 주택청약종합저축에 대한 내용으로 옳지 <u>않은</u> 것은?

① 청약 자격은 만 20세 이상이어야 한다.
② 총 급여 7천만 원 이하 근로소득자로서 무주택 세대주인 경우는 최대 연 240만 원의 40%까지 소득 공제 혜택이 주어진다.
③ 신규분양 아파트 청약에 필요한 저축으로 기존의 청약저축, 청약부금, 청약예금의 기능을 묶은 것을 말한다.
④ 전체 은행을 통해 1인 1계좌만 개설이 가능하다.

> **해설** 가입은 주택소유 · 세대주 여부, 연령 등에 관계없이 누구나 가능하나 청약 자격은 만 19세 이상이어야 하고 19세 미만 인 경우는 세대주만 가능하다.
>
> 답 ①

09 종합금융회사나 증권회사가 고객의 예탁금을 어음 및 국공채 등 단기금융상품에 직접 투자하여 운용한 후 그 수익을 고객에게 돌려주는 단기금융상품은 무엇인가?

① 정기예탁금
② 단기금융상품펀드
③ 환매조건부채권(RP)
④ 어음관리계좌(CMA)

> **해설** **어음관리계좌(CMA; Cash Management Account)**
> 예탁금에 제한이 없고 수시 입출금이 허용되면서도 실세금리 수준의 수익을 올릴 수 있는 장점을 가지고 있다. 따라서 개인이나 기업이 1개월에서 6개월 정도의 여유자금을 운용하기에 적합한 저축수단이다.
>
> 답 ④

10 「자본시장법」상 금융투자업 중 금융회사가 자기자금으로 금융투자상품을 매도 · 매수하거나 증권을 발행인수 또는 권유 · 청약 · 승낙하는 금융투자업의 종류로 옳은 것은?

① 투자중개업
② 투자매매업
③ 신탁업
④ 투자일임업

「자본시장법」상 금융투자업의 종류

종류	내용	예
투자매매업	금융회사가 자기자금으로 금융투자상품을 매도 · 매수하거나 증권을 발행 · 인수 또는 권유 · 청약 · 승낙하는 것	증권회사 선물회사
투자중개업	금융회사가 고객으로 하여금 금융투자상품을 매도 · 매수하거나 증권을 발행 · 인수 또는 권유 · 청약 · 승낙하는 것	증권회사 선물회사
집합투자업	2인 이상에게 투자를 권유하여 모은 금전 등을 투자자 등으로부터 일상적인 운영지시를 받지 않으면서 운용하고 그 결과를 투자자에게 배분하여 귀속시키는 것을 영업으로 하는 것	자산운용회사
투자자문업	금융투자상품의 가치 또는 투자판단에 관하여 자문을 하는 것을 영업으로 하는 것	투자자문회사 증권회사 자산운용회사
투자일임업	투자자로부터 금융상품에 대한 투자판단의 전부 또는 일부를 일임받아 투자자별로 구분하여 자산을 취득 · 처분 그 밖의 방법으로 운용하는 것을 영업으로 하는 것	투자일임회사 증권회사 자산운용회사
신탁업	「자본시장법」에 따라 신탁을 영업으로 수행하는 것	신탁회사 증권회사 보험회사

답 ②

11 금융회사가 보유하고 있는 국채 등을 고객이 매입하면 일정기간이 지난 뒤 이자를 가산하여 고객으로부터 다시 매입하겠다는 조건으로 운용되는 단기금융상품으로 옳은 것은?

① RP
② CMA
③ CD
④ MMF

환매조건부채권(RP : Re-purchase Paper)
투자금액과 기간을 자유롭게 선택할 수 있는 시장금리연동형 확정금리상품으로서 비교적 수익률이 높은 편이며 단기 여유자금을 운용할 때 유리한 저축수단이다.

답 ①

12 다음 중 옵션의 분류에 대한 내용으로 옳지 <u>않은</u> 것은?

① 옵션의 만기일에만 권리를 행사할 수 있는 형태의 옵션을 미국식 옵션이라 한다.

② 주가지수 자체가 기초자산이 되는 옵션을 주가지수옵션이라 한다.

③ 옵션계약은 선택권의 보유자, 권리행사시기, 기초자산 등에 따라 다양하게 구분될 수 있다.

④ 기초자산을 매입하기로 한 측이 옵션보유자가 되는 경우를 콜옵션이라 한다.

- 유럽식 옵션(European option) : 옵션의 만기일에만(on expiration date) 권리를 행사할 수 있는 형태의 옵션이다.
- 미국식 옵션(American option) : 옵션의 만기일이 될 때까지(by expiration date) 언제라도 권리를 행사할 수 있는 형태의 옵션이다.

📖 ①

13 다음 중 채권형 펀드에 해당하는 것으로 옳은 것은?

① 섹터형펀드

② 가치주형펀드

③ 하이일드펀드

④ 인덱스펀드

섹터형펀드, 가치주형펀드, 인덱스펀드는 주식형(주식에 60% 이상 투자) 펀드에 해당한다.

📖 ③

14 다음 중 ELD, ELS, ELF에 대한 설명으로 옳지 <u>않은</u> 것은?

① ELD의 운용 및 판매회사는 투자매매업자이다.
② ELS은 유가증권의 성격을 지닌다.
③ ELF는 펀드형 상품으로 중도환매가 가능하다.
④ ELD는 100% 원금보존의 보수적인 상품만 존재한다.

 ELD, ELS, ELF의 비교

구분	ELD	ELS	ELF
운용회사	은행	투자매매업자	집합투자업자 (자산운용사)
판매회사	은행(운용사＝판매사)	투자매매업자 또는 투자중개업자 (운용사＝판매사)	투자매매업자, 투자중개업자
상품성격	예금	유가증권	펀드
투자형태	정기예금 가입	유가증권 매입	펀드 가입
만기수익	지수에 따라 사전에 정한 수익금 지급	지수에 따라 사전에 정한 수익지급	운용성과에 따라 실적배당
중도해지 및 환매 여부	중도해지 가능 (해지 시 원금손실 발생 가능)	제한적(거래소 상장이나 판매사 를 통한 현금화가 제한적)	중도환매 가능 (환매 시 수수료 지불)
상품 다양성	100% 원금보존의 보수적인 상품만 존재	위험별로 다양한 상품개발 가능	ELS와 유사

답 ①

| STEP3 | 저축과 금융투자에 대한 이해

01 다음 중 100만 원을 연 5%의 이자율로 3년 동안 단리로 저축했을 때 나오는 금액으로 옳은 것은?

① 1,150,000원
② 1,225,000원
③ 1,250,000원
④ 1,500,000원

 주어진 조건은 100만 원, 연 5%의 이자율, 3년 동안 단리로 저축이다. 이를 바탕으로 단리로 계산하면 다음과 같다.
1,000,000원×{1+(0.05×3)}=1,150,000원

답 ①

02 **주식 거래방법에 대한 설명으로 옳은 것은?**

① 세법 개정으로 증권거래세는 2021년부터 2023년까지 단계적으로 인하된다.

② 매매가 체결된 주식의 결제시점은 체결일로부터 3일로 되어 있다.

③ 매매체결방식은 시간의 선후에 상관없이 일정 시간 동안 주문을 받아 제시된 가격을 모아 단일가격으로 가격이 결정되는 동시호가제도를 채택하고 있다.

④ 시간외 단일가매매 거래시간은 16:00~18:00이며 1시간 단위로 체결된다.

> **해설** ② 매매가 체결된 주식의 결제시점은 체결일로부터 3영업일로 되어 있다.
> ③ 매매체결방식은 가격우선원칙과 시간우선원칙을 적용하여 개별경쟁으로 매매거래가 체결된다. 즉, 매수주문의 경우 가장 높은 가격을, 매도주문의 경우 가장 낮은 가격을 우선적으로 체결하고 동일한 가격의 주문 간에는 시간상 먼저 접수된 주문을 체결하게 된다. 다만, 시초가와 종가의 경우는 시간의 선후에 상관없이 일정 시간 동안 주문을 받아 제시된 가격을 모아 단일가격으로 가격이 결정되는 동시호가제도를 채택하고 있다.
> ④ 시간외 단일가매매 거래시간은 16:00~18:00이다(10분 단위, 총 12회 체결).
>
> 답 ①

03 **특수한 형태의 채권에 대한 설명으로 옳지 않은 것은?**

① 변동금리부채권의 지급이자율은 대표성을 갖는 시장금리에 연동되는 기준금리와 발행기업의 특수성에 따라 발행시점에 확정된 가산금리를 더하여 결정된다.

② 우리나라에서 주로 발행되는 원금보장형 주가지수연계채권은 투자금액의 대부분을 일반 채권에 투자하고 나머지를 파생상품에 투자하는 방식으로 운용된다.

③ 전환사채의 경우에는 전환을 통해 발행회사가 보유 중인 타 회사의 주식을 보유하게 되는 반면에 교환사채의 경우는 발행회사의 주식을 보유하게 된다는 점에서 차이가 있다.

④ 물가연동채권은 디플레이션 상황에서 원금손실 위험도 있고 발행물량과 거래량이 적어 유동성이 떨어진다는 단점이 있다.

> **해설** 교환사채의 교환권을 행사하게 되면 사채권자로서의 지위를 상실한다는 점에서는 전환사채와 동일하지만, 전환사채의 경우에는 전환을 통해 발행회사의 주식을 보유하게 되는 반면에 교환사채의 경우는 발행회사가 보유 중인 타 회사의 주식을 보유하게 된다는 점에서 차이가 있다.
>
> 답 ③

04 다음 중 투자와 관련된 내용으로 옳지 <u>않은</u> 것은?

① 투자에서 얘기하는 위험은 미래에 받게 되는 수익이 불확실성에 노출되는 정도를 의미하며 부정적 상황 외에 긍정적 가능성도 내포하고 있다.
② 투자에서 수익은 투자한 양과 회수되거나 회수될 양과의 차이를 말한다.
③ 기대수익률을 더욱 높이기 위해 투자위험을 오히려 확대하는 전략을 분산투자라 한다.
④ 투자량을 금액으로 나타낸 것을 투자원금이라 한다.

 분산투자는 자산배분을 통해 투자위험을 줄이는 전략을 말하며 기대수익률을 더욱 높이기 위해 투자위험을 오히려 확대하는 전략은 레버리지 투자이다.

目 ③

05 다음 중 비체계적 위험에 해당하는 것으로 옳은 것은?

① 세계 경제위기　　　　　② 근로자의 파업
③ 천재지변　　　　　　　④ 전쟁

체계적 위험은 세계 경제위기나 천재지변, 전쟁 등과 같이 모든 자산이나 투자 대상의 가치에 영향을 미치는 위험을 의미한다. 반면에 비체계적 위험은 경영자의 횡령, 산업재해, 근로자의 파업 등 특정 기업이나 산업의 가치에만 고유하게 미치는 위험을 말한다.

目 ②

06 다음 중 금융투자상품에 대한 설명으로 옳지 <u>않은</u> 것은?

① 금융상품은 금융투자상품과 비금융투자상품으로 구분된다.
② 처음에 투자한 원본의 손실가능성이 없는 상품을 비금융투자상품이라고 한다.
③ 원본의 투자성이 있는 금융상품을 금융투자상품이라고 한다.
④ 금융투자상품에서 투자금액 원본까지를 한도로 손실이 발생할 가능성이 있는 것은 파생상품으로 분류된다.

금융투자상품은 투자금액 원본까지를 한도로 손실이 발생할 가능성이 있는 것은 증권, 원본을 초과한 손실이 발생할 가능성이 있는 것은 파생상품으로 분류된다.

目 ④

07 금융투자업자의 투자자 보호장치 중 손실부담의 약속 금지 및 이익보장 약속 금지를 주요 내용으로 하는 규제 명칭으로 옳은 것은?

① 부당권유 규제
② 광고 규제
③ 약관 규제
④ 신의성실의무

해설 금융투자업자의 투자자 보호장치

규제 명칭	주요 내용
신의성실의무	신의성실 원칙에 따라 공정하게 금융업을 수행해야 함
투자자의 구분	투자자를 일반투자자와 전문투자자로 구분
고객알기제도	투자자의 특성(투자목적 · 재산상태 등)을 면담 · 질문 등을 통하여 파악한 후 서면 등으로 확인받아야 함
적합성원칙*	투자권유는 투자자의 투자목적 · 재산상태 · 투자경험 등에 적합해야 함
적정성원칙*	파생상품 등이 일반투자자에게 적정한지 여부 판단
설명의무*	• 투자권유 시 금융상품의 내용 · 위험에 대하여 설명하고 이해했음을 서면 등으로 확인받도록 함 • 설명의무 미이행으로 손해발생 시 금융투자회사에게 배상책임을 부과하고 원본손실액을 배상액으로 추정
부당권유 규제*	• 손실부담의 약속 금지 및 이익보장 약속 금지 • 투자자가 원하는 경우를 제외하고 방문 · 전화 등에 의한 투자권유 금지(unsolicited call 규제)
약관 규제	약관의 제정 · 변경 시 금융위원회 보고 및 공시 의무화
광고 규제*	• 금융투자회사가 아닌 자의 투자광고 금지 • 금융상품의 위험 등 투자광고 필수 포함내용 규정

* 금소법 시행에 따라 해당 투자자 보호장치는 금소법상 6대 판매원칙으로 통합

답 ①

| STEP4 | 예금업무 일반사항

01 다음 중 법정 대리관계의 대상과 그 확인서류로 옳지 <u>않은</u> 것은?

① 사망 – 사망자의 유언
② 피한정후견인 – 후견등기부
③ 미성년자 – 가족관계등록부
④ 부재자 – 가족관계등록부

 법정대리의 경우 대리관계의 확인

구분	대리인	확인서류
미성년자	친권자, 후견인	가족관계등록부
피성년후견인 및 피한정후견인	후견인	후견등기부
부재자	부재자 재산관리인	법원의 선임심판서
사망	유언집행자, 상속재산관리인	사망자의 유언, 법원의 선임신판서

답 ④

02 예금거래의 상대방에 대한 설명으로 가장 적절하지 <u>않은</u> 것은?

① 학교법인의 경우에 정기예금이 기본재산이라면 이를 담보로 제공하는 것이 원칙적으로 금지된다.
② 대리인과 거래 시, 예금담보대출의 경우 면책약관에 따라 통장 등을 제출받고 인감과 비밀번호가 일치하여 지급하였다면 면책받을 수 있다.
③ 외국인과의 예금거래의 성립과 효력은 당사자 간에 준거법에 관한 합의가 없으면 행위지의 법률에 따른다.
④ 등기가 이루어지지 않은 외국회사는 당좌계좌를 개설할 수 없다.

해설 면책규정은 금융회사가 주의의무를 다한 경우에만 면책된다. 따라서 예금의 중도해지나 예금담보대출의 경우에는 예금약관상의 면책규정이나 채권의 준점유자에 대한 변제규정이 적용되지 아니하거나 적용된다 하더라도 주의의무가 가중된다 할 것이므로 위임장 이외에도 예금주 본인의 의사를 반드시 확인하여야 한다.

답 ②

03 다음 중 예금계약의 법적 구조에 대한 설명으로 옳지 <u>않은</u> 것은?

① 정기예금은 예금주가 만기일 전에 원칙적으로 예금의 반환을 청구할 수 있다.

② 별단예금은 각각의 대전별로 그 법적 성격이 다르다.

③ 보통예금 및 저축예금은 반환기간이 정하여지지 않아 언제든지 입출금이 자유로우며 질권 설정이 금지되어 있다.

④ 정기적금은 월부금을 정해진 회차에 따라 납입하면 만기일에 금융회사가 계약액을 지급하겠다는 계약이므로 가입자는 월부금을 납입할 의무가 없다.

 해설 정기예금은 예치기간의 약정이 있으므로 예금주가 만기일 전에 원칙적으로 예금의 반환을 청구할 수 없다.

답 ①

> ### 더 알아보기 ➕
>
> **정기예금**
> - 정기예금은 예치기간이 약정된 금전소비임치계약이다.
> - 기한이 도래하지 않음으로써 그 기간동안 당사자가 받는 이익을 기한의 이익이라고 하는데, 거치식예금약관 제2조는 이 예금은 약정한 만기일 이후 거래처가 청구한 때에 지급한다고 규정하여 기한의 이익이 금융회사에 있음을 명확히 하고 있으므로, 예금주는 원칙적으로 만기일 전에 예금의 반환을 청구할 수 없다.
> - 다만, 거래처에게 부득이한 사유가 있는 때에는 만기 전이라도 지급할 수 있다.

04 다음 중 예금지급의 면책요건으로 가장 옳지 <u>않은</u> 것은?

① 비밀번호가 일치할 것

② 분쟁이 발생한 예금의 점유자에 대해 지급한 것

③ 금융기관이 선의 · 무과실일 것

④ 인감 또는 서명이 일치할 것

 해설 **예금지급의 면책요건**
- 채권의 준점유자에 대한 변제일 것
- 인감 또는 서명이 일치할 것
- 비밀번호가 일치할 것
- 금융기관이 선의 · 무과실일 것

답 ②

05 예금계약의 법적 성질에 대한 설명으로 옳지 <u>않은</u> 것은?

① 예금계약은 소비임치계약이나 당좌예금은 위임계약과 소비임치계약이 혼합된 계약이다.

② 예금 채권은 5년의 소멸시효에 걸린다.

③ 금융회사는 예금업무를 처리함에 있어서 자기의 재산에 관한 행위와 동일한 주의를 다해야 한다.

④ 거래처와 계약을 체결함에 있어 금융회사는 약관의 내용을 명시하고 중요내용을 설명하여야만 예금계약이 성립한다.

> **해설** 민사임치의 경우와는 달리 금융회사는 임치물에 대하여 주의의무가 가중되어 선량한 관리자의 주의의무를 부담한다. 선량한 관리자의 주의의무란 그 사람이 종사하는 직업 및 그가 속하는 사회적인 지위 등에 따라 일반적으로 요구되는 주의의무를 말한다. 따라서 예금업무를 처리함에 있어서 금융회사 종사자에게 일반적으로 요구되는 정도의 상당한 주의를 다해야만 면책된다.
>
> **답** ③

06 다음 중 예금거래약관에 대한 내용으로 옳지 <u>않은</u> 것은?

① 약관은 계약당사가가 이를 계약의 내용으로 하기로 하는 명시적 또는 묵시적 합의가 있기 때문에 구속력을 갖게 된다.

② 약관의 의미가 불명확한 때에는 작성자인 기업 측에 불이익이 되고 고객에게는 유리하게 해석한다.

③ 금융회사는 각각의 독자적인 약관을 운영한다.

④ 현행 예금거래약관은 예금거래기본약관과 각 예금종류별로 약관체계를 이원화하였다는 점에서 단계별 약관체계를 구성하고 있다고 볼 수 있다.

> **해설** 각 금융회사가 독자적인 약관을 운영함으로써 거래처가 혼란에 빠지는 것을 방지하기 위하여 대한민국 내의 모든 금융회사는 동일한 약관체계를 가지고 있다(단, 우체국의 경우 시중은행과의 근거법 및 제도운영상 차이로 인하여 일부분에 있어 차이가 존재한다).
>
> **답** ③

07 다음 중 예금의 입금과 관련된 업무의 내용으로 옳지 <u>않은</u> 것은?

① 예금거래기본약관은 현금입금의 경우 금융회사가 금원을 받아 확인한 때에 예금계약이 성립하는 것으로 규정하고 있다.

② 수표를 입금받는 경우 지급제시기간 내에 수표가 제시될 수 있는지, 선일자 수표인지, 수표요건을 구비하였는지 등을 확인하여야 한다.

③ 착오송금된 돈은 금융회사가 수취인 동의 없이 송금인에게 임의로 돈을 돌려줄 수 있다.

④ 예금통장이나 증서를 소지하고 있다는 사실만으로 소지인이 금융회사에 예금의 반환을 청구할 수는 없다.

> **해설** 착오송금액은 법적으로 수취인의 예금이기 때문에 송금인은 수취인의 동의 없이는 자금을 돌려받을 수 없다. 그러나 일단 수취인이 예금채권을 취득하였더라도 법적으로는 자금이체의 원인인 법률관계가 존재하지 않으므로, 수취인은 금전을 돌려줄 민사상 반환의무가 발생하고, 송금인은 수취인에 대하여 착오이체 금액 상당의 부당이득반환청구권을 가지게 된다. 수취인은 잘못 입금된 금원을 송금인에게 돌려줄 때까지 보관할 의무가 있으므로, 수취인이 착오입금된 돈을 임의로 인출하여 사용하는 경우 형사상 횡령죄에 해당될 수 있다.
>
> 답 ③

08 예금의 지급업무에 대한 설명으로 옳지 <u>않은</u> 것은?

① 무기명예금을 지급하여야 할 장소는 원칙적으로 계좌개설 영업점이다.

② 기한의 정함이 있는 예금은 약정한 지급기일에 지급을 하여야 하므로 예금의 기일이 도래하고 예금주의 청구가 없는 때에도 채무불이행으로 인한 책임을 부담한다.

③ 예금의 소멸원인으로는 변제 · 변제공탁 · 상계 · 소멸시효의 완성 등이 있다.

④ 양도성예금증서(CD)와 같은 유가증권은 그 증권의 점유자에게 지급하면 그 소지인이 정당한 권리자인지 여부에 관계없이 금융회사는 면책된다.

> **해설** 기한의 정함이 있는 예금은 약정한 지급기일에 지급을 하여야 하나 기한의 정함이 있는 예금도 추심채무이므로 예금의 기일이 도래하고 예금주의 청구가 있는 때에만 채무불이행으로 인한 책임을 부담한다.
>
> 답 ②

09 다음 중 예금거래의 상대방에 대한 내용으로 옳지 <u>않은</u> 것은?

① 국가나 지방자치단체와의 거래는 공법관계로 보는 것이 통설이다.
② 공동대표이사제도를 채택하고 있는 회사와 거래하는 경우 예금거래도 공동으로 하는 것이 원칙이다.
③ 미성년자가 법정대리인의 동의 없이 법률행위를 한 때에는 법정대리인은 미성년자의 법률행위를 취소할 수 있다.
④ 「민법」은 조합에 대하여 법인격을 인정하지 않으며 구성원 사이의 계약관계로 보고 있다.

> **해설**
> '국가나 지방자치단체가 공법인인가'에 관하여는 학설의 대립이 있다. 공법인의 개념을 가장 넓게 해석할 경우에는 국가까지 포함하는 것으로 보며, 가장 좁은 의미로 볼 경우에는 국가나 지방자치단체를 제외한 공공단체만을 의미하기도 한다. 국가나 지방자치단체와의 예금거래행위의 법적 성질이 공법관계인가 사법관계인가에 관하여 이론이 있을 수 있다. 그러나 통설은 이를 사법관계로 본다.
>
> 답 ①

10 다음 중 예금거래약관의 해석원칙이 <u>아닌</u> 것은?

① 작성자불이익의 원칙
② 주관적 해석의 원칙
③ 개별약정우선의 원칙
④ 통일적 해석의 원칙

> **해설**
> **예금거래약관의 해석원칙**
> • 객관적·통일적 해석의 원칙 : 약관은 해석자의 주관에 의할 것이 아니라 객관적 합리성에 입각하여 해석되어야 하며 시간, 장소, 거래상대방에 따라 달리 해석되어서는 안 된다는 원칙이다.
> • 작성자불이익의 원칙 : 약관의 의미가 불명확한 때에는 작성자인 기업 측에 불이익이 되고 고객에게는 유리하게 해석되어야 한다는 원칙이다.
> • 개별약정우선의 원칙 : 기업과 고객이 약관에서 정하고 있는 사항에 대하여 명시적 또는 묵시적으로 약관의 내용과 다르게 합의한 사항이 있는 경우에는 당해 합의사항을 약관에 우선하여 적용하여야 한다는 원칙이다.
>
> 답 ②

11 예금에 대한 압류명령이 송달된 경우의 실무처리절차로 옳지 <u>않은</u> 것은?

① 피압류채권에 해당되는 예금의 유무를 조사하고 피압류채권의 표시가 예금을 특정할 정도로 유효하게 기재되어 있는가를 확인한다.

② 압류명령상의 표시에 하자가 있는 경우에는 압류명령을 무효로 본다.

③ 압류된 예금에 대하여는 즉시 ON-LINE에 주의사고 등록을 하고 원장 등에 압류사실을 기재하여 지급금지조치를 취한다.

④ 압류명령에 진술최고서가 첨부된 경우에는 송달일로부터 1주일 이내에 진술서를 작성하여 법원에 제출한다.

> **해설** 압류명령상의 표시에 하자가 있는 경우에는 경정결정을 받아오도록 한다.
>
> **답 ②**

12 약관의 계약편입 요건에 해당하지 <u>않는</u> 것은?

① 계약 시 약관을 고객이 원하는 수단(영업점 직접수령, 이메일·문자 등 비대면 수령 등) 중 하나로 선택 후 교부하여야 한다.

② 사업자의 영업소에서 계약을 체결하는 경우 사업자는 약관을 쉽게 보이는 장소에 게시하고, 고객에게 약관을 교부하거나 고객이 원할 경우 집어갈 수 있어야 한다.

③ 중요한 내용을 고객에게 반드시 설명하여야 하며 생략할 수 없다.

④ 약관을 계약의 내용으로 하기로 하는 합의가 있어야 한다.

> **해설** 중요한 내용을 고객에게 설명하여야 하지만, 계약의 성질상 대량·신속하게 업무를 처리하여야 하는 경우 등 설명이 현저히 곤란한 때에는 설명의무를 생략할 수 있다.
>
> **답 ③**

| STEP5 | 전자금융

01 전자금융의 발전 과정에 대한 설명으로 옳지 <u>않은</u> 것은?

① 1970년대부터 은행에서 온라인망을 구축하여 금융기관의 업무전산화가 본격적으로 시작되었다.

② 1980년대 후반 금융권역별로 개발한 금융기관들이 구축한 자동화된 업무시스템을 상호 연결하여 금융네트워크를 형성하여 공동망 서비스를 제공하게 되었다.

③ 정부와 금융당국은 금융소비자의 정보보호를 위해 공동인증서 의무사용, Active X 사용 확대 등의 규제를 강화하고 있다.

④ 1990년대 후반 이후 본격화되기 시작한 전자금융은 금융서비스의 채널을 다양화하고 금융거래의 편리성과 투명성을 높이고 있다.

> **해설** 정부와 금융당국은 전자금융의 관리 감독을 법제화한 「전자금융거래법」에 금융소비자 편의성과 효율성 제고 필요에 따른 공동인증서 의무사용 폐지, Active X 제거, 국제 웹 표준 적용 등의 규제를 완화하고 핀테크 산업 육성을 위해 노력하고 있다.
>
> 답 ③

02 다음 중 전자금융의 특징과 관련된 내용으로 가장 옳지 <u>않은</u> 것은?

① 전자금융으로 인해 고객의 영업점 방문 횟수는 감소하게 되었고 이로 인해 영업점 창구 운영이 필요 없게 되었다.

② 전자금융은 비대면, 공개 네트워크로 이뤄져 있으므로 해킹 등 악의적인 접근으로 인한 금융정보 유출의 빈도도 높아지고 있다.

③ 금융기관 입장에서는 금융거래에 필요한 종이 사용량이 크게 감소하는 등 관리비용을 낮출 수 있다는 장점이 있다.

④ 고객에게 금융서비스 이용편의를 크게 증대시킨다는 장점이 있다.

> **해설** 영업점 창구 운영이 필요 없게 된 것이 아니라 전자금융은 고객이 이용할 수 있는 전자금융서비스 채널의 다양화를 통해 고객의 영업점 방문 횟수를 감소시킴으로써 금융기관에게는 효율적인 창구 운영의 기회를 제공하게 되었다. 또한 영업점 창구의 모습을 금융상품 판매와 전문화된 금융서비스 제공에 집중할 수 있는 분위기로 전환시킴으로써 예전의 복잡하고 비생산적인 영업점에서 수익성과 생산성을 높일 수 있는 영업점으로 변화시키고 있다.
>
> 답 ①

03 다음 중 CD/ATM서비스에 대한 설명으로 옳지 <u>않은</u> 것은?

① 정보검색은 물론 각종 티켓이나 서류발급 및 출력까지 할 수 있는 다기능 기기로 발전하였다.

② 은행의 CD/ATM은 제2금융권과 연계되어 카드, 증권, 보험 관련 서비스가 제공되고 있다.

③ 모바일뱅킹용 금융 IC칩이 내장된 휴대폰으로도 거래금융기관뿐만 아니라 다른 금융기관의 CD/ATM에서도 금융거래를 이용할 수 있다.

④ 아직까지 통장이나 카드없이 금융거래가 가능한 무매체 거래는 이루어지지 않았다.

 거래매체가 없어도 CD/ATM 이용이 가능하다.

무매체 거래
고객이 사전에 금융기관에 신청하여 무매체 거래용 고유승인번호를 부여받은 뒤 CD/ATM에서 주민등록번호, 계좌번호, 계좌비밀번호, 고유승인번호를 입력하여 각종 금융서비스를 이용할 수 있는 거래를 말한다.

답 ④

04 다음 중 인터넷뱅킹과 관련된 내용으로 옳지 <u>않은</u> 것은?

① 인터넷 공과금 납부는 인터넷뱅킹을 통해 공과금의 과금내역을 조회하고 납부할 수 있는 서비스를 말한다.

② 대학등록금은 인터넷뱅킹으로 납부 가능한 공과금에 포함되지 않는다.

③ 인터넷뱅킹을 이용할 경우 자행 이체의 수수료는 대부분 면제되고 타행 이체의 경우 500원 내외의 수수료를 적용하고 있어 창구를 이용하는 것보다 저렴하다.

④ 인터넷뱅킹 이용 시 예금조회, 계좌이체의 경우에는 일반적으로 공동인증서가 필요하다.

 납부 가능한 공과금의 종류
• 금융결제원에서 승인한 지로요금
• 서울시를 포함한 지방세(100여 개 지방자치단체)
• 국세, 관세, 각종기금을 포함한 국고금(재정 EBPP)
• 전화요금, 아파트관리비, 상하수도 요금 등 생활요금
• 국민연금, 고용보험료, 산재보험료 등
• 경찰청 교통범칙금, 검찰청 벌과금
• 대학등록금

답 ②

05 인터넷뱅킹의 이용에 대한 설명으로 옳지 **않은** 것은?

① 대부분 24시간 연중무휴 이용이 가능하지만, 환율안내 이용시간은 09:30부터 23:55까지로 하고 있다.

② 공동인증서를 사용하면 거래사실을 법적으로 증빙할 수 있으므로 인감을 날인한 것과 같은 효력이 생긴다.

③ 금융기관 지점에서는 인터넷뱅킹 신청 고객에게 보안매체를 지급해준다. 비대면으로 신청한 고객은 인터넷뱅킹의 보안센터에서 타금융기관 OTP를 등록하거나, 신청 금융기관 앱에서 디지털OTP를 발급 받을 수 있다.

④ OTP는 발급받은 금융기관에서만 사용이 가능하다.

> **해설**
> 실물형 OTP는 고객이 보유하고 있는 OTP 1개로 전 금융기관에서 전자금융서비스 이용이 가능하며 다른 금융기관에서 사용하기 위해서는 고객이 신분증을 지참하고 해당 금융기관을 방문하여 OTP 사용신청을 하면 된다. 전자형 OTP는 실물형 OTP와 다르게 발급받은 금융기관에서만 사용이 가능하다.
>
> **OTP(One Time Password)**
> OTP(One Time Password)란 전자금융거래의 인증을 위하여 이용고객에게 제공되는 일회용 비밀번호 생성 보안매체이다.
> • 실물형 OTP는 비밀번호 생성이 6자리 숫자를 1분 단위로 자동 변경되어 보여주며 고객은 전자금융 이용 시 해당 숫자를 보안카드 비밀번호 대신 입력한다. 한번 사용한 비밀번호는 다시 반복하지 않으므로 보안카드보다 더 안전한 보안수단이다.
> • 전자형 OTP는 금융기관 앱(App)에서 발급이 가능하며, 고객이 전자금융거래 시 금융기관 앱에 접속하여 사용자가 지정한 비밀번호를 통해 생성된 OTP번호를 자동으로 인증한다. PC와 휴대폰을 연동한 2채널 인증이며 실물형 OTP와 다르게 발급받은 금융기관에서만 사용이 가능하다.
>
> 답 ④

06 다음 중 텔레뱅킹에 대한 설명으로 옳지 **않은** 것은?

① 금융기관에서는 도청 등 보안상 취약점을 방지하기 위해 텔레뱅킹 도·감청 보안솔루션을 도입하고 있다.

② 재외교포와 외국인이라도 실명확인증표가 있다면 이용이 가능하다.

③ 계좌이체 시, 안전거래를 위한 보안조치로서 최종 거래일로부터 1년 이상 이용실적이 없는 경우에는 이용을 제한하고 있다.

④ 텔레뱅킹 서비스는 대부분 24시간 연중무휴 이용이 가능하지만, 일부 서비스의 경우 통상적으로 00:00부터 07:00까지는 금융기관별로 이용시간에 제한이 있다.

최종 거래일로부터 6개월 이상(금융기관별 상이) 이용실적이 없는 경우 이용을 제한하고 있다. 다만 이와 같은 경우에는 본인이 거래금융기관에 직접 방문하여 계좌이체 제한을 해제하면 바로 이용이 가능하다.

답 ③

07 **모바일뱅킹의 의의에 관한 설명으로 옳지 않은 것은?**

① 매체의 특성상 장소의 제약을 받지 않고 자유롭게 이용할 수 있다.

② IC칩 기반의 모바일뱅킹을 거쳐 IC칩이 필요 없는 VM모바일 뱅킹으로 이용자가 전환되었다.

③ 국내 스마트폰 시장의 활성화에 따라 현재, 국내 모든 시중은행들을 통합한 앱(App)을 통해 스마트폰 뱅킹서비스를 제공하고 있다.

④ U−Banking(Ubiquitous Banking)시대의 시작을 알리는 전자금융서비스로 인식되고 있다.

 국내 스마트폰 시장의 활성화에 따라 현재, 국내 모든 시중은행들이 자체 앱(App)을 통해 스마트폰 뱅킹서비스를 제공하고 있다.

답 ③

08 **다음 중 카드 거래에 대한 설명으로 가장 옳지 않은 것은?**

① 신용카드는 일정자격 이상의 신청자에게만 발급되고 사회적 지위 표시, 신용제공의 기능이 있다.

② 직불카드는 고객이 카드를 이용함과 동시에 고객의 신용한도 범위 내에서 카드결제대금이 바로 인출되는 카드를 말한다.

③ 체크카드는 일시불 이용만 가능하고 할부 및 현금서비스 이용은 불가능하다.

④ 기명식 선불카드는 최고 500만 원까지, 무기명식 선불카드는 최고 50만 원까지 충전 가능하다.

 직불카드는 고객이 카드를 이용함과 동시에 고객의 신용한도가 아닌 예금계좌의 잔액 범위 내에서 카드결제대금이 바로 인출되는 카드를 말한다.

답 ②

| STEP6 | 우체국금융 일반현황

01 우체국금융 연혁과 관련된 내용으로 옳지 <u>않은</u> 것은?

① 우체국금융은 1905년 우편저금과 우편환, 1929년 우편보험을 실시한 이후 전국 각지에 고루 분포 되어 있는 우체국을 금융창구로 활용하여 각종 금융서비스를 제공하고 있다.

② 1990년 6월에 전국 우체국의 온라인 망이 구축되었고 1995년에는 우체국 전산망과 은행 전상망이 연결되어 전국을 하나로 연결하는 편리한 우체국 금융서비스를 제공할 수 있는 큰 틀을 갖추었다.

③ 2007년에 정보통신부(현 과학기술정보통신부) 산하에 우정사업본부를 설치하여 우정사업을 총괄 하고 있다.

④ 2011년부터 우체국 독자 체크카드 사업을 시작하였다.

> **해설**
> 2000년 7월부터는 우정사업의 책임경영체제 확립을 위해 정보통신부(현 과학기술정보통신부) 산하에 우정사업본부를 설치하여 우정사업을 총괄하고 있으며, 2007년 우체국금융의 내실화 있는 성장과 책임경영강화를 위하여 우체국예금과 보험의 조직을 분리하여 운영하고 있다.
>
> 답 ③

02 우체국금융에 대한 내용으로 옳지 <u>않은</u> 것은?

① 「우정사업 운영에 관한 특례법」에서 고시하는 우체국의 금융업무에는 외국환업무도 포함되어 있다.

② 우체국금융은 「은행법」에 따른 은행업 인가를 받은 일반은행과 동일하게 대출, 신용카드 등에 관한 업무에 있어 제한을 받지 않는다.

③ 우체국예금 상품은 크게 요구불예금과 저축성예금으로 구분한다.

④ 우체국금융의 경영주체는 국가이고 우체국예금의 원금과 이자 및 우체국보험 보험금 등은 국가가 법으로 전액 지급을 보장한다는 특징이 있다.

> **해설**
> 우체국금융은 그 경영주체가 국가이므로 사업의 영리만을 목적으로 하지 아니하며, 우체국예금의 원금과 이자 그리고 우체국보험의 보험금 등은 국가가 법으로 전액 지급을 보장한다. 하지만, 우체국금융은 「은행법」에 따른 은행업 인가를 받은 일반은행이나 「보험업법」에 따른 보험업 인가를 받은 보험회사와는 달리 「우체국예금·보험에 관한 법률」 등 소관 특별법에 의해 운영되는 국영금융기관으로 대출, 신탁, 신용카드 등 일부 금융 업무에 제한을 받고 있다.
>
> 답 ②

03 다음 중 우체국예금에 대한 내용으로 옳지 <u>않은</u> 것은?

① 예금상품의 구체적인 종류 및 가입대상, 금리 등은 우정사업본부장이 정하여 고시하도록 되어 있다.

② 주식발행이 없으므로 자기자본에 자본금 및 주식발행 초과금이 없다.

③ 타인자본에는 예금을 통한 예수부채만 있고, 은행채의 발행 등을 통한 차입 혹은 금융기관 등으로부터의 차입을 통한 차입부채는 없다

④ 우편대체 계좌대월 등 일부 특수한 경우를 제외하고는 여신이 없다. 단, 환매조건부채권매도 등을 통한 차입부채는 있을 수 있다.

 우체국예금이란 「우체국예금·보험에 관한 법률」에 따라 우체국에서 취급하는 예금을 말하며 우체국을 통하여 누구나 편리하고 간편하게 저축수단을 이용하게 함으로써 국민의 저축의욕을 북돋우고 일상생활 안정을 도모한다. 우체국예금 상품은 크게 요구불예금과 저축성예금으로 구분할 수 있으며, 예금상품의 구체적인 종류 및 가입대상, 금리 등은 과학기술정보통신부장관이 정하여 고시하도록 하고 있다.

답 ①

04 우체국금융의 역할과 관련된 내용으로 옳지 <u>않은</u> 것은?

① 전국적으로 분포되어 있는 우체국 국사를 금융창구로 운영하여 국민들에게 지역차별 없는 금융 접근성을 제공하고 있다.

② 우체국금융에서 발생하는 이익잉여금은 국가 재정으로 귀속하지 않고 우체국에서 독자적으로 사용할 수 있게 하여 서비스의 질을 제고한다.

③ 서민 및 소상공인을 대상으로 한 다양한 금융상품과 금융서비스를 출시하여 자산형성을 지원하는 등 공익적 역할을 수행하고 있다.

④ 2013년 설립된 우체국공익재단은 자연 생태계 조성과 같은 지속가능 친환경 활동도 수행하고 있다.

 우체국금융에서 발생하는 이익잉여금을 통해 일반회계 전출(국가 재정으로의 이익금 귀속)과 공적자금상환기금 등을 지원하고 있다. 우체국은 「국가재정법」 및 「정부기업예산법」에 의거 IMF 외환 위기인 1998년부터 현재까지 사업상 이익 발생 시 이익금 중 일부를 국가 재정으로 귀속하고 있으며, 우체국이 공적자금을 지원받지 않음에도 불구하고 금융시장 안정과 타 금융기관 정상화 등 금융구조조정 지원을 위해 2004년부터 현재까지 매년 공적자금상환기금을 출연하여 지원하는 등 국가 재정 및 경제회복 지원을 위한 국영금융기관으로서의 역할을 충실히 수행 중에 있다.

답 ②

| STEP7 | 우체국금융 상품

01 다음 중 예치 금액별로 차등 금리를 적용하는 개인 MMDA 상품으로 입출금이 자유로운 우체국금융 상품으로 옳은 것은?

① e−Postbank 예금
② 듬뿍우대저축예금
③ 우체국 행복지킴이통장
④ 우체국 페이드든⁺통장

> **해설** 듬뿍우대저축예금(MMDA : Money Market Deposit Account)
> 개인을 대상으로 예치 금액별로 차등 금리를 적용하는 개인 MMDA 상품으로 입출금이 자유로운 예금
>
> 답 ②

02 다음 중 우체국 다드림통장에 대한 내용으로 옳지 <u>않은</u> 것은?

① 예금, 보험, 우편 등 우체국 이용고객 모두에게 혜택을 제공하는 상품이다.
② 사업자 패키지 가입 대상자에는 금융기관도 포함되어 있다.
③ 실적별 포인트 제공, 패키지별 우대금리 및 수수료 면제 등 다양한 우대서비스를 제공하고 있다.
④ 입출금이 자유로운 예금이다.

> **해설** 우체국 다드림통장
>
> | 패키지 | 주니어 | 직장인 | 사업자 | 실버 | 베이직 |
> |---|---|---|---|---|---|
> | 가입 대상자 | 만 19세 미만 실명의 개인 | 실명의 개인 | 개인사업자, 법인, 단체 (금융기관 제외) | 만 50세 이상 실명의 개인 | 개인, 개인사업자, 법인, 단체 (금융기관 제외) |
>
> 답 ②

03 다음 중 우체국금융 상품에 대한 설명으로 옳은 것만을 모두 고른 것은?

> ㉠ 우체국 하도급지킴이통장의 예금 출금은 '정부계약 하도급관리시스템'의 이체요청을 통해서만 가능하며 우체국창구, 전자금융, 자동화기기 등을 통한 출금은 불가능하다.
> ㉡ 우체국 다드림통장에서 주니어 패키지의 가입 대상자는 만 18세 미만 실명의 개인이다.
> ㉢ 우체국 건설하나로통장은 '우체국 하나로 전자카드' 이용고객을 우대하는 전용통장으로 우대금리 혜택과 금융수수료 면제서비스를 제공하는 입출금이 자유로운 예금이다.
> ㉣ 우체국 생활든든통장은 만 50세 이상 시니어 고객의 기초연금, 급여에 한하여 입금이 가능한 예금이다.

① ㉠, ㉡
② ㉠, ㉢
③ ㉡, ㉢
④ ㉢, ㉣

㉡ 우체국 다드림통장에서 주니어 패키지의 가입 대상자는 만 19세 미만 실명의 개인이다.
㉣ 우체국 생활든든통장은 만 50세 이상 시니어 고객의 기초연금, 급여, 용돈 수령 및 체크카드 이용 시 금융 수수료 면제, 우체국 보험료 자동이체 또는 공과금 자동이체 시 캐시백, 창구소포 할인쿠폰 등 다양한 서비스를 제공하는 시니어 특화 입출금이 자유로운 예금이다.

图 ②

04 다음 중 우체국 아이LOVE 적금에 대한 설명으로 옳지 <u>않은</u> 것은?

① 만 19세 미만의 어린이 · 청소년의 목돈 마련을 위해 사회소외계층, 단체가입, 가족 거래 실적 등에 따라 우대금리를 제공하는 적립식 예금이다.
② 가입 고객을 대상으로 우체국 주니어보험 무료가입, 캐릭터통장 및 통장명 자유선정 등의 부가서비스를 제공한다.
③ 우체국 수시입출식 예금의 자투리 금액을 매월 이 적금으로 자동 저축하는 서비스를 제공한다.
④ 자동 재예치 서비스를 신청할 수 없다.

 우체국 아이LOVE 적금
• 만 19세 미만의 어린이 · 청소년의 목돈 마련을 위해 사회소외계층, 단체가입, 가족 거래 실적 등에 따라 우대금리를 제공하는 적립식 예금
• 가입 고객을 대상으로 우체국 주니어보험 무료가입, 캐릭터통장 및 통장명 자유선정, 자동 재예치 서비스 등의 부가 서비스 제공
• 우체국 수시입출식 예금의 자투리 금액(1만 원 미만 잔액)을 매월 이 적금으로 자동 저축하는 서비스인 자투리 저축 서비스 제공

🔖 ④

05 공익형 예금상품 중 적립식 예금에 해당하는 것은?

① 새출발자유적금
② 이웃사랑정기예금
③ 행복지킴이통장
④ 국민연금안심통장

 공익형 예금상품의 종류

구분	요구불 예금(8종)	적립식 예금(2종)	거치식 예금(2종)
12종	행복지킴이통장, 국민연금안심통장, 공무원연금평생안심통장, 호국보훈지킴이통장, 청년미래든든통장, 희망지킴이통장, 건설하나로통장, 우체국취업이룸통장	새출발자유적금, 장병내일준비적금	이웃사랑정기예금, 소상공인정기예금

🔖 ①

06 다음 〈표〉의 빈칸에 들어갈 내용으로 적절한 것은?

우체국 체크카드 사용한도

구분		기본 한도		최대 한도	
		일 한도	월 한도	일 한도	월 한도
개인	만 12세 이상	(㉠)	30만 원	3만 원	(㉡)
	만 14세 이상	6백만 원	2천만 원	5천만 원	5천만 원
법인		6백만 원	2천만 원	1억 원	(㉢)

	㉠	㉡	㉢
①	3만 원	20만 원	3억 원
②	5만 원	30만 원	1억 원
③	3만 원	30만 원	3억 원
④	5만 원	20만 원	5억 원

해설

우체국 체크카드 사용한도

구분		기본 한도		최대 한도	
		일 한도	월 한도	일 한도	월 한도
개인	만 12세 이상	3만 원	30만 원	3만 원	30만 원
	만 14세 이상	6백만 원	2천만 원	5천만 원	5천만 원
법인		6백만 원	2천만 원	1억 원	3억 원

답 ③

07 다음 중 우체국 체크카드 발급대상에 대한 설명으로 옳은 것은?

① 고유번호가 없는 단체의 경우도 법인카드의 발급대상에 해당한다.
② 복지카드는 저소득층, 금융소외계층 중 복지 포인트 부여 대상자에 한해 발급받을 수 있다.
③ 학생증 체크카드는 우체국과 제휴한 전국 중 · 고등학교에 재학중인 학생이라면 발급받을 수 있다.
④ 하이브리드카드 소지자는 후불하이패스 체크카드를 발급받을 수 있다.

우체국 체크카드 발급대상 비교

구분		발급 대상
개인카드	일반	만 12세 이상 ※ 단, 학생증 체크카드는 만 14세 이상 우체국 요구불예금 가입자로서 우체국 체크카드를 학생증으로 사용하기로 한 대학교(원)생에 한하며, 학생신분 확인을 위해 학교 측에서 학적사항을 우체국에 제출한 경우에만 발급 가능
	하이브리드	만 18세 이상 ※ 단, 만 18세 미성년자의 경우 후불교통기능만 가능(소액신용 불가)
	후불하이패스	하이브리드(Hybrid)카드 소지자
	가족카드	본인회원의 배우자, 자녀, 자녀의 배우자, 부모, 조부모, 형제자매, 손자, 본인회원, 배우자의 부모, 배우자의 형제자매 등 가족회원 대상
	복지카드	우정사업본부 직원으로서 복지 포인트 부여 대상자
법인카드		법인, 개인사업자, 고유번호 또는 납세번호가 있는 단체

※ '본인회원'이란 우체국 요구불성예금 계좌를 소지한 자로 우체국이 정한 입회절차에 따라 체크카드를 신청하여 카드를 발급받은 자를 말함
※ '가족회원'이란 본인회원의 가족으로서 대금의 지급 등 카드 이용에 관한 모든 책임을 본인회원이 부담하는 것을 조건으로 체크카드를 발급받은 자를 말함
※ 학생증(또는 복지) 체크카드는 기존 우체국 체크카드에 학생증(또는 복지카드) 기능을 추가한 카드

답 ④

08 다음 중 우체국 체크카드 상품에 대한 설명으로 옳지 <u>않은</u> 것은?

① 영리한PLUS 체크카드는 환경부 인증 폐플라스틱을 재활용한 친환경카드로, 온라인 최대 20% 할인 등 다양한 혜택을 제공한다.
② 나눔 체크카드는 전 가맹점 0.5%, 구세군 자선냄비 기부금의 20% 캐시백 혜택을 제공하는 것이 특징인 카드이다.
③ 우리동네PLUS 체크카드는 전국 가맹점 및 지역별 가맹점을 포함한 지역별 추가 캐시백 혜택을 제공하는 특화 카드이다.
④ 포미 하이브리드 체크카드는 편의점, 간편결제 등에서 캐시백 할인이 되는 싱글족 맞춤혜택 특화 카드이다.

나눔 체크카드
전 가맹점 0.4%, 구세군자선냄비 기부금(카드결제)의 30% 캐시백 혜택을 제공하는 나눔 카드

답 ②

09 다음 중 우체국 체크카드 상품별 기능과 관련된 내용으로 옳지 <u>않은</u> 것은?

① 영리한, 행복한, 다드림 체크카드는 복지카드 기능이 부여된다.
② 나눔, 국민행복 체크카드는 선불 교통카드 기능이 부여된다.
③ 후불하이패스, 어디서나 체크카드는 점자카드 기능이 부여된다.
④ 다드림, 국민행복 체크카드는 현금카드 기능이 부여된다.

> **해설** 행복한, 다드림 체크카드는 복지카드 기능이 부여되지 않는다.
>
> 답 ①

10 우체국 체크카드의 효력에 대한 설명으로 옳지 <u>않은</u> 것은?

① 카드 발급을 요청하면 우체국에서 이를 심사하여 금융단말기에 등록하고, 카드를 교부함으로써 효력이 발생한다.
② 위탁업체를 통하여 후 발급 받은 경우에도 교부받음으로써 효력이 발생한다.
③ 우체국 체크카드는 회원 본인이 피한정후견인으로 우체국에 신고 등록한 경우 효력이 상실된다.
④ 법인 회원의 경우 폐업, 청산에 따라 우체국에 신고 등록한 경우에도 효력이 상실된다.

> **해설** ② 위탁업체를 통하여 후 발급 받은 경우에는 카드 수령 후 회원 본인이 ARS, 우체국 스마트뱅킹(인터넷뱅킹, 스마트폰 뱅킹) 또는 우체국을 방문하여 사용 등록하여야 효력이 발생한다.
> ③ 우체국 체크카드는 카드 유효기간이 만료되거나, 회원 본인의 사망 또는 피성년후견인/피한정후견인으로 우체국에 신고 등록한 경우 효력이 상실된다.
>
> 답 ②

11 우체국 펀드상품 중 채권형 증권펀드에 해당하는 것은?

① KB 밸류포커스 30 증권자 투자 신탁
② NH-Amundi 4차 산업혁명 30 증권 투자 신탁
③ 유진 챔피언 단기채 증권자 투자 신탁
④ 흥국 멀티 플레이 30 공모주 증권자 투자 신탁

우체국 펀드상품

구분	펀드 상품명
단기금융펀드 (MMF)	• IBK그랑프리국공채MMF개인투자신탁제1호(국공채) • NH-Amundi개인!MMF1호(국공채) • KB스타개인용MMFP-101호(국공채) • KB법인용MMFI-2호(국공채) • 신한BEST국공채개인!MMF II 5(국공채) • 미래에셋개인전용MMF1호(국공채) • 교보악사프라임법인MMFJ-1호 • 삼성스마트MMF법인1 • 한화개인!MMF2호(국공채) • 멀티에셋국공채법인MMF투자신탁제1호(국공채) • 키움프런티어개인용MMF제1호(국공채) • NH-Amundi법인MMF8호 • 삼성MMF법인제1호 • 신한법인용MMFGS-1호
증권펀드 (채권형)	• 키움단기국공채증권자투자신탁제1호(채권) • 한화단기국공채증권자투자신탁(채권) • 유진챔피언단기채증권자투자신탁(채권) • 우리단기채권증권자투자신탁(채권) • NH-Amundi하나로단기채증권투자신탁(채권) • 한국투자크레딧포커스ESG증권자투자신탁1호(채권) • 흥국멀티플레이증권자투자신탁4호(채권) • 우리하이플러스단기우량ESG채권증권자투자신탁1호(채권) • 한화코리아밸류채권증권자투자신탁(채권) • 유진챔피언중단기채증권자투자신탁(채권) • IBK단기채증권자투자신탁(채권) • 키움더드림단기채증권투자신탁(채권) • 한국투자e단기채ESG증권투자신탁(채권)
증권펀드 (혼합채권형)	• 흥국멀티플레이30공모주증권자투자신탁(채권혼합) • NH-Amundi4차산업혁명30증권투자신탁(채권혼합) • 우리중소형고배당30증권투자신탁1호(채권혼합) • 브이아이공모주&배당주10증권투자신탁(채권혼합) • KB밸류포커스30증권자투자신탁(채권혼합) • 한국밸류10년투자배당증권투자신탁(채권혼합) • 흥국공모주로우볼채움플러스증권투자신탁1호(채권혼합) • NH-Amundi모아모아15증권투자신탁(채권혼합) • 신한삼성전자알파증권투자신탁제1호(채권혼합) • NH-Amundi모아모아30증권투자신탁(채권혼합) • NH-Amundi100년기업그린코리아30증권투자신탁(채권혼합) • 브이아이실적포커스30증권투자신탁1호(채권혼합) • 유진챔피언공모주&배당주30증권투자신탁(채권혼합)

 ③

12 다음 중 카드 해지와 이용정지에 대한 설명으로 옳지 <u>않은</u> 것은?

① 체크카드 해지 시 현금카드 기능도 함께 해지된다.

② 기존 우체국 체크카드를 동종의 복지카드로 전환 발급하거나, 본인 회원 카드 해지 시 가족카드가 해지되는 것을 일반해지라 한다.

③ 체크카드 결제계좌 해지에 따라 해지되는 것을 당연해지라 한다.

④ 미성년자의 경우 법정대리인이 거래 중단을 요청하면 체크카드의 이용정지 및 일시제한이 가능하다.

 기존 우체국 체크카드를 동종의 복지카드로 전환 발급하거나, 본인 회원 카드 해지 시 가족카드가 해지되는 것을 자동해지라 한다. 일반해지는 카드 유효기간 내 회원의 요청에 의해 해지되는 것을 말한다.

정답 ②

| STEP8 | 우체국금융 서비스

01 우체국예금 모바일뱅킹 서비스에 대한 설명으로 옳지 <u>않은</u> 것은?

① 우체국 스마트뱅킹은 공동인증서, 금융인증서, 간편인증(개인인증번호, 패턴인증, 지문/얼굴 등 생체인증, PASS 인증 등)을 통해서 로그인이 가능하다.

② 우체국 포스트페이를 통해 수신자의 계좌번호를 몰라도 전화번호로 바로 송금이 가능하다.

③ 우체국 포스트페이를 통해 비대면 계좌개설, 예·적금상품 가입, 체크카드 발급 등 상품가입이 가능하다.

④ 우체국 미니앱은 노인들을 위한 '큰 글씨 이체', 외국인 이용편의를 위해 '전체 메뉴의 영어모드 전환 서비스' 등을 제공하고 있다.

해설 우체국 포스트페이는 예·적금상품 가입 서비스를 제공하고 있지 않다.

우체국 포스트페이 주요 서비스

구분		주요 서비스
상품가입		비대면 계좌개설
간편결제		QR코드, 바코드를 활용한 간편결제, 결제 내역 조회
간편송금 (이체)	계좌번호 송금	별도 인증 없이 핀번호만으로 바로 송금
	전화번호 송금	수신자의 계좌번호를 몰라도 전화번호로 바로 송금
	경조 송금	• 전화번호 송금에 온라인 경조사 카드(결혼, 상조 등)와 메시지 첨부 • 집배원이 직접 지정한 수신자에게 현물(현금, 현금증서)과 경조카드 배달
	더치페이	모임 등 목적으로 다수 대상자에게 송금 요청
체크카드		• 모바일에서 우체국 체크카드 및 모바일카드 신청 및 발급 • 보유카드 조회, 이용내역 조회, 사고신고 등 부가기능 제공

답 ③

02 다음 중 우체국과 은행이 업무제휴를 맺고 창구망 공동이용을 하는 은행에 대한 설명으로 옳지 <u>않은</u> 것은?

① 창구망 공동이용은 양 기관의 전산 시스템을 이용한 타행환 거래 방식으로 입금 및 출금거래를 하는 업무이다.

② 제휴은행 고객은 우체국 창구에서 제휴은행 고객계좌로 입금, 지급, 조회 업무를 이용할 수 있다.

③ 우체국 창구에서 제휴은행 통장 신규발행 및 해지는 불가능하다.

④ 현재 우체국과 제휴 중인 은행은 KDB산업은행, 한국씨티은행, IBK기업은행, 전북은행, 하나은행 등이 있다.

> **해설** 창구망 공동이용은 기존의 타행환 거래 방식이 아닌 자행거래 방식으로 입금 및 출금거래를 할 수 있도록 하는 업무이다.
>
> **답** ①

03 다음 중 SWIFT 해외송금에 대한 설명으로 옳지 <u>않은</u> 것은?

① 신한은행의 SWIFT 망을 통해 수취인의 해외은행계좌로 송금하거나, 해외은행으로부터 수취인의 한국 우체국계좌로 송금을 받는 업무를 말한다.

② SWIFT 송금의 소요시간은 3-5 영업일이다.

③ 매월 약정한 날짜에 송금인 명의의 우체국계좌에서 자금을 인출하여 해외의 수취인에게 자동으로 송금해주는 SWIFT 자동송금서비스도 제공하고 있다.

④ 중계 · 수취은행 수수료는 면제이다.

> **해설** 약 15~25 USD의 중계 · 수취은행 수수료가 있다.
>
> **답** ④

더 알아보기⊕

우체국 해외송금 비교

구분	SWIFT 송금	유로지로		특급송금
송금방식	SWIFT network	Eurogiro network		Moneygram network
소요시간	3-5 영업일	3-5 영업일		송금 후 10분
거래유형	계좌송금	주소지/계좌송금		수취인 방문 지급
중계 · 수취 은행 수수료	약 15-25 USD	• 중계은행 수수료 : 없음 • 수취은행 수수료 : USD 3/EUR 2		–
취급국가	전 세계 약 214개국	태국, 필리핀, 스리랑카, 베트남, 몽골		약 200개 국가

※ 2021년 12월 기준

04 **노란우산공제 판매대행에 서비스에 대한 설명으로 옳은 것은?**

① 2007년 9월부터 전국 우체국 금융창구를 통해 가입, 지급신청 등을 할 수 있도록 업무를 대행하고
있다.
② 무등록사업자의 신규청약 업무를 포함한 청약서(철회서) 및 제반서류 접수를 대행한다.
③ 기 가입자 또는 강제해지 후 1년 미경과 시에는 신규 및 (재)청약이 불가능하다.
④ 부금 수납, 공제금/해약지급신청서 및 제반서류 접수와 청약 후의 고객 상담까지 담당한다.

 해설

① 노란우산공제는 2007년 9월부터 비영리기관인 중소기업중앙회에서 운영하는 공적 공제제도이다. 2013년 7월부터
국가의 기본 인프라망인 전국 우체국 금융창구를 통해 가입, 지급신청 등을 할 수 있도록 업무를 대행하고 있다.
② 무등록사업자의 신규청약 업무는 제외한다.
④ 업무대행 주요내용으로는 청약 전 고객 상담, 청약서(철회서) 및 제반서류 접수, 부금 수납, 공제금/해약지급신청서
및 제반서류 접수가 있다.

답 ③

05 우체국금융 자동화기기에 대한 설명으로 옳지 <u>않은</u> 것은?

① 주요 서비스로 예금입금 · 출금 · 조회, 계좌이체(송금)/해외송금, 통장/보험정리, 휴대폰거래, 신용카드, 보험서비스 등을 제공한다.

② 자동화기기를 이용하여 현금입출금, 잔액조회, 계좌이체 등을 손쉽게 제공받을 수 있는 서비스이며, 통장 및 카드가 필요하다.

③ 우체국 스마트 ATM를 통해 우체국 창구에서만 가능하던 상품가입, 체크카드 발급, 비밀번호 변경 등 업무까지 처리업무가 확대되었다.

④ 우체국 스마트 ATM에서는 화상인증 및 지문 · 얼굴 등 생체인증을 통해 이용고객의 신원확인이 가능하다.

> **해설** 우체국금융 자동화기기(CD 또는 ATM)를 이용하여 현금입출금, 잔액조회, 계좌이체 등을 통장 및 카드거래(현금 또는 체크) 또는 무통장/무카드 거래로 손쉽게 제공받을 수 있는 서비스이다.
>
> 目 ②

06 다음 중 외화환전 예약서비스와 관련된 내용으로 옳지 <u>않은</u> 것은?

① 우체국 방문 신청 또는 인터넷뱅킹 · 스마트뱅킹을 이용하여 환전 거래와 대금 지급을 완료하고, 원하는 수령일자 및 장소를 선택하여 지정한 날짜에 외화실물을 직접 수령하는 서비스이다.

② 모든 우체국과 환전업무 관련 제휴된 하나은행 지점(환전소)에서 수령할 수 있다.

③ 환전가능 금액은 건당 1백만 원 이내이다.

④ 환전가능 통화는 총 10종으로 싱가폴달러도 포함된다.

> **해설** 고객이 지정한 일부 환전업무 취급 우체국 및 우정사업본부와 환전업무 관련 제휴된 하나은행 지점(환전소)에서 수령할 수 있다.
>
> 目 ②

07 다양하고 복잡한 기능을 배제하고 계좌조회, 이체 등 고객들이 가장 많이 사용하는 기본 메뉴로만 구성하여 쉽고 빠르게 업무를 처리할 수 있도록 만들어진 우체국금융 어플리케이션으로 옳은 것은?

① 우체국 미니앱
② 포스트페이
③ 스마트뱅킹
④ 우체국 로드맵

우체국 미니앱
우체국 미니앱은 다양하고 복잡한 기능을 배제하고 계좌조회, 이체 등 고객들이 가장 많이 사용하는 기본 메뉴로만 구성하여 쉽고 빠르게 업무를 처리할 수 있도록 고안되어 만들어진 특화서비스이다. 또한, 노인들을 위한 '큰 글씨 이체', 외국인 이용편의를 위해 '전체 메뉴의 영어모드 전환 서비스' 등을 제공하고 있다.

답 ①

08 다음 중 스마트뱅킹 서비스와 관련된 내용으로 옳지 <u>않은</u> 것은?

① 우체국 스마트뱅킹 앱은 우체국 전자금융서비스 신청 고객이 우체국 방문 없이 스마트폰에서 우체국금융서비스를 이용할 수 있는 우체국예금 스마트폰뱅킹 전용 어플리케이션을 말한다.
② SMS 및 PUSH를 활용한 입출금통지, 모바일 경조금 등 고객 편의를 위한 우체국만의 부가서비스 이용이 가능하다.
③ 스마트뱅킹을 해지하면 인터넷뱅킹도 자동 해지된다.
④ QR코드를 활용한 쉽고 편리한 지로/공과금 납부서비스를 제공한다.

우체국 인터넷뱅킹을 해지하면 스마트뱅킹은 자동 해지되나 스마트뱅킹을 해지하더라도 인터넷뱅킹 이용 자격은 계속 유지된다.

답 ③

09 다음 중 우체국 전자금융서비스 이용 제한의 사유에 해당하지 <u>않는</u> 것은?

① 계좌 비밀번호를 연속 5회 이상 잘못 입력한 경우

② OTP를 발생시키는 전 금융기관을 통합하여 연속 5회 이상 잘못 입력한 경우

③ 인터넷뱅킹 이용자가 서비스 신청일 포함 5일 이내에 전자적 장치를 통해 최초 서비스 이용 등록을 하지 않은 경우

④ 기타 예금거래 기본약관 등에서 정한 거래제한 사유가 발생한 경우

> **해설** 우체국은 아래와 같은 상황에 해당하는 경우 전자금융서비스의 전부 또는 일부를 제한할 수 있다.
> • 계좌 비밀번호, 보안카드 비밀번호, 폰뱅킹 이체비밀번호, 모바일 인증서에 등록한 PIN, 패턴, 디지털 OTP 인증번호 및 생체인증 정보 등을 연속 5회 이상 잘못 입력한 경우
> • OTP의 경우 OTP를 발생시키는 전 금융기관을 통합하여 연속 10회 이상 잘못 입력한 경우
> • 인터넷뱅킹 이용자가 서비스 신청일 포함 5일 이내에 전자적 장치를 통해 최초 서비스 이용등록을 하지 않은 경우
> • 기타 예금거래 기본약관 등에서 정한 거래제한 사유가 발생한 경우
>
> 답 ②

10 다음 중 신용카드 제휴기관에 포함되지 <u>않는</u> 것은?

① 우리카드

② 국민카드

③ 삼성카드

④ 신한카드

> **해설** 삼성카드는 신용카드가 아니라 체크카드 제휴기관에 해당한다.
>
> 답 ③

| STEP9 | 내부통제 및 리스크관리

01 금융실명거래의 원칙 및 방법에 대한 설명으로 옳지 <u>않은</u> 것은?

① 대출모집인, 카드모집인, 보험모집인, 공제모집인 등의 업무수탁자는 실명확인을 할 수 없다.

② 500만 원 이하의 원화 송금 또는 500만 원 이하에 상당하는 외국통화를 매입·매각하는 경우 실명확인을 생략할 수 있다.

③ 금융회사 종사자는 거래자에게 불법 차명거래가 금지된다는 사실을 설명하고 설명내용을 거래자가 이해하였음을 확인받아야 한다.

④ 계좌개설 시에는 실명확인증표 사본 등 실명확인에 필요한 관련 서류를 첨부·보관한다.

> **해설**
> 100만 원 이하의 원화 또는 그에 상당하는 외국통화의 송금(무통장입금 포함)과 100만 원 이하에 상당하는 외국통화 매입·매각하는 경우 실명확인의 생략이 가능하다.
> - 수표 및 어음 입금 시 금액 상관없이 실명확인 대상이며 수표·어음 뒷면에 입금계좌번호를 기재하는 것으로 실명확인에 갈음하고 무통장입금 의뢰서에 실명확인 날인
> - 동일 금융회사 등에서 본인 또는 그 대리인이 동일자 동일인에게 100만 원을 초과하는 금액을 분할 입금하는 것을 금융회사가 인지한 경우에는 그 초과금액에 대하여 실명확인
>
> 답 ②

02 내부통제의 구성요소 중 목표달성에 부정적인 영향을 미치는 리스크를 통제하기 위한 정책 및 절차 수립 등 제도의 구축과 운영을 말하는 것은?

① 리스크평가

② 통제환경

③ 통제활동

④ 모니터링

> **해설**
> ① 리스크평가
> 조직이 직면하고 있는 리스크를 종류별·업무별로 인식하고 측정, 분석하는 것이다. 효과적인 내부통제시스템 구축을 위해 조직의 목표달성에 부정적인 영향을 미칠 수 있는 리스크를 정확히 인식하고 평가한다.
> ② 통제환경
> 내부통제에 적합한 조직구조, 효과적인 내부통제가 이루어지도록 유인하는 보상체계, 적절한 인사 및 연수정책, 이사회의 내부통제에 대한 관심 방향, 임직원의 성실성과 자질 등 환경적 요인이다. 조직 내 모든 구성원이 내부통제시스템의 중요성을 인식하고, 내부통제기준 및 절차를 준수하겠다는 통제문화의 형성이 중요하다.
> ④ 모니터링
> 내부통제의 모든 과정은 모니터링되고 지속적으로 수정 및 보완되어야 한다. 내부통제시스템을 상시 모니터링해야 하며, 중요한 리스크에 대한 모니터링은 내부감시기능에 의해 정기적으로 평가되고 일상적인 영업활동의 일부가 되어야 한다.
>
> 답 ③

03 다음 중 비대면 실명확인과 관련된 내용으로 옳지 <u>않은</u> 것은?

① 거래자 본인 여부를 확인할 때 온라인 채널 등 대면 이외의 방식으로 실명확인하는 것을 의미한다.
② 적용 대상자에는 대리인도 포함된다.
③ 「금융실명법」상 실명확인 의무가 적용되는 모든 거래에 적용된다.
④ 비대면 실명확인은 법인도 가능하지만, 금융회사가 위임 · 대리 관계를 확인할 수 있는 각종 서류의 검증을 위해 대면 확인을 하는 것이 바람직하다.

> **해설** 비대면 실명확인 적용 대상자는 명의자 본인에 한정하고 대리인은 제외된다.
>
> 답 ②

04 「금융소비자보호법」에 대한 설명으로 옳지 <u>않은</u> 것은?

① 금융회사의 분쟁조정제도 무력화 방지 및 분쟁조정 · 소송 시 소비자의 정보접근 권한을 법으로 강화하였다.
② 금융상품판매업자 등의 판매원칙 준수를 위한 다양한 실효성 확보 수단을 명시하고 위반 시 제재를 강화하였다.
③ 개별 업법에서 일부 금융상품에 한정하여 적용하고 있는 금융상품 6대 판매원칙을 모든 금융상품에 확대 적용하여 업권에 따른 금융소비자보호 공백을 해소하기 위한 법적 근거를 마련하였다.
④ 설명의무 위반에 따른 손해배상청구소송 시 고의 · 과실에 대한 입증 책임을 금융회사가 아닌 소비자가 입증하도록 하였다.

> **해설** 「금융소비자보호법」은 금융상품 판매원칙 위반과 관련 위법계약해지권, 징벌적 과징금 도입, 과태료 부과, 판매제한명령, 손해배상 입증책임 전환 등 금융상품판매업자 등의 판매원칙 준수를 위한 다양한 실효성 확보 수단을 명시하고 위반 시 제재를 강화하였다. 특히 설명의무 위반에 따른 손해배상청구소송 시 고의 · 과실에 대한 입증 책임을 소비자가 아닌 금융회사가 입증하도록 하였다.
>
> 답 ④

STEP 10 | 기타사항

01 고객확인제도에서 영리법인 신원확인사항에 해당하지 않는 것은?

① 실지명의   ② 업종

③ 연락처   ④ 설립목적

 해설 설립목적은 영리법인의 신원확인사항에 해당하지 않는다.

고객별 신원확인사항

구분	신원확인사항(시행령 제10조의4)
개인	실지명의(「금융실명법」 제2조 제4호의 실지명의), 주소, 연락
영리법인	실지명의, 업종, 본점 및 사업장 소재지, 연락처, 대표자 실지명의
비영리법인 및 기타 단체	실지명의, 설립목적, 주된 사무소 소재지, 연락처, 대표자 실지명의
외국인 및 외국단체	위의 분류에 의한 각각의 해당사항, 국적, 국내 거소 또는 사무소 소재지

답 ④

02 자금세탁방지 의심거래보고제도(STR)에 관한 내용으로 옳지 않은 것은?

① 영업점 직원은 업무지식과 전문성, 경험을 바탕으로 고객의 평소 거래상황, 직업, 사업내용 등을 고려하여 취급한 금융거래가 혐의거래로 의심되면 그 내용을 보고책임자에게 보고한다.

② 불법재산 또는 자금세탁행위를 하고 있다고 의심되는 합당한 근거의 판단 주체는 금융회사 종사자 이며, 그들의 주관적 판단에 의존한다.

③ 금융기관 등 보고기관이 의심스러운 거래의 내용에 대해 검찰청·경찰청·국세청·관세청·금융위원회·선거관리위원회 등 법집행기관에 바로 신고한다.

④ 금융회사가 금융거래의 상대방과 공모하여 의심거래보고를 하지 않거나 허위보고를 하는 경우에는 6개월의 범위 내에서 영업정지처분이 가능하다.

해설 금융기관 등 보고기관이 의심스러운 거래의 내용에 대해 금융정보분석원(KoFIU)에 보고하면 KoFIU는 자체적으로 수집한 관련 자료를 분석해 불법거래라고 판단되는 때에는 해당 금융거래 자료를 법집행기관에 제공한다.

답 ③

더 알아보기➕

의심거래보고 정보의 법집행기관에 대한 제공

금융기관 등 보고기관이 의심스러운 거래의 내용에 대해 금융정보분석원(KoFIU)에 보고하면 KoFIU는 1) 보고된 의심거래내용과 2) 외환전산망 자료, 신용정보, 외국 FIU의 정보 등 자체적으로 수집한 관련 자료를 종합·분석한 후 불법거래 또는 자금세탁행위와 관련된 거래라고 판단되는 때에는 해당 금융거래 자료를 검찰청·경찰청·국세청·관세청·금융위원회·선거관리위원회 등 법집행기관에 제공하고, 법집행기관은 거래내용을 조사·수사하여 기소 등의 의법 조치를 하게 된다.

03 다음 중 고액현금거래보고제도(CTR)에 대한 내용으로 옳지 <u>않은</u> 것은?

① 국제적으로는 모든 국가가 이 제도를 도입하고 있는 것은 아니며, 각국의 사정에 따라 도입·운영하고 있다.

② 1일 거래일 동안 1천만 원 이상의 현금을 입금하거나 출금한 경우 거래자의 신원과 거래일시·거래금액 등 객관적 사실을 전산으로 자동 보고토록 하고 있다.

③ 불법자금의 유출입 또는 자금세탁혐의가 있는 비정상적 금융거래를 효율적으로 차단하려는 데 목적이 있다.

④ 우리나라에서는 자금세탁 위험성이 상대적으로 낮은 정부기관 또는 금융기관 등과 거래는 금융회사가 스스로 판단하여 보고대상에서 제외할 수 있도록 하는 보고면제제도를 운영하고 있다.

해설 미국, 캐나다 등에서는 보고와 관련된 비용부담을 줄이고, 자료의 실효성을 제고하기 위해 자금세탁 위험성이 상대적으로 낮은 정부기관 또는 금융기관 등과 거래는 금융회사가 스스로 판단하여 보고대상에서 제외할 수 있도록 하는 보고면제제도를 운영하고 있다. 반면 우리나라는 고객현금거래 보고 면제대상기관을 법령(「특정금융정보법 시행령」)에 명시하고 이 대상기관의 현금거래는 고액현금거래보고를 면제토록 하는 '면제대상 법정 지정방식'을 채택하고 있다.

답 ④

04 금융소득 종합과세에 대한 내용 중 빈칸에 들어갈 말로 알맞은 것은?

> 개인별 연간 금융소득이 (　　　) 이하일 경우에는 원천징수하고, (　　　)을 초과하는 금융소득은 (　　　)
> 에 대하여는 원천징수세율을 적용하고 초과하는 금액은 다른 종합소득과 합산하여 누진세율을 적용한다.

① 1,000만 원
② 2,000만 원
③ 3,000만 원
④ 4,000만 원

 개인별 연간 금융소득(이자·배당 소득)이 2천만 원 이하일 경우에는 원천징수하고, 2천만 원을 초과하는 금융소득은
2천만 원에 대하여는 원천징수세율을 적용하고 2천만 원을 초과하는 금액은 다른 종합소득(근로소득·사업소득·연
금소득 등)과 합산하여 누진세율을 적용하여 종합과세한다.

답 ②

05 다음 중 보호되지 않는 은행 금융상품으로 적절한 것은?

① 외화예금
② 원본이 보전되는 금전신탁
③ 개인형퇴직연금제도의 적립금
④ 주택청약저축

보호금융상품과 비보호금융상품(은행상품의 경우)

보호금융상품	비보호금융상품
• 요구불예금(보통예금, 기업자유예금, 당좌예금 등) • 저축성예금(정기예금, 주택청약예금, 표지어음 등) • 적립식예금(정기적금, 주택청약부금, 상호부금 등) • 외화예금 • 예금보호대상 금융상품으로 운용되는 확정기여형 퇴직연금제도 및 개인형퇴직연금제도의 적립금 • 개인종합자산관리계좌(ISA)에 편입된 금융상품 중 예금보호 대상으로 운용되는 금융상품 • 원본이 보전되는 금전신탁 등	• 양도성예금증서(CD) • 환매조건부채권(RP) • 금융투자상품(수익증권, 뮤추얼펀드, MMF 등) • 특정금전신탁 등 실적배당형 신탁 • 은행 발행채권 • 주택청약저축, 주택청약종합저축 등 • 개발신탁

답 ④

06 금융정보 자동교환 협정에 대한 설명으로 옳지 <u>않은</u> 것은?

① 금융정보자동교환을 위한 국내 규정에서는 금융회사가 금융거래 상대방의 인적사항 등을 확인하기 위한 실사절차, 자료제출방법, 비보고 금융회사와 제외계좌 등을 규정하고 있다.

② 국내 금융회사는 관리하고 있는 금융계좌 중 계좌보유자가 보고대상 '해외 납세의무자'에 해당하는지 여부를 확인하는 실사 절차를 수행해야 한다.

③ 국세청은 FATCA 협정에 따라 국내 금융회사로부터 미국 거주자 등 미국 납세의무자에 대한 금융정보를 수집하여 미국 과세당국과 금융정보를 상호교환하고 있다.

④ 금융계좌라 하더라도 제외계좌에 해당하는 계좌들은 보고에서 제외되나 실사절차, 계좌잔액 합산 대상에는 포함된다.

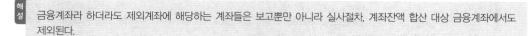

> **해설** 금융계좌라 하더라도 제외계좌에 해당하는 계좌들은 보고뿐만 아니라 실사절차, 계좌잔액 합산 대상 금융계좌에서도 제외된다.
>
> 🔖 ④

보험편

| STEP1 | 보험일반 이론

01 보험의 역사에 관한 내용으로 옳지 <u>않은</u> 것은?

① 에라노이는 집단 구성원이 사망하거나 어려운 일이 생길 때를 대비하여 서로 도움을 주는 중세시대의 종교적 공제단체를 말한다.

② 로마 제정시대에는 사회적 약자나 소외계층들이 서로를 돕기 위해 조직했던 콜레기아라는 상호부조조합이 있었다.

③ 톤틴 연금은 일종의 종신연금과 같은 제도로 근대적 생명보험 발달에 크게 기여하였다.

④ 우리나라 최초의 근대적 생명보험사는 1921년 설립된 조선생명보험주식회사이다.

> 해설 에라노이는 고대시대의 종교적 공제단체이다.
>
> 답 ①

02 보험의 특징에 대한 설명으로 옳지 <u>않은</u> 것은?

① 보험은 개별적으로 감당하기 힘든 손실 위험을 집단화하여 서로 분담함으로써 손실로부터의 회복을 보다 용이하게 해준다.

② 보험사는 동질의 위험에 대한 다수의 보험계약자를 확보함으로써 손실의 예측능력을 확보할 수 있다.

③ 정서적 가치 훼손, 정신적 괴로움과 같은 경우 보험계약 시 사전에 금액을 결정하여 보상할 수 있다.

④ 손실의 규모가 커서 스스로 부담하기 어려운 위험을 보험회사에 보험료 납부를 통해 전가함으로써 위험에 대해 보다 효과적으로 대응할 수 있게 해주는 사회적 장치이다.

> 해설 **실손보상의 원리**
> 실손보상의 원리는 보험으로 보상을 받기 위해서는 손실을 화폐가치로 환산할 수 있어야 함을 의미하기 때문에 정서적 가치 훼손, 정신적 괴로움과 같은 경우 대체적으로 보험을 통해 보호받을 수 없다.
>
> 답 ③

03 보험의 대상이 되는 위험의 조건으로 옳지 <u>않은</u> 것은?

① 다수의 동질적 위험단위

② 재난적 손실

③ 측정 가능한 손실확률

④ 경제적으로 부담 가능한 보험료 수준

> **해설** **보험의 대상이 되는 불확실성(위험)의 조건**
> • 다수의 동질적 위험단위(Large Number of Similar Exposure Units)
> • 우연적이고 고의성 없는 위험(Accidental and Unintentional)
> • 한정적 측정가능 손실(Determinable and Measurable Loss)
> • 측정 가능한 손실확률(Calculable Chance of Loss)
> • 비재난적 손실(No Catastrophic Loss)
> • 경제적으로 부담 가능한 보험료 수준(Economically Feasible Premium)
>
> ②

| STEP2 | 생명보험 이론

 01 순보험료 중에서 만기보험금 지급의 재원으로 알맞은 것은?

① 위험보험료

② 신계약비

③ 저축보험료

④ 부가보험료

> **해설** **순보험료**
> • 위험보험료 : 사망보험금, 장해급여금 지급의 재원
> • 저축보험료 : 만기보험금, 중도급부금 지급의 재원
>
> ③

02 이익금을 계약자에게 환원하는 제도인 배당제도에서 배당금을 지급하는 방식이 <u>아닌</u> 것은?

① 적립방식
② 현금지급방식
③ 일괄후불방식
④ 보험료상계방식

해설 배당금을 지급하는 방식
• 현금지급방식 : 배당금을 계약자에게 현금으로 지급
• 보험금 또는 제환급금 지급 시 가산 : 계약이 소멸할 때까지 혹은 보험계약자의 청구가 있을 때까지 발생한 배당금을 보험회사가 적립하여 보험금 또는 각종 환급금 지급 시 가산
• 보험료상계방식 : 계약자가 납입해야 하는 보험료를 배당금으로 대납(상계)

답 ③

03 생명표의 종류 중 생명보험회사, 공제조합 등의 가입자에 대해 실제 사망을 근거로 작성한 생명표를 무엇이라 하는가?

① 경험생명표
② 우체국생명표
③ 국민생명표
④ 표준생명표

해설 생명표
• 국민생명표 : 국민 또는 특정지역의 인구를 대상으로 해서 그 인구 통계에 의해 사망상황을 작성한 생명표
• 경험생명표 : 생명보험회사, 공제조합 등의 가입자에 대해 실제 사망 경험을 근거로 작성한 생명표
• 우체국보험생명표 : 우체국보험 가입자의 실제 사망현황을 감안하여 작성한 생명표

답 ①

04 표준미달체 · 우량체의 계약인수 형태에 대한 내용으로 옳지 <u>않은</u> 것은?

① 부담보 – 보험 가입 기간 중 특정 신체 부위 및 특정 질환에 대해 일정 기간 또는 전 기간 동안 질병으로 인한 수술 및 입원 등의 각종 보장을 제외하는 조건부 계약의 형태

② 보험금 삭감 – 보험가입 후 시간 흐름에 따라 위험 수준이 증가하는 위험에 대해 적용

③ 보험료 할증 – 표준미달체의 위험 수준이 시간 흐름에 따라 증가하는 체증성의 경우와 일정한 상태를 유지하는 항상성의 경우 주로 적용

④ 보험료 할인 – 체격과 혈압 등 신체이상 여부와 흡연 · 음주 등에 대한 평가 결과 우량체로 분류되는 경우 부여

보험금 삭감
보험가입 후 시간 흐름에 따라 위험 수준이 감소하는 체감성 위험에 대해 적용하며 보험가입 후 일정기간 내 보험사고 발생 시 미리 정해진 비율로 보험금을 감액하여 지급

답 ②

05 보험료의 구성에 관한 설명으로 옳지 <u>않은</u> 내용은?

① 부가보험료 중 신계약비는 계약 유지 및 자산운용 등에 필요한 경비이다.

② 부가보험료 중 수금비는 보험료 수금에 필요한 경비이다.

③ 부가보험료는 보험회사가 보험계약을 체결, 유지, 관리하기 위한 경비에 사용되는 보험료이다.

④ 순보험료는 장래의 보험금 지급의 재원(財源)이 되는 보험료로, 위험보험료와 저축보험료로 분리할 수 있다.

부가보험료 중 신계약비는 보상금 및 수당, 보험증서 발행 등 신계약과 관련한 경비를 말하며, 계약 유지 및 자산운용 등에 필요한 경비는 유지비에 관한 설명이다.

답 ①

06 보험업의 클레임 업무에 대한 설명으로 가장 적절하지 <u>않은</u> 것은?

① 클레임 업무 담당자에게는 조사 경험 및 조사 기법, 법률 지식, 의학 지식 같은 요건들이 요구된다.

② 클레임은 생존, 사망, 장해, 진단, 수술, 입원, 통원 등으로 구분할 수 있으며, 발생 원인이 사고 혹은 질병인지에 따라 재해와 질병으로 구분할 수 있다.

③ 선의의 가입자를 보호하고 보험경영의 건전성을 도모하기 위해 보험계약 체결단계의 클레임 업무는 전문성이 요구된다.

④ 클레임 업무에는 보험금 청구 접수, 사고조사, 조사건 심사, 수익자 확정, 보험금 지급 등의 업무가 포함된다.

> 해설
>
> 선의의 가입자를 보호하고 보험경영의 건전성을 도모하기 위해서는 보험계약 체결단계의 언더라이팅(계약심사) 업무와 함께 보험금지급 단계의 클레임(보험금 청구 접수) 업무 또한 매우 중요하며, 업무의 전문성이 요구된다.
>
> 답③

07 다음 중 영업보험료의 구성으로 옳은 것은?

① 순보험료와 부가보험료

② 순보험료와 위험보험료

③ 부가보험료와 위험보험료

④ 위험보험료와 저축보험료

> 해설
>
> **영업보험료**
> 순보험료(위험보험료와 저축보험료), 부가보험료(신계약비, 유지비, 수금비)
>
> 답①

08 다음 중 생명보험의 기본원리와 그 내용으로 옳지 <u>않은</u> 것은?

① 대수(大數)의 법칙 – 측정대상의 숫자 또는 측정횟수가 많아질수록 실제치가 증가한다는 원칙을 말한다.

② 생명표 – 대수의 법칙에 따라 연령대별 생사잔존상태를 나타낸 표이다.

③ 수지상등의 원칙 – 보험계약자가 납입하는 보험료 총액과 보험회사가 지급하는 보험금 및 사업비 등 지출비용의 총액이 동일한 금액이 되도록 하는 것을 말한다.

④ 상부상조의 정신 – 다수의 사람들이 모여 서로 일정금액을 모금하여 공동준비재산을 마련해두고 그 구성원 가운데 예기치 못한 불행을 당한 사람에게 약정된 금액을 지급하는 제도이다.

 대수(大數)의 법칙은 측정대상의 숫자 또는 측정횟수가 많아지면 많아질수록 예상치가 실제치에 근접한다는 원칙을 말한다. 즉, 관찰의 횟수를 늘려 가면 일정한 발생확률이 나오고 관찰대상이 많을수록 확률의 정확성은 커지게 된다.

정답 ①

더 알아보기➕

대수(大數)의 법칙

대수의 법칙에 따라 특정인의 우연한 사고 발생 가능성 및 발생시기 등은 불확실하지만 많은 사람들을 대상으로 관찰해보면 통계적인 사고 발생확률을 산출할 수 있게 된다. 따라서 생명보험에서는 다수의 보험계약자로 구성된 동일한 성질의 위험을 가진 보험집단이 존재해야 하고 그 보험계약자 수가 많을수록 통계적 수치의 정확성이 커지게 되어 보험자(보험회사)가 정확한 보험요율을 산정하고 미래에 발생할 수 있는 손실의 빈도와 강도에 대하여 보다 정확하게 예측할 수 있다.

09 부가보험료의 분류에서 신계약비에 포함되지 <u>않는</u> 것은?

① 보험증서 발행 경비

② 수당

③ 보상금

④ 계약 유지 및 자산운용 등에 필요한 경비

 계약 유지 및 자산운용 등에 필요한 경비는 유지비에 포함된다.

정답 ④

10 다음 중 배당금을 지급하는 방식에 관한 설명으로 맞지 <u>않는</u> 것은?

① 보험금 또는 제환급금 지급 시 가산방법은 배당금을 적립해 두었다가 보험금 또는 각종 환급금 지급 시 가산하는 방식이다.

② 보험료상계방식은 배당금을 앞으로 내야 할 보험료와 상계처리하는 방식이다.

③ 현금지급방식은 배당금을 계약자에게 현금으로 지급하는 방식이다.

④ 보험회사는 계약에 대해 잉여금이 발생할 경우 보험계약자에게 배당금으로 지급하거나 예비보험금으로 하여 보험금 재원에 포함시킬 수 있다.

 유배당보험의 경우 보험회사는 계약에 대해 잉여금이 발생할 경우 잉여금의 일정비율을 계약자배당준비금으로 적립하여 이를 보험계약자에게 배당금으로 지급한다.

답 ④

더 알아보기 ⊕

잉여금
보험료 산출 시 사용되는 기초율을 예정률이라 하며 여기에는 예정이율, 예정위험률, 예정사업비율이 있다. 예정률은 적정수준의 안전성을 가정하고 있으므로 수지계산에 있어서 과잉분을 낳는 것이 일반적이다. 이러한 보험료계산의 기초는 보험회사 경영상의 잉여금액에 큰 영향을 주게 되며 보험료의 과잉분에 따른 잉여금은 보험회사의 경영형태 여하에 불구하고 대부분 계약자에게 정산환원되어야 한다. 이를 계약자배당이라 하고, 주식회사의 주주 배당과는 그 성질이 상이하다고 볼 수 있다.

11 다음 중 보험계약의 요소에 해당하지 <u>않는</u> 것은?

① 보험중개인

② 보험료와 보험금

③ 보험사고

④ 보험목적물

 보험계약의 요소
보험목적물(보험대상), 보험사고, 보험금, 보험기간, 보험료, 보험료 납입기간

답 ①

12 보험료 계산의 기초에 대한 설명으로 옳지 않은 것은?

① 현금흐름방식은 예정이율, 예정사망률, 예정사업비율을 포함한 기초율을 반영하여 보험료 산출을 할 수 있다.
② 3이원방식은 대수의 법칙에 의거하여 예정사망률, 예정이율, 예정사업비율의 3대 예정률을 기초로 보험료를 계산한다.
③ 순보험료는 장래의 보험금 지급의 재원(財源)이 되는 보험료로, 위험보험료와 저축보험료로 분리할 수 있다.
④ 예정사업비율이 낮아지면 보험료는 내려가고, 예정사업비율이 높아지면 보험료는 올라간다.

 해설 3이원방식은 수지상등의 원칙에 의거하여 '예정사망률, 예정이율, 예정사업비율'의 3대 예정률을 기초로 보험료를 계산한다.

답 ②

더 알아보기 ⊕

보험료 산출의 3대 예정(기초)률
- **예정사망률(예정위험률)** : 특정 개인의 수명을 예측하기 힘들기 때문에 대다수 사람의 일정한 사망비율을 관찰하여 사망, 질병, 장해 등 보험사고가 발생할 확률을 대수의 법칙에 의해 미리 예측, 보험료 계산에 적용하는 것이다.
- **예정이율** : 보험자(보험회사)는 장래의 보험금 지급에 대비하여 보험계약자가 납입한 보험료를 적립 · 운용하게 되며 이에 따라 적립 보험료는 시간이 흐르면서 이자와 운용 수익이 발생하게 된다. 이러한 기대수익을 사전에 예상하여 일정 비율로 보험료를 할인해주는 할인율을 예정이율이라고 한다.
- **예정사업비율** : 보험자가 보험계약을 유지 · 관리해나가기 위해서는 여러 가지 비용이 든다. 따라서 보험자는 보험 사업 운영에 필요한 경비를 예상하고 계산해 보험료에 포함시키고 있는데, 예정사업비율이란 보험료 중 이 경비의 비율을 말한다.

13 다음 중 보험료 구성에 대한 내용으로 옳지 않은 것은?

① 저축보험료는 만기보험금, 중도급부금 등의 지급 재원이 되는 보험료이다.
② 부가보험료는 예정사업비율을 기초로 하여 계산되며 신계약비, 통신비, 전산비로 구분된다.
③ 위험보험료는 사망보험금, 장해급여금 등 보험사고 발생 시 보험금 지급 재원이 되는 보험료이다.
④ 보험계약자가 보험회사에 내는 보험료를 영업보험료라고 하며 순보험료와 부가보험료로 구분한다.

 해설 부가보험료는 보험회사가 보험계약을 체결, 유지, 관리하기 위한 경비에 사용되는 보험료로, 예정사업비율을 기초로 하여 계산되며 신계약비, 유지비, 수금비로 구분된다.

답 ②

> ### 더 알아보기⊕
>
> **부가보험료의 구분**
> - 계약체결비용(신계약비) : 보상금 및 수당. 보험증서 발행 등 신계약과 관련한 비용에 사용되는 보험료
> - 계약관리비용(유지비) : 보험계약의 유지 및 자산운용 등에 필요한 경비로 사용되는 보험료
> - 기타비용(수금비) : 보험료 수금에 필요한 경비로 사용되는 보험료

14 생명보험의 보험료에 대한 내용으로 옳지 <u>않은</u> 것은?

① 부가보험료는 예정사업비율을 기초로 하여 계산되며, 예정사업비율이 증가하면 부가보험료도 올라간다.
② 위험보험료는 만기보험금 지급의 재원이 되는 보험료이고, 저축보험료는 사망보험금 지급의 재원이 되는 보험료이다.
③ 사망보험의 보험료는 예정사망률과 비례하나, 예정이율과는 반비례한다.
④ 책임준비금은 보험료의 일정액을 장래의 보험금 지급에 대비해 쌓아두는 것이다.

> **해설** 위험보험료는 사망보험금 지급의 재원이 되는 보험료이고, 저축보험료는 만기보험금 지급의 재원이 되는 보험료이다.
>
> 답 ②

15 장애인전용보험에 대한 설명으로 옳지 <u>않은</u> 것은?

① 세액공제 한도액은 연간 납입보험료(100만 원 한도)의 12%이다.
② 대상상품은 무배당 어깨동무보험(1종, 2종, 3종) 및 장애인전용보험전환특약을 부가한 보장성보험이다.
③ 피보험자 또는 보험수익자는 기본공제대상자로서 장애인일 것을 요건으로 한다.
④ 계약자는 근로소득자 본인 또는 소득이 없는 가족이어야 한다.

> **해설** 장애인전용보험 상품의 세액공제 한도액은 연간 납입보험료(100만 원 한도)의 15%이다.
>
> 답 ①

16 다음 생명보험 용어에 대한 설명으로 옳지 <u>않은</u> 것은?

① 보험기간 – 보험에 의한 보장이 제공되는 기간으로 위험기간 또는 책임기간이라고도 하며 최초의
보험료를 지급 받은 때로부터 개시한다.

② 표준미달체 – 언더라이팅 대상(환경적, 신체적, 도덕적, 재정적)에 대한 평가 결과가 표준체 기준
위험보다 높은 피보험자를 의미한다.

③ 역선택 – 보험계약의 승낙여부를 결정하는 것을 말한다.

④ 3이원방식 – 보험료를 수지상등의 원칙에 의거하여 예정사망률, 예정이율, 예정사업비율의 3대
예정률을 기초로 계산하는 방식이다.

 역선택

보험계약에 있어 역선택이란 특정군의 특성에 기초하여 계산된 위험보다 높은 위험을 가진 집단이 동일 위험군으로 분류되어 보험계약을 체결함으로써 그 동일 위험군의 사고발생률을 증가시키는 현상이다. 보험에 가입하고자 하는 자가 지금까지 걸렸던 질병이나 외상 등 현재에 이르기까지의 병력이 있었다고 하더라도 그 병력으로 인한 보험금 수령 사실이 없을 경우 보험회사로서는 보험계약 당시 이러한 병력에 대한 여부를 확인하기가 매우 어렵다.

역선택 위험

보험계약자 스스로 위험도가 매우 높은 상황임을 알고 있으나, 보험금 등의 수령을 목적으로 위험 사실을 의도적으로 은폐하여 보험을 가입하는 행위이다. 언더라이팅을 통해 이러한 보험사기 가능성이 높은 계약을 사전에 차단함으로써 위험률차손익을 관리할 수 있으며 선의의 계약자를 보호할 수 있다.

 ③

17 생명보험계약 관계자에 대한 설명으로 옳지 <u>않은</u> 것은?

① 보험수익자는 보험계약자가 지정, 변경할 수 있으며 피보험자의 동의는 필요 없다.

② 보험수익자란 보험계약을 체결한 후 보험대상자의 보험사고가 발생할 때 보험금을 수취하는 지위
에 있는 자를 말한다.

③ 보험수익자는 계약체결 시 미리 지정할 수도 있고, 미지정 시에는 피보험자의 상속인 등이 보험수
익자가 된다.

④ 보험계약자는 자연인 또는 법인이 될 수 있다.

 보험수익자는 보험계약자가 지정, 변경할 수 있으며 피보험자의 동의가 필요하다.

답 ①

18 다음은 부가보험료 구성에 관한 내용이다. ⑤~ⓒ에 들어갈 것은?

> (⑤)는 보상금 및 수당, 보험증서 발행 등의 신계약 체결에 필요한 경비이고 (ⓒ)는 계약유지 및 자산운용 등에 필요한 경비이며 (ⓒ)는 보험료 수금에 필요한 경비에 해당된다.

① 신계약비, 수금비, 유지비
② 신계약비, 유지비, 수금비
③ 유지비, 수금비, 신계약비
④ 수금비, 신계약비, 유지비

> 해설 부가보험료는 보험계약을 체결, 유지·관리하기 위한 경비에 사용되는 보험료로 신계약비, 유지비, 수금비로 구성된다.
>
> 답 ②

19 보장성보험의 기본공제대상자가 아닌 사람은?

① 연간 소득금액이 200만 원 이하인 배우자
② 연간 소득금액이 100만 원 이하인 만 20세 이하의 형제자매
③ 연간 소득금액이 100만 원 이하인 만 60세 이상인 부모
④ 소득금액 요건을 충족한 장애인인 대상자

> 해설 **기본공제대상자의 조건**
> • 근로자 본인
> • 부양가족(소득금액 연간 100만 원 이하)
>   – 만 60세 이상인 부모
>   – 배우자
>   – 만 20세 이하인 자녀
>   – 만 20세 이하 또는 만 60세 이상인 형제자매
>
> 답 ①

20 다음 빈칸에 들어갈 알맞은 말은?

> 연금계좌의 세액공제[「소득세법」 제59조의3(연금계좌세액공제)]
> ① 종합소득이 있는 거주자가 연금계좌에 납입한 금액 중 다음 각 호에 해당하는 금액을 제외한 금액(이하 "연금계좌 납입액"이라 한다)의 100분의 (   )에 해당하는 금액을 해당 과세기간의 종합소득산출세액에서 공제한다. (이하 생략)

① 10   ② 12

③ 15   ④ 17

 해설
연금계좌의 세액공제[「소득세법」 제59조의3(연금계좌세액공제)]
- 종합소득이 있는 거주자가 연금계좌에 납입한 금액 중 다음 각 호에 해당하는 금액을 제외한 금액(이하 "연금계좌 납입액"이라 한다)의 100분의 12[해당 과세기간에 종합과세표준을 계산할 때 합산하는 종합소득금액이 4천만 원 이하(근로소득만 있는 경우에는 총급여액 5천 500만 원 이하)인 거주자에 대해서는 100분의 15]에 해당하는 금액을 해당 과세기간의 종합소득산출세액에서 공제한다. (이하 생략)

정답 ②

21 다음 중 보험용어에 대한 설명으로 옳은 것은?

① 부가보험료는 장래의 보험금 지급의 재원(財源)이 되는 보험료로, 위험보험료와 저축보험료로 분리할 수 있다.
② 표준미달체로 분류된 경우 보험료 할증, 보험금 삭감, 부담보 등의 형태로 계약을 인수한다.
③ 평준보험료는 사망보험의 경우 연령이 증가할수록 증가한다.
④ 자연보험료는 나이가 들수록 보험료가 매년 낮아진다.

 해설
① 순보험료는 장래의 보험금 지급의 재원(財源)이 되는 보험료로, 위험보험료와 저축보험료로 분리할 수 있다.
③ 평준보험료는 동일한 보험료를 납입함으로써 계약 후반기에 늘어나는 보험금 지급에 대비하여 전반기에 미리 기금을 조성해 놓는 방식이다.
④ 자연보험료는 매년 납입 순보험료 전액이 그 해 지급되는 보험금 총액과 일치하도록 계산하는 방식으로, 나이가 들수록 사망률이 높아짐에 따라 보험금지급이 증가하므로 보험료가 매년 높아지게 된다.

정답 ②

22 다음 중 보험관련 세금에 대한 설명으로 옳지 <u>않은</u> 것은?

① 비과세종합저축보험은 60세 이상 또는 장애인 등을 가입대상으로 하며, 발생한 이자소득은 전액 비과세이다.

② 연금저축 세액공제는 보장성보험료 세액공제가 근로소득자만을 대상으로 하는 것과는 달리, 근로소득 외의 종합소득이 있는 경우에도 가능하다.

③ 장애인전용보험의 경우 세액공제 한도액은 연간 납입보험료(100만 원 한도)의 15%이다.

④ 보장성보험의 경우 기본공제대상자를 피보험자로 하여 연간 100만 원까지 세액공제를 받을 수 있다.

> **해설** 비과세종합저축은 만 65세 이상 또는 장애인 등을 가입대상으로 하며, 1인당 저축원금 5천만 원(세금우대종합저축에 가입한 거주자로 그 계약을 유지하고 있는 대상은 5천만 원에서 세금우대종합저축 계약금액 총액을 뺀 금액을 상한으로 함)까지 납입 가능하다. 여기서 발생한 이자소득은 전액 비과세(직전 3개 과세기간 중 「소득세법」 제14조 제3항 제6호에 따른 소득의 합계액이 1회 이상 연 2천만 원을 초과한 자 제외)이며, 고령자, 장애인 등에 대한 복지강화와 생활안정 지원 등을 위해 한시적으로 운용되는 상품이기 때문에 2022년 12월 31일까지 가입이 가능하다.
>
> 답 ①

23 보장성보험료의 세액공제 대상자 요건으로 옳은 것은?

① 개인사업자 등도 보장성보험에 가입 시 세액공제를 받을 수 있다.

② 과세 기간에 납입한 보험료(50만 원 한도)의 12%에 해당되는 금액을 공제받을 수 있다.

③ 일반 보장성보험에 가입한 경우 피보험자에 해당하는 기본공제대상자가 장애인일 경우 연령에 상관없이 소득금액 요건 충족 시 세액공제가 가능하다.

④ 보장성보험 중도해지 시 이미 세액공제 받은 보험료에 대해 추징한다.

> **해설** ① 세액공제 대상을 근로소득자로 제한하고 있어 연금소득자 또는 개인사업자 등은 보장성보험에 가입하더라도 세액공제를 받을 수 없다.
> ② 일용근로자를 제외한 근로소득자가 기본공제대상자를 피보험자로 하는 일반 보장성보험에 가입한 경우 과세 기간에 납입한 보험료(100만 원 한도)의 12%에 해당되는 금액을 종합소득산출세액에서 공제받을 수 있다.
> ④ 과세 기간 중 보장성보험을 해지할 경우 해지 시점까지 납입한 보험료에 대해 세액공제가 가능하며 이미 세액공제 받은 보험료에 대한 추징 또한 없다.
>
> 답 ③

24 다음 중 세액공제에 대한 설명으로 옳지 <u>않은</u> 것은?

① 보장성보험은 근로소득자가 연간납입 보험료(100만 원 한도)의 12% 세액공제를 받을 수 있다.

② 연금저축보험의 세액공제는 근로소득 외의 종합소득이 있는 경우 불가능하다.

③ 장애인전용보험은 근로소득자가 연간납입 보험료(100만 원 한도)의 15% 세액공제를 받을 수 있다.

④ 연금저축계좌는 종합소득자가 연간납입 보험료(400만 원 한도)의 12% 세액공제를 받을 수 있다.

> **해설** 보장성보험료 세액공제가 근로소득자에 한해 가능한 것과 달리 연금계좌의 세액공제는 근로소득 외의 종합소득이 있는 경우에도 가능하다.
>
> 답 ②

| STEP3 | 보험윤리와 소비자보호

01 다음 중 보험회사 영업행위 윤리준칙에 해당하지 <u>않는</u> 것은?

① 영업행위 외부통제 강화

② 합리적 분쟁해결 프로세스 구축

③ 보험소비자와의 정보 불균형 해소

④ 판매관련 보상체계의 적정성 제고

> **해설** 보험회사 영업행위 윤리준칙 주요 내용으로는 '영업활동 기본원칙, 판매관련 보상체계의 적정성 제고, 영업행위 내부통제 강화, 보험소비자와의 정보 불균형 해소, 합리적 분쟁해결 프로세스 구축'이 있다.
>
> 답 ①

02 다음 〈보기〉에 해당하는 보험민원의 주요 유형은?

> 보기
> • 대리진단 유도 및 묵인
> • 특별이익 제공 또는 제공을 약속
> • 자필서명 미이행
> • 보험료 대납

① 계약인수
② 부당행위
③ 불완전판매
④ 보험금지급

해설 〈보기〉에 제시된 내용들은 보험민원 중 '부당행위'의 세부 유형에 해당한다.

현장에서의 민원 주요 유형

주요 유형	세부 유형
불완전판매	• 약관 및 청약서 부본 미교부 • 고객불만 야기 및 부적절한 고객불만 처리 • 고객의 니즈에 부합하지 않는 상품을 변칙 판매
부당행위	• 자필서명 미이행 • 적합성원칙 등 계약권유준칙 미이행 • 약관상 중요 내용에 대한 설명 불충분 및 설명의무 위반 • 고객의 계약 전 알릴 의무 방해 및 위반 유도 • 대리진단 유도 및 묵인 • 약관과 다른 내용의 보험안내자료 제작 및 사용 • 특별이익 제공 또는 제공을 약속 • 보험료, 보험금 등을 횡령 및 유용 • 개인신용정보관리 및 보호 관련 중요사항 위반 • 보험료 대납, 무자격자 모집 또는 경유계약
보험금지급	• 보험금 지급처리 지연 • 보험금 부지급 또는 지급 처리과정에서의 불친절 • 최초 안내(기대)된 보험금 대비 적은 금액을 지급
계약인수	• 계약인수 과정에서 조건부 가입에 대한 불만 • 계약적부심사 이후 계약해지 처리 불만 • 장애인 계약 인수과정에서 차별로 오인함에 따른 불만 • 계약 전 알릴 의무 위반사항과 인과관계 여부에 대한 불만

답 ②

03 보험법상 보험을 모집할 수 있는 자격에 해당하지 <u>않는</u> 것은?

① 보험대리점
② 보험중개사
③ 보험설계사
④ 보험회사의 감사

 보험법상 '대표이사, 사외이사, 감사 및 감사위원'을 제외한 보험회사의 임직원은 보험을 모집할 수 있다.

답 ④

04 다음 중 보험범죄의 연성사기(Soft fraud)에 해당하는 것은?

① 방화 · 살인 등 피보험자를 해치는 행위
② 피보험자의 신체에 상해를 입히는 행위
③ 보험가입 시 보험회사에 허위 정보를 제공하는 행위
④ 생존자를 사망한 것으로 위장하여 보험금을 받으려는 행위

 ① · ② · ④ 경성사기(Hard fraud)에 해당하는 사례들이다.

답 ③

더 알아보기➕

보험범죄
- **연성사기(Soft fraud)** : 우연히 발생한 보험사고의 피해를 부풀려 실제 발생한 손해 이상의 과다한 보험금을 청구하는 행위이며 그 유형으로는 경미한 질병 · 상해에도 장기간 입원하는 행위, 보험료 절감을 위해 보험가입 시 보험회사에 허위 정보를 제공(고지의무 위반)하는 행위 등이 있다.
- **경성사기(Hard fraud)** : 보험계약에서 담보하는 재해, 상해, 도난, 방화, 기타의 손실을 의도적으로 각색 또는 조작하는 행위를 말하며 그 유형으로는 피보험자의 신체에 상해를 입히거나 방화 · 살인 등 피보험자를 해치는 행위 또는 생존자를 사망한 것으로 위장함으로써 보험금을 받으려는 행위가 이에 속한다. 경성사기의 경우 사기행위를 통한 보험금 부정 편취하는 과정에서 추가적인 피해자가 발생하게 된다. 과거에는 연성사기가 보험범죄의 대부분을 차지했으나, 최근에는 보험금을 편취할 목적으로 고의의 보험사고를 일으키는 경성사기가 증가하고 있다.

05 「예금자보호법」상 예금보험공사가 보장하는 보험계약에 대한 설명으로 적절한 것은?

① 법인을 제외한 개인 예금자를 보호대상으로 한다.
② 보장금액은 1인당 최고 3,000만 원(원금 및 소정의 이자 합산)이다.
③ 보호상품으로는 보험계약자 및 보험료납부자가 법인인 보험계약 등이 있다.
④ 산출기준은 해지환급금(사고보험금, 만기보험금)과 기타 제지급금의 합산금액으로 한다.

> 해설
> ① 개인 및 법인을 포함한 예금자가 보호대상이다.
> ② 보장금액은 1인당 최고 5,000만 원(원금 및 소정의 이자 합산)이다.
> ③ 보험계약자 및 보험료납부자가 법인인 보험계약은 비보호상품에 해당한다.
>
> 답 ④

| STEP4 | 생명보험과 제3보험

01 다음에서 설명하는 보험상품은?

> 계약자가 납입한 보험료를 특별계정을 통하여 기금을 조성한 후 주식, 채권 등에 투자하여 발생한 이익을
> 보험금 또는 배당으로 지급하는 상품

① 배당보험
② CI보험
③ 변액보험
④ 연금보험

> 해설
> 변액보험에 대한 설명이다.
>
> 답 ③

02 다음 생명보험 상품 중 보험상품 성격에 따라 구분한 것이 <u>아닌</u> 것은?

① 저축성보험
② 교육보험
③ 생존보험
④ 양로보험

 해설 생존보험은 주된 보장(사망보장, 생존보장)에 따라 구분한 보험이다.

답 ③

더 알아보기 ➕

보험상품 성격에 따라 구분한 보험
보장성보험, 저축성보험, 교육보험, 연금보험, 양로보험

03 다음 보험에 대한 내용으로 맞지 <u>않는</u> 것은?

① 보장성보험은 만기 시 환급되는 금액이 없거나 기 납입 보험료보다 적거나 같다.
② 변액보험은 계약자가 납입한 보험료를 특별계정을 통하여 기금을 조성한 후 주식, 채권 등에 투자하여 발생한 이익을 보험금 또는 배당으로 지급하는 상품이다.
③ 생존보험은 피보험자가 보험기간 중 사망하면 납입한 보험료는 환급된다.
④ 생사혼합보험은 사망보험의 보장기능과 생존보험의 저축기능을 결합한 보험으로 요즘 판매되는 대부분의 생명보험 상품은 고객성향에 맞춰 특화한 생사혼합보험이다.

 해설 생존보험은 피보험자가 보험기간이 끝날 때까지 생존했을 때에만 보험금이 지급되는 보험으로서 저축기능이 강한 반면 보장기능이 약한 결함을 갖고 있지만, 만기보험금을 매년 연금형식으로 받을 수 있는 등 노후대비에 좋은 이점도 있다.

답 ③

04 생명보험 상품을 분류할 때 그 기준이 다른 것은?

① 사망보험
② 보장성보험
③ 생존보험
④ 생사혼합보험

> **해설** 보장성보험은 보험상품의 성격에 따라 분류한 것이고, 나머지는 주된 보장(사망보장, 생존보장)에 따라 분류한 것이다.
>
> 답 ②

05 다음 중 생명보험 상품의 특성으로 옳지 않은 것은?

① 가입과 효용이 동시에 발생하지 않는다.
② 타상품과 성능을 비교, 검증하기 힘들다.
③ 보험금 지급사유 발생 시 만족감을 주는 현재지향적 상품이다.
④ 자발적 가입보다는 보험판매자의 권유와 설득에 의해 가입하는 경우가 많은 특성이 있다.

> **해설** 생명보험 상품은 미래에 대한 보장을 주기능으로 하는 미래지향적인 상품이고 가입과 효용이 동시에 발생하지 않는다.
>
> 답 ③

더 알아보기

생명보험 상품의 특성

- 무형의 상품 : 생명보험은 형태가 보이지 않는 무형의 상품이므로 타상품과 성능을 비교 검증하기 힘들다.
- 미래지향적 · 장기효용성 상품 : 생명보험 상품은 불확실한 미래에 대한 보장을 주기능으로 하는 미래지향적인 상품으로 가입과 효용이 동시에 발생하지 않고 사망, 상해, 만기, 노후 등 보험금 지급사유가 발생했을 때 효용을 주는 상품이다.
- 장기계약 · 비자발적 상품 : 생명보험 상품은 짧게는 수년부터 길게는 종신 동안 계약의 효력이 지속되고, 스스로의 필요에 의해 자발적으로 가입하기도 하지만 대부분의 경우 보험판매자의 권유와 설득에 의해 가입하게 되는 비자발적인 상품이다.

06 생명보험 상품의 종류에 대한 설명으로 옳지 <u>않은</u> 것은?

① 종신보험은 보험기간을 정하지 않고 피보험자가 일생을 통하여 언제든지 사망했을 때 보험금을 지급하는 보험이다.

② 연금보험은 소득의 일부를 일정기간 적립했다가 노후에 연금을 수령하여 일정수준의 소득을 계속 유지함으로써 노후의 생활능력을 보호하기 위한 보험이다.

③ CI보험은 계약자가 납입한 보험료를 특별계정을 통하여 기금을 조성한 후 주식, 채권 등에 투자하여 발생한 이익을 보험금 또는 배당으로 지급하는 상품이다.

④ 저축성보험은 생명보험 고유의 기능인 위험보장보다는 생존 시에 보험금이 지급되는 저축기능을 강화한 보험으로 목돈 마련에 유리한 고수익 상품이다.

> **해설**
> CI(Critical Illness)보험
> 중대한 질병이며 치료비가 고액인 암, 심근경색, 뇌출혈 등에 대한 급부를 중점적으로 보장하여 주는 보험으로 생존 시 고액의 치료비, 장해에 따른 간병비, 사망 시 유족들에게 사망보험금 등을 지급해주는 상품이다.
>
> 답 ③

07 제3보험 상품에 대한 설명으로 옳지 <u>않은</u> 것은?

① 제3보험은 상해보험, 질병보험, 간병보험, 손해보험으로 분류할 수 있다.

② 상해보험의 요건은 급격성, 우연성, 외래성이 있다.

③ 질병보험의 종류에는 진단비 보장보험, 암보험, 실손의료보험 등이 있다.

④ 민영 장기간병보험이 공적 장기간병보험보다 먼저 등장하였다.

> **해설**
> 제3보험은 「보험업감독규정」에 따르면 상해보험, 질병보험, 간병보험으로 분류할 수 있다. 제3보험은 생명보험의 특성과 손해보험의 특성을 모두 가지고 있다.
>
> 답 ①

STEP5 | 보험계약법(인보험편)

01 다음 중 보험계약자의 주된 의무가 <u>아닌</u> 것은?

① 보험금 지급의무
② 보험계약 시 고지의무
③ 주소변경 통지의무
④ 보험금 지급사유발생 통지의무

- 보험계약자의 주된 의무 : 보험료 납입의무, 보험계약 시 고지의무, 주소변경 통지의무, 보험금 지급사유발생 통지의무
- 보험계약자의 자격 : 제한이 없으나 미성년자, 피한정후견인, 피성년후견인의 경우에는 법정대리인의 동의를 필요로 함

답 ①

02 보험계약의 부활에 대한 설명 중 다음 빈칸에 들어갈 것은?

> 보험계약자의 부활청구로부터 보험자가 약정이자를 첨부한 연체보험료를 받은 후 ( )이 지나도록 낙부통지를 하지 않으면 보험자의 승낙이 의제되고 해당 보험계약은 부활한다.

① 10일
② 30일
③ 3개월
④ 6개월

보험계약자의 부활청구로부터 보험자가 약정이자를 첨부한 연체보험료를 받은 후 30일이 지나도록 낙부통지 하지 않으면 보험자의 승낙이 의제되고 해당 보험계약은 부활한다(「상법」 제650조의2 단서).

답 ②

더 알아보기 ➕

부활청약 시 부활청약 심사를 하는 이유
계약부활의 경우 부활청약자의 역선택 가능성이 높기 때문이다. 예를 들어 암 진단 후 보험금을 받기 위해 부활청약을 하는 경우 심사과정이 생략된다면 모두 부활승낙이 될 것이고 보험금을 지급해야 한다. 이는 정상적인 보험사업 운영을 불가능하게 만들고 다른 계약자에게 손실을 끼치는 결과를 가져온다.

03 다음 빈칸에 들어갈 내용으로 알맞은 것은?

> 보험계약자가 사고발생의 위험이 현저하게 변경 또는 증가된 사실을 안 때에는 지체 없이 보험자에게 통지해야 하는데, 이를 해태한 때에는 보험자는 그 사실을 안 날로부터 (　　　) 내에 한하여 계약을 해지할 수 있다.

① 15일

② 1개월

③ 3개월

④ 6개월

해설 위험변경증가의 통지와 계약해지(「상법」 제652조)
① 보험기간 중에 보험계약자 또는 피보험자가 사고발생의 위험이 현저하게 변경 또는 증가된 사실을 안 때에는 지체 없이 보험자에게 통지하여야 한다. 이를 해태한 때에는 보험자는 그 사실을 안 날로부터 1월 내에 한하여 계약을 해지할 수 있다.
② 보험자가 제1항의 위험변경증가의 통지를 받은 때에는 1월 내에 보험료의 증액을 청구하거나 계약을 해지할 수 있다.

답 ②

04 보험계약의 해지에 대한 내용으로 옳지 <u>않은</u> 것은?

① 보험계약자가 초회보험료를 납입하지 않은 채 계약 성립 후 2개월이 경과하면 그 보험계약은 자동 해제된다.

② 보험계약자가 계속보험료의 납입을 지체한 경우 보험자는 바로 보험계약을 해지할 수 있다.

③ 보험계약자는 보험사고 발생 전에는 언제든지 해지할 수 있고, 특약이 없으면 미경과보험료에 대한 반환을 청구할 수 있다.

④ 보험사고 발생으로 보험금을 지급받았더라도 보험금액이 감액되지 않는 보험의 경우에는 보험계약자가 보험계약을 해지할 수 있다.

 해설 보험계약자가 계속보험료의 납입을 지체한 경우 보험자는 상당한 기간을 정해 최고한 후에만 그 보험계약을 해지할 수 있다.

답 ②

05 다음은 보험계약의 체결과 무효에 대한 내용이다. 옳지 <u>않은</u> 것은?

① 보험자가 청약을 승낙하기 전에 보험사고가 생긴 때에는 고지의무위반, 건강진단 불응 등 해당 청약을 거절할 사유가 없는 한 보험자는 보험계약상의 책임을 진다.

② 보험계약의 무효란 계약이 처음에는 유효하게 성립되었으나 계약 이후에 무효사유의 발생으로 계약의 법률상 효력이 계약시점으로 소급되어 없어지는 것을 말한다.

③ 보험계약은 보험계약자의 청약에 대하여 보험자가 승낙한 때에 성립하며, 이 경우 보험자의 책임은 최초보험료가 지급된 때로 소급하여 개시된다.

④ 보험계약자가 보험계약의 청약 시에 보험료 상당액을 납부한 때에는 보험자는 다른 약정이 없는 한 30일 내에 승낙의 통지를 발송해야 한다.

• 보험계약의 무효 : 무효사유에 의하여 계약의 법률상 효력이 처음부터 발생하지 않은 것을 말한다.
• 계약의 취소 : 계약이 처음에는 유효하게 성립되었으나 계약 이후에 취소사유의 발생으로 계약의 법률상 효력이 계약시점으로 소급되어 없어지는 것을 말한다.

답 ②

06 다음 중 보험계약의 성립 및 효력에 대한 내용으로 올바른 것은?

① 타인의 생존을 보험사고로 하는 보험계약에서는 보험계약 체결 시 타인의 서면에 의한 동의를 얻도록 규정하고 있다.

② 보험계약 당시에 보험사고가 이미 발생하였거나 또는 발생할 수 없는 것인 때에는 그 계약은 무효로 하지만 당사자 쌍방과 피보험자가 이를 알지 못한 때에는 그러하지 아니하다.

③ 사망을 보험금 지급사유로 하는 생명보험계약에서 만 19세 미만자를 보험대상자로 하는 보험계약은 무효가 된다.

④ 보험수익자가 여러 명인 경우에는 대표자를 지정하여야 하며, 보험수익자의 지정과 변경권은 피보험자에게 있다.

① 타인의 사망을 보험사고로 하는 보험계약에서는 보험계약 체결 시 타인의 서면에 의한 동의를 얻도록 규정하고 있다.
③ 사망을 보험금 지급사유로 하는 보험계약에서 만 15세 미만자, 심신상실자, 심신박약자를 보험대상자로 하는 보험계약은 무효가 된다.
④ 보험수익자가 여러 명인 경우에는 대표자를 지정하여야 하며, 보험수익자의 지정과 변경권은 보험계약자에게 있다.

답 ②

07 다음 중 고지의무(계약 전 알릴 의무)에 관한 내용으로 타당하지 <u>않은</u> 것은?

① 고지의무를 위반하여 보험계약을 해지하는 경우, 보험자는 해약환급금을 지급해야 한다.

② 피보험자의 직업 또는 직종에 관한 고지의무를 위반함으로써 보험가입한도액을 초과 청약한 경우에는 그 초과 청약액에 대해서만 계약을 해지하고 초과 가입액에 대한 보험료는 반환한다.

③ 보험계약자 또는 피보험자가 청약 시 청약서에서 질문한 사항에 대해 보험자에게 사실대로 알릴 의무이다.

④ 고지의무는 계약 청약 시에는 이행해야 하지만 부활 시에는 이행하지 않아도 된다.

 고지의무는 계약 청약 시뿐 아니라 부활 시에도 이행하여야 한다.

답 ④

08 보험계약 부활의 요건 및 효과에 관한 내용으로 <u>옳지 않은</u> 것은?

① 보험계약을 부활하였다 하더라도 보험계약이 실효된 이후 시점부터 부활될 때까지의 기간에 발생한 보험사고에 대하여는 보험자는 책임을 지지 않는다.

② 보험계약자는 부활이 가능한 일정 기간 내에 연체된 보험료에 약정이자를 붙여 보험자에게 납부하고 보험계약의 부활을 청구하여야 하며 보험자의 승낙이 있어야 한다.

③ 보험계약에서의 부활 시에는 실효되기 이전과 보험계약 내용이 일부 다를 수 있다.

④ 보험계약자가 제2회 이후의 계속보험료를 납부하지 아니함으로써 보험계약이 해지되었거나 실효된 경우로서 해지환급금이 지급되지 않았어야 한다.

 보험계약에서의 부활은 실효된 보험계약의 효력을 원래대로 복구시키는 것이므로 실효되기 이전의 보험계약과 동일한 내용의 보험계약을 계속 유지하게 된다.

답 ③

더 알아보기➕

부활청약 시 부활청약 심사를 하는 이유
계약부활의 경우 부활청약자의 역선택 가능성이 높다. 예를 들어 암 진단 후 보험금을 받기 위해 부활청약을 하는 경우 심사과정이 생략된다면 모두 부활승낙이 될 것이고 보험금을 지급해야 한다. 이는 정상적인 보험사업 운영을 불가능하게 만들고 다른 계약자에게 손실을 끼치는 결과를 가져온다.

09 다음 중 생명보험 계약에 관한 설명으로 옳은 것은?

① 보험사고가 발생하기 전에는 보험계약자는 계약의 전부 또는 일부를 해지할 수 없다.
② 타인생명의 보험계약인 경우 계약자는 피보험자의 구두 또는 서면에 의한 동의를 얻어야 한다.
③ 미성년자, 피한정후견인의 경우는 보험계약자가 될 수 없다.
④ 생존보험은 피보험자가 만기까지 살아 있을 때만 보험금이 지급되는 보험이다.

 ④ 보험기간 중 사망하면 보험금은 물론 납입한 보험료도 환급되지 않는다.
① 보험사고가 발생하기 전에는 보험계약자는 언제든지 계약의 전부 또는 일부를 해지할 수 있다. 그러나 타인을 위한 보험계약의 경우에는 보험계약자는 그 타인의 동의를 얻지 아니하거나 보험증권을 소지하지 아니하면 그 계약을 해지하지 못한다(「상법」 제649조 제1항).
② 타인생명의 보험계약인 경우 계약자는 반드시 피보험자의 서면에 의한 동의를 얻어야 한다.
③ 「민법」상 법률 제한능력자(미성년자, 피한정후견인, 피성년후견인)인 경우에는 법정대리인의 동의가 있는 경우 보험계약자가 될 수 있다.

답 ④

10 예금계약과 보험계약의 공통되는 법적 성질이 <u>아닌</u> 것은?

① 요물계약
② 상사계약
③ 쌍무계약
④ 부합계약

 예금계약은 요물계약이지만, 보험계약은 낙성계약이다. 보험계약은 보험가입자의 청약과 동시에 최초보험료를 미리 납부하는 것이 보험거래의 관행이므로 보험계약은 요물계약처럼 운용되고 있다. 그러나 보험계약은 본질적으로 낙성계약이므로, 보험료의 선납이 없어도 보험계약은 유효하게 성립된다.

답 ①

11 보험계약의 특성 중 다수의 가입자로부터 거둔 보험료를 기초로 하여 가입자의 경제적 안정을 도모함을 목적으로 한다는 것은?

① 상대적 강행법성

② 기술성

③ 사회성과 공공성

④ 사익조정성

사회성과 공공성

보험사업은 다른 상거래와는 달리 공공성과 사회성이 특히 강조된다. 왜냐하면 보험제도는 다수의 가입자로부터 거둔 보험료를 기초로 하여 가입자의 경제적 안정을 도모함을 목적으로 하기 때문이다.

답 ③

12 다음 중 해당 체신관서가 보험계약자에게 보험금을 지급하지 않아도 되는 경우에 해당하지 <u>않는</u> 것은?

① 심신상실 등으로 자유로운 의사결정을 할 수 없는 상태에 있지 않은 피보험자가 고의로 자신을 해친 경우

② 보험기간 중에 「의료법」 제3조(의료기관) 제2항에서 정한 종합병원의 전문의 자격을 가진 자가 실시한 진단결과 피보험자의 남은 생존기간이 6개월 이내라고 판단한 경우

③ 보험수익자가 고의로 피보험자를 해친 경우

④ 계약자가 고의로 피보험자를 해친 경우

② 사망보험금 선지급은 해당 약관 〈선지급서비스특칙〉에 의거 보험기간 중에 「의료법」 제3조(의료기관) 제2항에서 정한 종합병원의 전문의 자격을 가진 자가 실시한 진단결과 피보험자의 남은 생존기간이 6개월 이내라고 판단한 경우에 체신관서가 정한 방법에 따라 사망보험금액의 60%를 선지급사망보험금으로 피보험자에게 지급하는 제도이다.

① 피보험자가 고의로 자신을 해친 경우 보험금을 지급하지 않는다. 다만, 피보험자가 심신상실 등으로 자유로운 의사결정을 할 수 없는 상태에서 자신을 해친 경우, 계약의 보장개시일[부활(효력회복)계약의 경우는 부활(효력회복)청약일]부터 2년이 지난 후에 자살한 경우에 해당하면 보험금을 지급하거나 보험료 납입을 면제한다.

③ 보험수익자가 고의로 피보험자를 해친 경우 보험금을 지급하지 않는다. 다만, 그 보험수익자가 보험금의 일부 보험수익자인 경우에는 다른 보험수익자에 대한 보험금은 지급한다.

답 ②

13 다음 빈칸에 들어갈 내용으로 알맞은 것은?

> 보험의 종류별 명칭의 변경은 보험계약의 효력이 발생한 후 (　　　)이 지나야 한다.

① 3개월
② 6개월
③ 2년
④ 5년

 해설 보험의 종류별 명칭의 변경은 보험계약의 효력이 발생한 후 2년이 지나야 한다.

답 ③

더 알아보기⊕

보험계약의 변경(「우체국예금 · 보험에 관한 법률 시행규칙」 제45조)
- 보험계약자는 보험약관에서 정하는 바에 따라 변경을 청구할 수 있다. 다만, 보험의 종류별 명칭의 변경은 보험계약의 효력이 발생한 후 2년이 지나야 한다.
- 보험계약자 또는 보험수익자는 보험료를 납입하는 체신관서와 보험금 · 환급금 · 보험료 반환금 및 대출금 등을 지급하는 체신관서의 변경을 청구할 수 있다.
- 보험계약자는 보험계약자 · 보험수익자 · 피보험자의 성명이 잘못 표기되어 이를 변경하려는 경우에는 그 사실을 증명하는 서류를 첨부하여 체신관서에 정정을 청구하여야 한다.

14 다음 중 보험자의 면책사유에 해당하지 않는 것은?

① 전쟁으로 인한 보험사고
② 보험수익자의 고의적 과실로 인한 보험사고
③ 보험계약자의 중과실로 인한 보험사고
④ 보험사의 중과실로 인한 보험사고

 해설 **보험자의 면책사유**
- 보험사고가 보험계약자 또는 피보험자나 보험수익자의 고의 또는 중대한 과실로 인하여 생긴 때에는 보험자는 보험금액을 지급할 책임이 없다.
- 보험사고가 전쟁 기타의 변란으로 인하여 생긴 때에는 당사자 간에 다른 약정이 없으면 보험자는 보험금액을 지급할 책임이 없다.

답 ④

15 보험계약의 고지의무에 대한 내용으로 옳지 <u>않은</u> 것은?

① 고지의무 위반으로 보험계약을 해지할 경우 보험자는 해약환급금 또는 이미 납입한 보험료 중 적은 금액을 지급한다.

② 보험자가 고지의무 위반사실을 안 날로부터 1개월 이상 지났거나 보장개시일부터 보험금 지급사유가 발생하지 않고 2년 이상 지났을 때는 고지의무 위반에 대해 해지할 수 없다.

③ 계약자 또는 피보험자가 고의 또는 중대한 과실로 인하여 보험금 지급사유 발생에 영향을 미치는 고지의무를 위반한 때에는 보험금 지급사유 발생 여부와 관계없이 보험자는 계약을 해지할 수 있다.

④ 고지의무를 위반한 사실이 보험금 지급사유 발생에 영향을 미쳤음을 보험자가 증명하지 못하는 경우에는 해당보험금을 지급한다.

 고지의무 위반으로 보험계약을 해지할 경우 보험자는 해약환급금을 지급한다.

답 ①

더 알아보기➕

고지의무 위반의 효과

• 계약자 또는 피보험자가 고의 또는 중대한 과실로 인하여 보험금 지급사유 발생에 영향을 미치는 고지의무를 위반한 때에는 보험금 지급사유 발생 여부와 관계없이 보험자는 계약을 해지할 수 있다. 이 경우 보험자는 해약환급금을 지급한다.

• 피보험자의 직업 또는 직종에 관한 고지의무를 위반함으로써 보험가입한도액을 초과 청약한 경우에는 그 초과 청약액에 대해서만 계약을 해지하고 초과 가입액에 대한 보험료는 반환한다. 단, 승낙거절 직업 또는 직종에 대해서는 계약 전부를 해지한다.

※ 그러나 고지의무를 위반한 사실이 보험금 지급사유 발생에 영향을 미쳤음을 보험자가 증명하지 못하는 경우에는 해당보험금을 지급한다.

16 보험계약 고지의무 위반에 대해 해지할 수 없는 경우가 <u>아닌</u> 것은?

① 고지의무 위반사실을 안 날로부터 1개월 이상 지난 경우

② 보장개시일부터 보험금 지급사유가 발생하지 않고 3년 이상 지난 경우

③ 모집자가 계약자 또는 피보험자에게 고지할 기회를 주지 않은 경우

④ 고지의무를 위반한 사실 또는 위험이 현저하게 변경된 경우

 ② 보험자가 고지의무 위반사실을 안 날로부터 1개월 이상 지났거나 보장개시일부터 보험금 지급사유가 발생하지 않고 2년 이상 지났을 때는 고지의무 위반에 대해 해지할 수 없다.
④ 「상법」상 규정된 해지할 수 없는 경우에 해당한다.

답 ②

| STEP6 | 우체국보험 일반현황

01 다음 중 우체국보험의 특징에 대한 설명으로 적절하지 <u>않은</u> 것은?

① 우체국보험은 보편적 보험서비스로 보험료가 저렴하고, 가입절차가 간편하여 보험의 보편화에 기여하고 있다.

② 우체국보험은 사익(주주이익)을 추구하지 않는 국영보험으로 취약계층 등과 관련된 보험상품을 확대 · 보급하고 있다.

③ 우체국보험은 무진단 · 단순한 상품구조를 바탕으로 보험료가 저렴한 보험상품을 취급하여 서민들이 쉽게 가입할 수 있도록 하고 있다.

④ 우체국보험은 국가가 경영하고, 산업통상자원부가 관장하며, 감사원의 감사와 국회의 국정감사를 받는다.

> **해설** 「우체국예금 · 보험에 관한 법률」 제3조(우체국예금 · 보험사업의 관장)
> 우체국예금사업과 우체국보험사업은 국가가 경영하며, 과학기술정보통신부장관이 관장(管掌)한다.
>
> 답 ④

02 우체국보험과 민영보험의 특징을 비교한 것으로 적절하지 <u>않은</u> 것은?

	구분	우체국보험	민영보험
①	보험료	상대적 저렴	상대적 고액
②	가입 한도액	• (사망) 5,000만 원 • (연금) 연 1,000만 원	제한 없음
③	지급보장	국가 전액 보장	동일 금융기관 내에서 1인당 최고 5천만 원 (예금보험공사 보증)
④	운영방법	농어촌 · 서민 위주 전 국민 대상	도시 위주 전 국민 대상

> **해설** 우체국보험의 가입 한도액은 사망 시 4,000만 원이고, 연금은 연 900만 원이다.
>
> 답 ②

03 우체국보험의 연혁을 순서대로 바르게 나열한 것은?

> ㉠ 우정사업본부 출범
> ㉡ 체신금융국 발족
> ㉢ 간이생명보험 시행
> ㉣ 우체국스마트뱅킹 보험간편서비스 시행

① ㉡ → ㉢ → ㉠ → ㉣
② ㉢ → ㉡ → ㉠ → ㉣
③ ㉠ → ㉣ → ㉢ → ㉡
④ ㉠ → ㉡ → ㉣ → ㉢

 해설

㉢ 간이생명보험 시행(1929.10.1.)
㉡ 체신금융국 발족(1984.1.1.)
㉠ 우정사업본부 출범(2000.7.1.)
㉣ 우체국스마트뱅킹 보험간편서비스 시행(2016.9.30.)

답 ②

04 우체국보험의 적립금에 대한 설명으로 적절하지 <u>않은</u> 것은?

① 보험금 · 환급금 등 보험급여는 적립금에서 지출한다.
② 적립금 중 순보험료란 부가보험료를 포함한 보험료를 말한다.
③ 적립금은 순보험료, 적립금 운용수익금, 회계의 세입 · 세출 결산에 따른 잉여금으로 조성한다.
④ 보험금, 환급금 등 보험급여의 지급을 위한 책임준비금을 충당하기 위하여 세입 · 세출 외에 따로 설치 · 운영한다.

해설 우체국보험의 적립금 중 순보험료는 보험료 중 부가보험료를 제외한 보험료를 말한다.

답 ②

05 다음 빈칸에 들어갈 말이 바르게 연결된 것은?

> 우체국보험의 공익준비금은 교통안전보험 수입보험료의 (㉠)%, 전 회계연도 적립금 이익잉여금의 (㉡)%
> 이내, 그린보너스저축보험 전년도 책임준비금의 (㉢)% 이내에서 재원을 마련하고 있다.

	㉠	㉡	㉢
①	1	5	0.05
②	5	1	0.01
③	3	5	0.05
④	5	3	0.01

해설　우체국보험의 공익준비금은 교통안전보험 수입보험료의 (1)%, 전 회계연도 적립금 이익잉여금의 (5)% 이내, 그린보
너스저축보험 전년도 책임준비금의 (0.05)% 이내에서 재원을 마련하고 있다.

답 ①

| STEP7 | 우체국보험 상품

01 다음 중 무배당 우체국자녀지킴이보험에 대한 설명으로 옳지 <u>않은</u> 것은?

① 자녀 출생 시부터 최대 100세까지 꼭 필요한 보장만 담은 어린이 종합보험이다.
② 보험가입금액은 1,000만 원 ~ 2,000만 원이다(1,000만 원 단위).
③ 임신 사실이 확인된 태아도 가입이 가능하다.
④ 가입나이는 0~10세이다.

해설　무배당 우체국자녀지킴이보험의 가입나이는 0~20세이다.

답 ④

02 무배당 에버리치상해보험의 특징으로 <u>잘못된</u> 것은?

① 가입한도액은 1,000만 원으로 고정이다.
② 교통사고를 제외한 각종 재해사고를 보장한다.
③ 보험료납입기간 중 피보험자가 재해로 장해지급률 중 3% 이상 50% 미만 장해 시 재해장해보험금이 지급된다.
④ 보험기간은 90세 만기이다.

> **해설** 교통사고는 물론 각종 재해사고도 함께 보장한다.
>
> 답 ②

03 무배당 우체국건강클리닉보험(갱신형)의 특징으로 옳지 <u>않은</u> 것은?

① 10년 만기 생존 시마다 건강관리자금을 지급한다.
② 고액의 치료비가 소요되는 3대질병진단, 중증수술 및 중증장해에 대해 고액 보장한다.
③ 암보장개시일 이후 최초의 암으로 진단이 확정되었거나, 보험기간 중 최초의 갑상선암 등으로 진단 확정 시 3대질병진단보험금을 지급하며, 지급 횟수에 한도가 없다.
④ 0세부터 65세까지 가입 가능하다.

> **해설**
>
> **무배당 우체국건강클리닉보험(갱신형)의 보장내용**
>
> | 지급구분 | 지급사유 |
> | --- | --- |
> | 건강관리자금 | 만기 생존 시 |
> | 3대질병
진단보험금 | 암보장개시일 이후에 최초의 암으로 진단이 확정되었거나, 보험기간 중 최초의 갑상선암, 기타피부암, 대장점막내암, 제자리암, 경계성 종양, 뇌출혈 또는 급성심근경색증으로 진단 확정 시(각각 최초 1회 한도) |
> | 항암방사선 ·
약물치료보험금 | 암보장개시일 이후에 암으로 진단이 확정되고 그 암의 직접적인 치료를 목적으로 항암방사선치료 또는 항암약물치료를 받았을 때(단, 항암방사선치료 또는 항암약물치료둘 중 최초 1회에 한함) |
> | | 갑상선암, 기타피부암, 대장점막내암, 제자리암 또는 경계성종양으로 진단이 확정되고 그 갑상선암, 기타피부암, 대장점막내암, 제자리암 또는 경계성종양의 직접적인 치료를 목적으로 항암방사선치료 또는 항암약물치료를 받았을 때(단, 갑상선암, 기타피부암, 대장점막내암, 제자리암 및 경계성종양 각각 항암방사선치료 또는 항암약물치료 둘 중 최초 1회에 한함) |
> | 암직접치료
입원보험금 | 암보장개시일 이후에 암으로 진단이 확정되고, 그 직접적인 치료를 목적으로 4일 이상 입원(단, 요양병원 제외)하였거나, 보험기간 중 갑상선암, 기타피부암, 대장점막내암, 제자리암 또는 경계성 종양으로 진단이 확정되고, 그 직접적인 치료를 목적으로 4일 이상 입원(단, 요양병원 제외)하였을 때(3일 초과 입원일수 1일당, 120일 한도) |
> | 주요성인질환
입원보험금 | 주요성인질환으로 진단이 확정되고, 그 직접적인 치료를 목적으로 4일 이상 입원하였을 때(3일 초과 입원일수 1일당, 120일 한도) |

암수술보험금	암보장개시일 이후에 암으로 진단이 확정되고, 그 직접적인 치료를 목적으로 암수술을 받았거나, 보험기간 중 갑상선암, 기타피부암, 대장점막내암, 제자리암 또는 경계성 종양으로 진단이 확정되고, 그 직접적인 치료를 목적으로 암수술을 받았을 때(수술 1회당)
주요성인질환 수술보험금	주요성인질환으로 진단이 확정되고, 그 직접적인 치료를 목적으로 주요성인질환수술을 받았을 때(수술 1회당)
입원보험금	질병 또는 재해로 인하여 그 직접적인 치료를 목적으로 4일 이상 입원 시(3일 초과 입원일수 1일당, 120일 한도)
수술보험금	질병 또는 재해로 인하여 그 직접적인 치료를 목적으로 수술 시(수술 1회당)
재해장해생활자금	동일한 재해로 장해지급률 50% 이상 장해 시
재해장해보험금	재해로 장해지급률 중 3% 이상 50% 미만 장해 시
재해골절 (치아파절 제외) 보험금	재해로 골절 시(사고 1회당)

답 ③

04 다음 중 무배당 우체국하나로OK보험의 특징에 대한 설명으로 옳지 <u>않은</u> 것은?

① 고액 할인은 주계약 보험료(특약보험료 제외)에 한해 적용한다.
② 만 15~45세 가입 시 납입기간은 10, 15, 20년납이다.
③ 꼭 필요한 보장패키지를 골라서 들 수 있는 맞춤형 상품이다.
④ 건강, 상해, 중대질병·수술, 3대질병 보장이 가능하다.

> **해설** 만 15~45세 가입 시 납입기간은 5, 10, 15, 20, 30년납이다.

답 ②

05 다음 중 무배당 우체국100세건강보험에 대한 설명으로 옳지 <u>않은</u> 것은?

① 해약환급금 50%지급형 선택 시 표준형보다 보험료가 상대적으로 높다.
② 피보험자의 건강관리 노력에 따라 보험료 납입 일부를 지원한다.
③ 피보험자가 주계약 가입 당시 61세 이상일 경우 보험가입금액은 500만 원 고정이다.
④ 소비자 필요에 따라 특약을 갱신 및 비갱신으로 선택하여 가입 가능한 상품이다.

> **해설** 해약환급금 50%지급형 선택 시 표준형보다 저렴한 보험료로, 표준형과 동일한 보장혜택을 제공한다.
>
> 답 ①

06 무배당 우체국예금제휴보험에 대한 설명으로 옳지 않은 것은?

① 2종(주니어보장형)의 암보장개시일은 계약일(부활일)부터 그 날을 포함하여 90일이 지난 날의 다음날로 한다.

② 3종(청년우대형)의 가입나이는 20~34세이다.

③ 보험기간은 1년 만기이다.

④ 1종(휴일재해보장형)은 휴일에 재해로 사망하였거나 장해지급률이 60% 이상인 장해상태가 되었을 때 보장되는 상품이다.

> **해설** 1종(휴일재해보장형)은 휴일에 재해로 사망하였거나 장해지급률이 80% 이상인 장해상태가 되었을 때 보장되는 상품이다.
>
> 답 ④

07 다음 중 우체국치아보험(갱신형)에 대한 설명으로 옳은 것을 모두 고르면?

> ㉠ 틀니, 브릿지는 치료자금을 지급하지만, 임플란트는 지급하지 않는다.
> ㉡ 갱신계약의 보험료는 나이의 증가, 적용기초율의 변동 등의 사유로 인상될 수 있다.
> ㉢ 보철치료보장개시일은 계약일(부활일)부터 그 날을 포함하여 90일이 지난 날의 다음날로 한다.
> ㉣ 최초계약의 가입나이는 15~50세, 갱신계약의 가입나이는 20~70세이다.

① ㉠, ㉡   ② ㉡, ㉢

③ ㉡, ㉣   ④ ㉢, ㉣

> **해설** ㉠ 틀니(보철물 1개당 최대 150만 원), 임플란트(영구치 발거 1개당 최대 150만 원), 브릿지(영구치 발거 1개당 최대 75만 원)
> ㉣ 최초계약의 가입나이는 15~65세, 갱신계약의 가입나이는 25~79세이다.
>
> 답 ②

08 다음 중 무배당 우체국요양보험의 납입기간으로 옳지 **않은** 것은?

① 5년납
② 10년납
③ 15년납
④ 30년납

 무배당 우체국요양보험의 납입기간은 10, 15, 20, 30년납이다.

보험기간	납입기간	가입나이		납입주기	보험가입금액
		남자	여자		
85세 만기 90세 만기	10년납	30~70세	30~70세	월납	1,000만 원~4,000만 원 (500만 원 단위)
	15년납	30~65세	30~65세		
	20년납	30~60세	30~60세		
	30년납	30~50세	30~50세		
100세 만기	10년납	30~63세	30~61세		
	15년납	30~58세	30~56세		
	20년납	30~53세	30~52세		
	30년납	30~44세	30~43세		

달 ①

09 무배당 파워적립보험에 대한 설명으로 **틀린** 것은?

① 1종(만기목돈형)의 경우 계약일 이후 1년이 지난 후부터 보험기간 중에 보험년도 기준 연 12회에 한하여 적립금액의 일부를 인출할 수 있다.
② 중도에 긴급자금 필요 시 이자부담 없이 중도인출, 자유로운 추가납입으로 보다 유연하게 자금을 활용할 수 있다.
③ 시중금리가 떨어지더라도 최저 2.0%의 금리를 보증한다.
④ 단기납(3년, 5년)이 가능하다.

 시중금리가 떨어지더라도 최저 1.0%의 금리를 보증한다.

달 ③

10 다음 중 무배당 우체국든든한종신보험에 대한 설명으로 옳지 <u>않은</u> 것은?

① 주계약 및 일부 특약을 비갱신형으로 설계하여 보험료 상승 부담 없이 동일한 보험료로 보장한다.

② 30% 저해약환급형은 표준형 대비 보험료가 저렴하고 보장혜택도 동일하다는 특징이 있다.

③ 주계약에서 3대질병 진단 시 사망보험금 일부를 선지급해서 치료자금을 지원한다.

④ 다양한 특약을 부가해서 사망뿐 아니라 생존까지 체계적으로 보장할 수 있도록 구성되어 있다.

> **해설** 해약환급금 50%지급형 선택 시 동일한 보장혜택을 제공하고, 표준형 대비 저렴한 보험료로 고객 부담을 완화한다.
>
> 정답 ②

11 다음 중 우체국연금저축보험의 특징으로 옳지 <u>않은</u> 것은?

① 배당 상품으로 향후 운용이익금 발생 시 배당혜택을 제공받는다.

② 추가납입제도로 자유롭게 추가납입이 가능하다.

③ 실세금리 등을 반영한 신공시이율Ⅲ로 적립되며, 시중금리가 하락하더라도 최저 1.5%의 금리를 보장하고, 가입 후 5년 초과 시에는 최저 1.0%의 금리를 보장한다.

④ 고객 니즈에 맞는 연금지급형태 선택으로 종신(종신연금형) 또는 확정기간(확정기간연금형) 동안 안정적인 연금을 지급받는다.

> **해설** 실세금리 등을 반영한 신공시이율Ⅳ로 적립되며, 시중금리가 하락하더라도 최저 1.0%의 금리를 보장하고, 가입 후 10년 초과 시에는 최저 0.5%의 금리를 보장한다.
>
> 정답 ③

12 다음 중 무배당 우체국간편가입건강보험(갱신형)에 대한 내용으로 옳지 <u>않은</u> 것은?

① 1종(간편가입) 최초계약 가입나이는 30~75세이다.
② 3가지(건강관련) 간편고지로 간편하게 가입할 수 있다.
③ 입원비 및 수술비 중심의 실질적 치료비를 지급하는 상품이다.
④ 사망보장은 최대 90세까지 보장한다.

 우체국간편가입건강보험(갱신형)은 종신토록 의료비 보장으로 경제적 부담을 완화(종신갱신형)하고 사망보장은 최대 85세까지 보장한다.

답 ④

13 다음 중 무배당 어깨동무보험의 특징으로 옳은 것을 모두 고르면?

㉠ 연간 납입보험료 100만 원 한도 내에서 연간 납입보험료의 12%가 세액공제 금액이 된다.
㉡ 1종(생활보장형)은 50세 이상의 자가 가입할 경우 80세 만기 5년납에 한한다.
㉢ 2종(암보장형)에서 암보장개시일은 보험계약일로부터 90일이 지난 날로 한다.
㉣ 3종(상해보장형)은 가입 후 매 2년마다 계약해당일에 살아 있을 때 건강관리자금을 지급한다.

① ㉠, ㉡   ② ㉠, ㉢
③ ㉡, ㉣   ④ ㉢, ㉣

 ㉡ 1종, 2종은 50세 이상 가입자의 경우 80세 만기 5년납에 한한다.
   ㉣ 3종(상해보장형)의 보장 내용으로는 재해사망보험금, 재해수술보험금, 재해골절(치아파절제외)보험금, 건강관리자금이 있으며, 건강관리자금은 가입 후 매 2년마다 계약해당일에 살아 있을 때(단, 보험기간 중에만 지급) 지급한다.
   ㉠ 연간 납입보험료의 15%가 세액공제 금액이 된다(100만 원 한도).
   ㉢ 2종(암보장형)에서 암보장개시일은 계약일(부활일)로부터 그 날을 포함하여 90일이 지난 날의 다음날로 한다.

답 ③

14 다음 중 무배당 우체국하나로OK보험의 특징 및 특약에 대한 내용으로 옳은 것은?

① 보험기간 만료일 15일 전까지 계약자의 별도 의사표시가 없으면 자동으로 특약이 갱신된다.
② 주계약 보험가입금액이 3,000만 원 이상인 경우 1.0%의 보험료 할인을 받을 수 있다.
③ 보험기간은 만 60세까지이다.
④ 근로소득자는 납입한 보험료(연간 100만 원 한도)에 대하여 15%의 세액공제를 받을 수 있다.

② 주계약 보험가입금액이 2,000만 원 이상~3,000만 원 미만인 경우 1.0%의 보험료 할인을 받을 수 있다.
③ 단 한 번의 가입으로 평생토록 보장받을 수 있는 종신보험이다.
④ 근로소득자는 납입한 보험료(연간 100만 원 한도)에 대하여 12%의 세액공제를 받을 수 있다.

정답 ①

더 알아보기 ➕

보험료 할인에 관한 사항

주계약 보험가입금액	2천만 원 이상~3천만 원 미만	3천만 원 이상~4천만 원 미만	4천만 원
할인율	1.0%	2.0%	3.0%

※ 고액 할인은 주계약 보험료(특약보험료 제외)에 한해 적용

15 다음 특징에 해당하는 보험은?

- 특약 부가로 3대질병(암, 뇌출혈, 급성심근경색증) 발병 시 치료비 추가보장 및 고액암 보장을 강화한다.
- 보험기간은 종신이며, 납입기주기는 월납이다.
- 보험료 납입 면제로 부담을 낮추고 안정적인 보장을 제공한다.
- 근로소득자는 납입보험료(연간 100만 원 한도)에 대하여 12% 세액을 공제받는다.

① 무배당 우체국100세건강보험
② 무배당 우체국든든한종신보험
③ 무배당 우체국통합건강보험
④ 무배당 우체국하나로OK보험

무배당 우체국든든한종신보험은 주요질환(3대질병) 보장을 강화하고, 보험료 납입 면제로 부담을 낮추었다. 근로소득자는 납입보험료(연간 100만 원 한도)의 12% 세액을 공제받는다.

정답 ②

16 무배당 우체국단체보장보험에 대한 설명으로 옳지 <u>않은</u> 것은?

① 보험기간은 1년 만기이며, 납입주기는 연납이다.
② 과학기술정보통신부 소속 공무원 및 산하기관 직원을 대상으로 한 단체보험이다.
③ 주계약, 무배당 단체재해사망특약 및 무배당 단체질병사망특약의 가입한도는 과학기술정보통신부 산하기관의 경우 4,000만 원으로 한다.
④ 만 19세 이상 가입할 수 있다.

 해설 무배당 우체국단체보장보험의 가입 나이는 만 15세 이상이다.

답 ④

17 다음 중 무배당 우리가족암보험에 대한 내용으로 옳지 <u>않은</u> 것은?

① 일반형[1종(갱신형)], 일반형[2종(비갱신형), 순수형/중도환급형], 실버형[3종(갱신형)] 총 3종이다.
② B형간염 항체 보유 시 보험료를 3% 할인해준다.
③ 이차암보장특약 가입 시 주계약과 별도로 두 번째 암까지 진단 시 보장해준다.
④ 암진단생활비특약에 가입했을 때 암 진단 시 소득상실을 보전하기 위해 암진단생활자금을 매월 최고 50만 원씩 3년간 지급한다.

 해설 암진단생활비특약에 가입했을 때 암 진단 시 소득상실을 보전하기 위해 암진단생활자금을 매월 최고 50만 원씩 5년간 지급한다.

답 ④

18 무배당 우체국실속정기보험에 대한 내용으로 옳지 <u>않은</u> 것은?

① 1종(일반가입)의 보험가입금액은 1,000~2,000만 원이고, 2종(간편가입)의 보험가입금액은 1,000~4,000만 원이다.
② 보험가입금액은 500만 원 단위로 가입 가능하다.
③ 부담없는 비갱신형 보험료로 사망뿐 아니라 50% 이상 중증장해까지 보장해주는 상품이다.
④ 고객 형편 및 목적에 맞게 순수형 또는 환급형으로 선택이 가능하다.

 해설 1종(일반가입)의 보험가입금액은 1,000~4,000만 원이고, 2종(간편가입)의 보험가입금액은 1,000~2,000만 원이다.

답 ①

19 다음 중 무배당 우체국온라인저축보험에 대한 내용으로 옳지 않은 것은?

① 중도에 긴급자금 필요 시 이자부담 없이 중도인출로 자금을 활용할 수 있고, 자유롭게 추가납입이 가능하다.

② 관련 세법이 정한 바에 따라 보험차익 비과세 요건 충족 시 이자소득세가 전액 면제되고 금융소득 종합과세 대상에서도 제외된다.

③ 가입 3개월 유지 후 언제든지 해약해도 납입보험료의 100% 이상을 보장한다.

④ 경과이자에 비례하여 사업비를 공제하므로, 신공시이율Ⅳ가 변동되면 사업비 공제금액(상한금액 설정)도 함께 변동된다.

> **해설** 가입 1개월 유지 후 언제든지 해약해도 납입보험료의 100% 이상을 보장하는 신개념 저축보험이다.
>
> 답 ③

20 무배당 알찬전환특약에 관한 내용으로 옳은 것은?

① 전환 전 계약의 만기일 3개월 전부터 만기일 전일까지 가입을 신청할 수 있다.

② 무배당 알찬전환특약에 가입 가능한 계약은 에버리치복지보험(일반형), 무배당 에버리치복지보험(일반형), 복지보험, 파워적립보험 등이 있다.

③ 적립부분 순보험료를 신공시이율Ⅲ로 부리하므로 수익률이 높을 뿐만 아니라, 시중금리 하락과 관계없이 최저 1.5%의 금리를 보증한다.

④ 가입나이는 제한이 없고 보험기간은 10년 만기로 지정되며 납입기한은 일시납이다.

> **해설** ② 무배당 알찬전환특약에 가입 가능한 계약은 에버리치복지보험(일반형), 무배당 에버리치복지보험(일반형), 복지보험, 파워적립보험, 무배당 파워적립보험, 무배당 빅보너스저축보험 및 무배당 그린보너스저축보험(일반형) 중 유효계약으로 무배당 알찬전환특약을 신청한 계약이다.
> ① 전환 전 계약의 만기일 1개월 전부터 만기일 전일까지 가입을 신청할 수 있다.
> ③ 적립부분 순보험료를 신공시이율Ⅳ로 부리하므로 수익률이 높을 뿐만 아니라, 시중금리 하락과 관계없이 최저 1.0%의 금리를 보증한다.
> ④ 가입나이는 제한이 없고 보험기간은 2 · 3 · 4 · 5 · 7 · 10년 만기로 다양한데 납입기한은 일시납이다.
>
> 답 ②

21 무배당 우체국연금보험에 대한 내용으로 옳지 <u>않은</u> 것은?

① 45세 이후부터 연금을 받을 수 있어 노후를 위한 든든한 준비상품이다.

② 다양한 목적의 재테크 기회로 활용 가능하다.

③ 더블연금형은 연금개시 후부터 80세 계약해당일 전일까지 암, 뇌출혈, 급성심근경색증, 장기요양상태(2등급 이내) 중 최초 진단 시 연금액이 두 배로 증가한다.

④ 상속연금형과 확정기간연금형은 연금개시 후에 해지가 불가능하다.

 무배당 우체국연금보험의 주요 특징

특징
• 실세금리 등을 반영한 신공시이율Ⅳ로 적립되며, 시중금리가 하락하더라도 최저 1.0%(다만, 가입 후 10년 초과 시 0.5%)의 금리 보장 • 다양한 목적의 재테크 기회로 활용 　－ 종신연금형 : 평생 연금수령을 통한 생활비 확보 가능, 조기 사망 시 20년 또는 100세까지 안정적인 연금 수령 　－ 상속연금형 / 확정기간연금형 : 연금개시 후에도 해지 가능하므로 다양한 목적자금으로 활용 가능 　－ 더블연금형 : 연금개시 후부터 80세 계약해당일 전일까지 암, 뇌출혈, 급성심근경색증, 장기요양상태(2등급 이내) 중 최초 진단 시 연금액 두 배로 증가 • 관련 세법에서 정하는 요건에 부합하는 경우 이자소득 비과세 및 금융소득종합과세 제외 • 45세 이후부터 연금 지급 : 45세 이후부터 연금을 받을 수 있어 노후를 위한 준비 가능

目 ④

22 다음 중 무배당 우체국와이드건강보험에 대한 설명으로 옳지 <u>않은</u> 것은?

① 각종 특약설계로 보장범위를 경증질환까지 폭넓게 확대하여 사망부터 생존까지 종합적으로 보장하는 보험이다.

② 주계약의 경우, 피보험자가 가입 당시 61세 이상인 경우 보험가입금액이 2,000만 원 한도이다.

③ 4대질병(암·뇌출혈·뇌경색증·급성심근경색증)으로 진단 시 사망보험금의 일부를 선지급하여 치료비를 지원한다.

④ 근로소득자는 납입보험료(연간 100만 원 한도)에 대하여 15%의 세액공제를 받을 수 있다.

근로소득자는 납입보험료(연간 100만 원 한도)에 대하여 12%의 세액공제를 받을 수 있다.

目 ④

23 다음 중 무배당 우체국당뇨안심보험에 대한 설명으로 옳은 것을 모두 고르면?

> ⊙ 우체국보험 최초의 당뇨전문보험으로, 당뇨진단부터 인슐린치료, 장해, 사망까지 보장하는 종합보장보험이다.
>
> ⓛ 당뇨병 진단 후 4대중증질환으로 진단 시 보험금을 1.5배 지급하여 고액치료비를 보장한다.
>
> ⓒ 주계약에서 피보험자가 가입당시 60세 이상인 경우 보험가입금액은 1,000만 원 한도이다.
>
> ⓔ 첫날부터 입원비 보장 및 질병/재해 중 원하는 보장만 선택하여 가입할 수 있다.

① ⊙, ⓛ
② ⊙, ⓔ
③ ⓛ, ⓒ
④ ⓒ, ⓔ

ⓛ 당뇨병 진단 후 4대중증질환(3대질병/말기신부전)으로 진단 시 보험금을 2배 지급하여 고액치료비를 보장한다(해당 특약 가입 시).
ⓒ 주계약에서 피보험자가 가입당시 61세 이상인 경우 보험가입금액은 1,000만 원 한도이다.

답 ②

24 다음 중 무배당 우체국온라인3대질병보험에 대한 설명으로 옳지 <u>않은</u> 것은?

① 경증질환(소액암, 뇌혈관질환 및 허혈성심장질환)부터 중증질환(암 · 뇌출혈 · 급성심근경색증)까지 체계적으로 보장한다.

② 비갱신형 상품으로 보험료 인상 없이 처음과 동일한 보험료로 만기까지 보장한다.

③ 50% 이상 장해상태가 되었거나, 암, 뇌출혈 또는 급성심근경색증으로 진단 시 보험료 납입을 면제해준다.

④ 주계약의 보험기간은 85세 만기이며, 보험료 납입주기는 월납이다.

주계약의 보험기간은 80세 만기이며, 보험료 납입주기는 월납이다.

답 ④

25 다음 중 무배당 우체국온라인와이드암보험의 특징 및 특약에 대한 설명으로 옳지 <u>않은</u> 것은?

① 암으로 진단 시 사망보험금의 일부를 선지급하여 치료비를 지원한다.

② 보험료 등 변경내용을 보험기간 만료일 30일 전까지 계약자에게 서면 또는 전화(음성녹음)로 안내해야 한다.

③ 갱신계약의 보험료를 각각의 특약상품에 따라 나이의 증가, 적용기초율의 변동 등의 사유로 인상을 하는 것은 불가능하다.

④ 보험료 납입면제 및 고액계약 할인(주계약 보험료)으로 보험료 부담을 완화한다.

> **해설** 갱신계약의 보험료는 각각의 특약상품에 따라 나이의 증가, 적용기초율의 변동 등의 사유로 인상이 가능하다.
>
> **답 ③**

| STEP8 | 우체국보험 모집 및 언더라이팅

01 다음 중 보험계약 체결단계에서 설명해야 할 사항으로 바르게 묶인 것은?

① 보험금 예상 지급일, 심사 지연 사유

② 보험계약의 승낙절차, 예상 심사기간 및 예상 지급일

③ 보험계약의 승낙절차, 보험의 모집에 종사하는 자의 성명, 연락처 및 소속

④ 담당 부서 및 연락처, 예상 심사기간 및 예상 지급일

> **해설** 보험계약 체결 시부터 보험금 지급 시까지의 주요과정 및 설명사항
>
> | 구분 | 설명사항 |
> | --- | --- |
> | 보험계약 체결단계 | • 보험의 모집에 종사하는 자의 성명, 연락처 및 소속
• 보험의 모집에 종사하는 자가 보험계약의 체결을 대리할 수 있는지 여부
• 보험의 모집에 종사하는 자가 보험료나 고지의무사항을 대신하여 수령할 수 있는지 여부
• 보험계약의 승낙절차
• 보험계약 승낙거절 시 거절사유 |
> | 보험금 청구단계 | • 담당 부서 및 연락처
• 예상 심사기간 및 예상 지급일 |
> | 보험금 지급단계 | 심사 지연 시 지연 사유 |
>
> **답 ③**

02 다음 중 전자청약서비스에 대한 설명으로 옳지 <u>않은</u> 것은?

① 고객이 사전 상담을 통해 설계한 청약내용을 직접 우체국보험 홈페이지에 접속하여 필수정보를 입력한 후 금융인증서, 공동인증서, 카카오페이인증서를 통하여 보험계약을 체결하는 서비스이다.

② 모든 보험계약은 전자청약이 가능하다.

③ 전자청약을 이용하는 고객에게는 제2회 이후 보험료 자동이체 시 0.5%의 할인이 적용된다.

④ 가입설계일로부터 10일(비영업일 포함) 이내에 한하여 전자청약을 할 수 있다.

 전자청약이 가능한 계약은 가입설계서를 발행한 계약으로 전자청약 전환을 신청한 계약에 한하며, 가입설계일로부터 10일(비영업일 포함) 이내에 한하여 전자청약을 할 수 있다.

답 ②

03 다음 중 우체국보험의 언더라이팅에 대한 설명으로 옳지 <u>않은</u> 것은?

① 우체국보험은 언더라이팅의 일반적 기준에 의한 심사분류체계를 수립하고, 해당 심사기준을 통하여 다양한 피보험자의 위험정도에 따라 동일한 위험집단을 분류한다.

② 우체국보험은 특별조건부 계약에서 현재 보험료 할증, 보험료 감액, 보험금 삭감을 적용하고 있다.

③ 피보험자의 직업·취미·운전 등 환경적 위험등급에 따라 담보급부별 가입한도 차등화 등을 할 수 있다.

④ 모집자는 위험을 선별하는 1차적 언더라이터이다.

 특별조건부 인수계약은 '특정부위·질병 부담보'와 '특약해지', '보험료 할증', '보험료 감액', '보험금 삭감' 등이 있으며, 우체국보험에서는 현재 '특정부위·질병 부담보'와 '특약해지', '보험료 할증'을 적용하고 있다.
- 특정부위·질병 부담보 : 피보험자의 특정부위·질병에 대한 병력으로 정상 인수가 불가한 경우, 해당 부위·질병에 일정한 면책기간을 설정하여 인수하는 제도
- 특약해지 : 특정질병으로 인한 생존치료금 발생 가능성이 높을 경우 주계약에 부가된 선택특약 가입분을 해지(거절) 처리하여 보험금 지급사유를 사전에 차단하여 위험을 예방하고, 적극적인 계약 인수를 도모하는 제도

답 ②

04 우체국보험 청약업무 프로세스로 가장 옳은 것은?

① 보험계약 청약서 발행 → 약관의 주요내용 설명 → 1회 보험료 입금 → 청약심사
② 보험계약 청약서 발행 → 청약심사 → 완전판매모니터링 → 심사결과 안내
③ 약관의 주요내용 설명 → 보험계약 청약서 발행 → 1회 보험료 입금 → 완전판매모니터링
④ 약관의 주요내용 설명 → 1회 보험료 입금 → 청약심사 → 완전판매모니터링

 청약업무 프로세스

단계	프로세스
1단계	고객면담(상품 설명 및 우체국보험 상담설계서 작성 등)
2단계	고객정보 입력
3단계	보험계약 청약서 발행
4단계	• 보험계약 청약서 및 상품설명서 등 작성 • 약관의 주요내용 설명 • 약관 및 보험계약 청약서 부본, 상품설명서 등 교부
5단계	1회 보험료 입금
6단계	청약서류 스캔(보험계약 청약서, 상품설명서 등 청약서류 기재사항 최종확인 등)
7단계	완전판매모니터링(3대 기본지키기 이행 여부 재확인) 및 계약적부(대상계약에 한함) 실시
8단계	청약심사
9단계	청약심사 결과(성립/거절) 안내

답 ①

05 우체국보험 모집 준수사항으로 옳지 <u>않은</u> 것은?

① 보험안내자료에는 기재사항을 명료하고 알기 쉽게 기재해야 한다.
② 보험계약 모집종사자는 체결 또는 모집과 관련하여 보험계약자 또는 피보험자에 대하여 특별이익을 제공하거나 제공을 약속하여서는 아니 된다.
③ 보험계약의 부활 청구를 받은 우정관서는 특별한 사유가 없으면 소멸된 보험계약의 부활을 승낙하여야 한다.
④ 보험계약자가 설명을 거부하는 경우에도 보험금 지급 시까지의 주요 과정을 보험계약자에게 설명하여야 한다.

보험계약의 체결 시부터 보험금 지급 시까지의 주요 과정을 보험계약자에게 설명하여야 한다. 다만, 보험계약자가 설명을 거부하는 경우에는 그러하지 아니하다.

답 ④

STEP9 | 우체국보험 계약유지 및 보험금 지급

01 다음 중 우체국보험 보험료의 납입방법에 대한 설명으로 옳지 <u>않은</u> 것은?

① 방문수납 – 계약자가 우체국을 방문하여 보험료를 창구에 직접 납입하는 방법이다.
② 자동이체 – 「전자금융거래법」에 따라 예금주 본인에게만 신청 · 변경 권한이 있다.
③ 카드납입 – 초회보험료, 계속보험료를 대상으로 하며 부활보험료는 제외한다.
④ 자동화기기에 의한 납입 – 우체국에서 발행한 우체국현금카드(제휴카드 포함) 및 IC카드를 이용해야 한다.

 창구수납이란 계약자가 우체국을 방문하여 보험료를 창구에 직접 납입하는 방법이다.

답 ①

02 다음 중 우체국보험의 보험료 할인에 대한 설명으로 옳지 <u>않은</u> 것은?

① 보험가입금액 2,000만 원 이상 가입 시 주계약 보험료에 대해서 1~3% 보험료 할인혜택을 적용한다.
② 선납할인은 향후의 보험료를 1개월분 이상 미리 납입하는 경우의 할인이며, 할인율은 1.5%로 고정 계산한다.
③ 보험계약자는 5명 이상의 단체를 구성하여 보험료의 단체 납입을 청구할 수 있다.
④ 다자녀 할인은 자동이체 할인과 중복할인이 가능하다.

 선납할인은 향후의 보험료를 3개월분(2021.9.12. 이전 계약은 1개월분) 이상 미리 납입하는 경우의 할인이며, 할인율은 해당상품 약관에서 정한 예정이율(2017.5.19. 이후 상품)로 계산한다.

답 ②

03 다음 중 우체국보험 보험료의 납입에 관한 설명으로 옳지 <u>않은</u> 것은?

① 보험료 납입 유예기간은 해당 월분 보험료의 납입기일부터 납입기일이 속하는 달의 다음 다음 달의 말일까지로 한다.

② 보험료 납입이 연체 중, 계약자와 보험수익자가 다른 경우 계약자뿐만 아니라 수익자에게도 보험료 납입최고 안내를 하고 있다.

③ 보험료 납입최고 시 유예기간 내에 연체보험료를 납입하여야 하며, 보험료를 납입하지 않을 경우 유예기간이 끝나는 날의 다음 날에 계약이 해지된다는 내용을 안내해야 한다.

④ 보험료 납입연체로 인한 해지계약이 해약환급금을 받은 경우에도 계약자는 해지된 날부터 3년 이내에 체신관서가 정한 절차에 따라 계약의 부활청약을 할 수 있다.

> ^{해설} ④ 우체국보험 약관에 의거 보험료의 납입연체로 인한 해지계약이 해약환급금을 받지 않은 경우 계약자는 해지된 날부터 3년 이내에 체신관서가 정한 절차에 따라 계약의 부활(효력회복)을 청약할 수 있다. 체신관서가 부활(효력회복)을 승낙한 때에 계약자는 부활(효력회복)을 청약한 날까지의 연체된 보험료에 약관에서 정한 이자를 더하여 납입하여야 한다.
> ①「우체국예금·보험에 관한 법률 시행규칙」 제50조
>
> 달 ④

04 다음 중 환급금 대출에 대한 내용으로 옳은 것은?

① 대출금액은 해약환급금의 50% 이내에서 1만 원 단위로 가능하다.

② 대출자격은 유효한 보험계약을 보유하고 있는 우체국보험 계약자로 하며, 보험상품의 종류에는 제한이 없다.

③ 대출기간은 대상계약의 보험기간 후 2년 이내로 하며, 계약자는 대출원금과 이자를 언제든지 상환할 수 있다.

④ 보험계약이 해지될 경우에 계약자에게 환급할 수 있는 금액의 범위 내에서 계약자의 요구에 따라 대출하는 제도이다.

> ^{해설} ① 대출금액은 해약환급금의 95% 이내에서 1만 원 단위로 가능하다.
> ② 대출자격은 유효한 보험계약을 보유하고 있는 우체국보험 계약자로 하며, 순수보장성보험 등 보험상품의 종류에 따라 환급금 대출이 제한될 수 있다.
> ③ 환급금 대출을 받은 경우 대출기간은 환급금 대출 대상계약의 보험기간 이내로 한다.
>
> 달 ④

05 다음 중 우체국보험의 보험금 지급에 대한 내용으로 옳지 <u>않은</u> 것은?

① 우체국보험 약관에 의해 보험금청구권 등은 3년 이내에 행사해야 한다.

② 사망보험금 선지급은 종합병원의 전문의가 실시한 진단결과 피보험자의 남은 생존기간이 6개월 이내라고 판단한 경우에 사망보험금액의 50%를 선지급사망보험금으로 피보험자에게 지급하는 제도이다.

③ 계약에 관하여 분쟁이 있는 경우 분쟁 당사자 또는 기타 이해관계인과 체신관서는 우체국보험분쟁조정위원회의 심의조정을 받을 수 있다.

④ 체신관서가 보험금 청구서류를 접수한 때에는 그 서류를 접수한 날부터 3영업일 이내에 보험금을 지급한다.

> **해설** **사망보험금 선지급제도**
> 사망보험금 선지급은 해당 약관 〈선지급서비스특칙〉에 의거하여 보험기간 중에 「의료법」에서 정한 종합병원의 전문의 자격을 가진 자가 실시한 진단결과, 피보험자의 남은 생존기간이 6개월 이내라고 판단한 경우에 체신관서가 정한 방법에 따라 사망보험금액의 60%를 선지급사망보험금으로 피보험자에게 지급하는 제도이다.
>
> 답 ②

| STEP 10 | 리스크관리 및 자금운용 등

01 다음 중 비재무리스크에 해당하는 것으로 옳은 것은?

① 보험리스크

② 운영리스크

③ 금리리스크

④ 신용리스크

> **해설** 보험리스크, 금리리스크, 신용리스크는 재무리스크에 해당한다.
>
> 답 ②

02 다음 중 우체국보험 자금운용과 관련된 내용으로 옳지 <u>않은</u> 것은?

① 과학기술정보통신부장관은 보험적립금의 효율적인 운용을 위하여 연간 적립금 운용계획과 분기별 적립금 운용계획을 수립하여야 한다.

② 우체국보험의 회계처리 및 재무제표 작성은 「우체국보험회계법」, 「국가재정법」, 「국가회계법」, 같은 법 시행령 및 시행규칙에서 정하는 바에 따른다.

③ 우정사업본부장은 매 회계연도마다 적립금의 결산서를 작성하고 외부 회계법인의 검사를 받아야 한다.

④ 우정사업본부장은 경영의 투명성 확보를 위하여 우체국보험 경영공시의 사항을 공시하여야 한다.

> **해설**
> 우정사업본부장은 적립금의 효율적인 운용을 위하여 연간 적립금 운용계획과 분기별 적립금 운용계획을 수립하여야 한다. 적립금 운용계획은 「우정사업 운영에 관한 특례법」 제5조의2에 의한 우체국보험적립금분과위원회의 심의를 받아야 한다. 또한, 우정사업본부장은 적립금 운용상황 및 결과를 매월 분석하여야 하며, 연간 분석결과는 우체국보험적립금운용분과위원회에 보고하여야 한다.
>
> 답 ①

03 다음 중 위험에 대한 내용으로 옳지 <u>않은</u> 것은?

① 수익에 부정적인 영향이 발생할 수 있는 잠재적 가능성을 의미한다.

② 위험의 경우 회피함으로써 제거하거나 전가하는 것이 좋다.

③ 적절한 보상이 주어지지 않는다.

④ 자연재해, 화재, 교통사고 등이 대표적 사례이다.

> **해설**
> 위험(Danger)이 아니라 리스크(Risk)에 대한 내용이다. 리스크는 예측하지 못한 어떤 사실이나 행위가 자본 및 수익에 부정적인 영향을 끼칠 수 있는 잠재적인 가능성을 뜻하며, 이러한 리스크는 리스크관리 활동을 통해 최소화함으로써 손실 관리를 할 수 있으며, 적절한 리스크관리를 수행함으로써 투자에 대한 불확실성 수준에 따른 수익을 보존할 수도 있다.
>
> 답 ①

04 다음 중 우체국보험 재무건전성 관리와 관련된 내용으로 옳지 <u>않은</u> 것은?

① 우체국보험은 자본의 적정성 유지를 위하여 지급여력비율을 분기별로 산출 및 관리하여야 한다.

② 지급여력금액은 기본자본과 보완자본을 합산한 후, 차감항목을 차감하여 산출한다.

③ 우정사업본부장은 자산건전성 분류 대상 자산에 해당하는 보유자산에 대해 건전성을 5단계로 분류하여야 한다.

④ 경영개선계획 수립 시 고려할 사항에 계약자배당의 제한은 해당하지 않는다.

| 해설 | 경영개선계획 수립 시 고려사항 |

내용
• 인력 및 조직운영의 개선
• 사업비의 감축
• 재정투입의 요청
• 부실자산의 처분
• 고정자산에 대한 투자 제한
• 계약자배당의 제한
• 위험자산의 보유제한 및 자산의 처분

답 ④

MEMO

계리직 ─────────────────
우편상식/금융상식

부록 | 최근 기출문제

※ 문제 옆 별 표시는 난도를 의미하며, 별 1~3개는 각각 난도 하~상을 의미합니다.
※ 문제 옆 〈변형〉 표기는 최근 공개된 학습자료를 반영하여 수정한 문제를 의미합니다.

부록 01 우편상식

01 계약등기 우편물의 부가취급 서비스에 대한 설명이다. 수수료로 옳은 것은? ★

> 등기취급을 전제로 우체국과 발송인이 별도의 계약에 따라 수취인을 직접 만나서 우편물을 배달하면서 서명이나 도장을 받는 등 응답이 필요한 사항을 받아 발송인이나 발송인이 지정하는 자에게 회신하는 부가취급제도

① 500원
② 1,000원
③ 1,500원
④ 2,000원

 등기취급을 전제로 우체국과 발송인이 별도의 계약에 따라 수취인을 직접 만나서 우편물을 배달하면서 서명이나 도장을 받는 등 응답이 필요한 사항을 받거나 서류를 넘겨받아 발송인이나 발송인이 지정하는 자에게 회신하는 부가취급제도는 '회신우편제도'이다. 회신우편의 수수료는 1,500원이다.

답 ③

더 알아보기

계약등기 우편제도 부가취급수수료

부가취급 서비스	수수료	비고
회신우편	1,500원	일반 및 맞춤형 계약등기
본인지정배달	1,000원	
착불배달	500원	
우편주소 정보제공	1,000원	
반환취급 사전납부	반환취급수수료×반환율	일반형 계약등기

02 등기우편물의 부가취급에 대한 설명으로 옳은 것은? ★★

① 특별송달 우편물에 첨부된 우편송달통지서 용지의 무게는 우편물의 무게에 포함되지 않는다.

② 민원우편 발송 시 우정사업본부에서 발행한 취급용 봉투를 사용하지 않아도 된다.

③ 민원우편은 발송할 때의 취급요금(우편요금＋등기취급 수수료＋부가취급 수수료)과 회송할 때의 취급요금(50g 규격요금＋등기취급 수수료＋익일특급 수수료)을 합하여 미리 받는다.

④ 착불배달 우편물이 반송된 경우, 발송인은 착불요금과 반송수수료를 납부해야 한다.

해설

③ 민원우편은 국민들의 일상생활에 필요한 각종 민원서류를 관계기관에 직접 나가서 발급받는 대신 우편이나 인터넷으로 신청하고 그에 따라 발급된 민원서류를 등기취급하여 민원우편 봉투에 넣어 일반우편물보다 우선하여 송달하는 부가취급제도로 발송할 때의 취급요금(우편요금＋등기취급 수수료＋부가취급 수수료)과 회송할 때의 취급요금(50g 규격요금＋등기취급 수수료＋익일특급 수수료)을 합하여 미리 받는다.

① 특별송달 우편물에 첨부된 우편송달통지서 용지의 무게는 우편물의 무게에 포함한다.

② 민원우편 발송 시 우정사업본부에서 발행한 민원우편 취급용 봉투(발송용, 회송용)를 사용한다.

④ 착불배달은 우편물이 수취인 불명, 수취거절 등으로 반송되는 경우 발송인에게 우편요금 및 반송수수료를 징수한다. 다만, 맞춤형 계약등기는 우편요금(표준요금＋무게구간별 요금)만 징수한다. 접수담당자는 발송인에게 위 두 사항을 반드시 설명한다.

답 ③

03 소포우편물의 감액에 대한 설명으로 옳은 것의 총 개수는? ★★★

> ㄱ. 감액대상은 창구접수 소포우편물(일반소포 및 등기소포)과 방문접수 소포우편물이다.
> ㄴ. 우체국 창구접수의 경우, 인터넷우체국 사전접수를 통해 접수정보를 연계한 경우에만 감액대상이 된다.
> ㄷ. 요금후납의 방법으로 우체국 창구에 100개 접수한 경우, 5% 금액을 할인받을 수 있다.
> ㄹ. 방문접수의 경우, 최소 3개 이상 발송하여야 개당 500원 할인받을 수 있다.

① 1개
② 2개
③ 3개
④ 4개

ㄴ. (○) 창구접수 감액은 인터넷우체국 사전접수를 통해 접수정보 연계 시에만 적용한다.
ㄱ. (×) 감액대상은 창구접수(등기소포)와 방문접수 우편요금(부가취급수수료 제외)이며 기표지상 동일 발송인 및 접수정보 연계 접수 시에 한한다.
ㄷ. (×) 요금후납의 방법으로 우체국 창구에 100개 접수한 경우, 10% 금액을 할인받을 수 있다.
ㄹ. (×) 방문접수의 경우, 접수장소 사전연계 시 개당 500원 할인받을 수 있다.

답 ①

더 알아보기 ➕

요금감액 범위

구분		5%	10%	15%
창구접수	요금즉납	3개 이상	10개 이상	50개 이상
	요금후납	70개 이상	100개 이상	130개 이상
방문접수	접수정보 사전연계	개당 500원 감액(접수정보 입력, 사전결제, 픽업장소 지정 시)		

04 특급취급에 관한 설명으로 옳은 것의 총 개수는? ★★

> ㄱ. 당일특급우편물이 접수한 다음 날 18시에 배달되었을 경우, 국내특급수수료를 지연배달 배상금으로
> 지급한다.
> ㄴ. 국제특급(EMS)우편물은 당일특급에 준하여 배달처리한다.
> ㄷ. 익일특급 취급지역은 우정사업본부장이 고시한다.
> ㄹ. 당일특급우편물은 2회째부터 통상적인 배달의 예에 따라 재배달한다.

① 1개
② 2개
③ 3개
④ 4개

해설

ㄱ. (○) D+1일 0시~20시까지 배달분은 지연배달 시 '국내특급수수료'를 지연배달 배상금으로 지급한다.

구분		손실, 분실(최고)	지연배달
국내특급	당일특급	10만 원	• D+1일 0시~20시까지 배달분 : 국내특급수수료 • D+1일 20시 이후 배달분 : 우편요금과 국내특급수수료
	익일특급	10만 원	D+3일 배달분부터 : 우편요금 및 국내특급수수료

ㄴ. (○) 국제특급(EMS)우편물은 당일특급에 준하여 배달처리한다.
ㄷ. (×) 익일특급 취급지역은 관할 지방우정청장이 고시하되 접수한 날의 다음 날까지 배달이 곤란한 지역에 대해서는
 별도로 추가일수를 더하여 고시한다(규칙 제61조 제6항).
ㄹ. (×) 재배달할 우편물은 2회째 때에는 가장 빠른 방법으로 배달하고 3회째 때에는 통상적인 배달의 예에 의한다(단,
 익일특급우편물은 제외).

정답 ②

05 등기취급우편물 배달에 대한 설명으로 옳지 <u>않은</u> 것은? ★

① 같은 건축물 및 같은 구내의 관리사무소, 접수처, 관리인도 정당수령인이 될 수 있다.

② 우편물 수취인의 진위를 주민등록증 등 필요한 증명으로 반드시 확인하고 배달하여야 한다.

③ 통화등기우편물은 수취인으로 하여금 집배원이 보는 앞에서 내용금액을 표기금액과 서로 비교 확인하게 한 후에 배달하여야 한다.

④ 물품등기우편물은 집배원이 우편물 내용을 확인하지 않고 수취인에게 봉투와 포장상태의 이상 유무만 확인하게 한 후에 배달하여야 한다.

> **해설**
>
> ② 등기취급우편물의 수령인 확인 방법은 수령인이 인장을 날인하거나 수령인 성명을 직접 자필로 기록하게 하며(외국인 포함), 수령인이 본인이 아닌 경우에는 수취인과의 관계를 정확히 기록하여야 하고, 실제 우편물을 수령한 수령인을 반드시 입력한다.
>
> ① 같은 건축물 및 같은 구내의 관리사무소, 접수처, 관리인은 정당수령인이다.
>
> ③ 통화등기우편물을 배달할 때에는 수취인으로 하여금 집배원이 보는 앞에서 그 우편물을 확인하게 하여 내용금액을 표기금액과 서로 비교 확인한다.
>
> ④ 물품등기우편물은 우편물을 확인하지 않고 수취인에게 봉투와 포장상태의 이상 유무만을 확인하고 이후 사고발생으로 인한 민원발생 및 우편서비스 품질이 저하되는 사례가 없도록 유의한다.
>
> 답 ②

06 「우편법」 위반에 대한 벌칙 설명으로 옳은 것은? ★★

① 우편업무에 종사하는 자가 정당한 사유 없이 우편물의 취급을 거부하거나 이를 고의로 지연시키게 한 경우에는 1년 이하의 징역 또는 5백만 원 이하의 벌금에 처한다.

② 우편관서 및 서신송달업자가 취급 중인 우편물 또는 서신을 정당한 사유 없이 개봉, 훼손, 은닉 또는 방기하거나 고의로 수취인이 아닌 자에게 내준 자는 2년 이하의 징역 또는 2천만 원 이하의 벌금에 처한다.

③ 소인이 되지 아니한 우표를 떼어낸 자는 1년 이하의 징역 또는 1천만 원 이하의 벌금에 처한다.

④ 우편금지물품을 우편물로 발송한 자는 1년 이하의 징역 또는 1천만 원 이하의 벌금에 처하고 그 물건을 몰수한다.

③ 소인(消印)이 되지 아니한 우표를 떼어낸 자는 1년 이하의 징역 또는 1천만 원 이하의 벌금에 처한다(「우편법」 제54조 제2항).

① 우편업무에 종사하는 자가 정당한 사유 없이 우편물의 취급을 거부하거나 이를 고의로 지연시키게 한 경우에는 1년 이하의 징역 또는 1천만 원 이하의 벌금에 처한다(동법 제50조).

② 우편관서 및 서신송달업자가 취급 중인 우편물 또는 서신을 정당한 사유 없이 개봉, 훼손, 은닉 또는 방기(放棄)하거나 고의로 수취인이 아닌 자에게 내준 자는 3년 이하의 징역 또는 3천만 원 이하의 벌금에 처한다(동법 제48조 제1항).

④ 우편금지물품을 우편물로서 발송한 자는 2년 이하의 징역 또는 2천만 원 이하의 벌금에 처하고 그 물건을 몰수한다(동법 제52조).

답 ③

07 국제특급우편(EMS) 요금감액 대상 요건 중 (   )에 들어갈 내용으로 옳은 것은? ★★★

> 계약국제특급우편 이용자가 1개월에 (㉠)만 원을 초과하여 EMS 우편물을 발송하는 경우에 적용한다. 단, (㉡)% 이상 감액률은 해당 지방우정청장이 승인한 후 적용한다.

	㉠	㉡
①	30	16
②	30	18
③	50	16
④	50	18

 국제우편요금을 감액할 수 있는 우편물의 종류·취급요건·감액범위(우정사업본부고시 제2018-40호)

이용금액 구분	30 이하	30 초과 ~50	50 초과 ~150	150 초과 ~500	500 초과 ~1,000	1,000 초과 ~2,000	2,000 초과 ~5,000	5,000 초과 ~10,000	10,000 초과 ~20,000	20,000 초과
계약특급	–	–	4%	6%	8%	10%	12%	14%	16%	18%
수시특급	–	3%	4%	6%	8%	10%	12%	14%	16%	18%
일괄특급	–	–	2%		3%	4%	5%	6%	7%	8%

※ 계약특급의 18% 이상 감액률은 해당 지방우정청장의 승인 후 적용함

※ 수시특급의 이용금액은 1회당 이용금액 기준임

※ 감액 시 기준금액은 고시된 요금(EMS프리미엄은 요금표) 기준이며, 수수료는 제외한다.

답 ④

08 국제우편 행방조사 청구에 대한 설명으로 옳은 것은? ★★

① 우편물 분실의 경우에는 발송인만 청구가 가능하다.
② 발송국가와 도착국가(배달국가)에서만 청구가 가능하다.
③ 청구기한은 우편물을 발송한 날부터 계산하여 6개월이다.
④ 청구대상 우편물은 보통통상우편물, 등기우편물, 소포우편물, 국제특급우편물이다.

> **해설**
> ① 많은 국가에서 발송인 청구 위주로 행방조회를 진행한다(미국, 독일, 프랑스 등). 우편물이 분실된 경우는 발송인이 청구권자이며 파손된 경우는 발송인이나 수취인이 청구권자이다.
> ② 발송국가와 도착국가(배달국가)는 물론이고 제3국에서도 청구가 가능하다.
> ③ 청구기한은 우편물을 발송한 다음 날부터 계산하여 6개월(다만, 국제특급 우편물의 경우에는 4개월 이내)이다.
> ④ 청구대상 우편물은 등기우편물, 소포우편물, 국제특급우편물이다.
>
> 답 ①

09 국제우편 요금별납 및 요금후납 제도에 대한 설명으로 옳은 것은? ★★

① 국제우편 요금별납 및 요금후납은 우편취급국을 포함한 모든 우체국에서 접수가 가능하다.
② 국제우편 요금후납은 동일인이 동일 우편물을 매월 10통 이상 발송하는 국제통상우편물 및 국제소포우편물을 대상으로 한다.
③ 요금별납 및 요금후납 우편물에는 우편날짜도장 날인을 생략한다.
④ 접수된 요금후납 우편물은 별도 우편자루 체결·발송을 원칙으로 한다. 다만, 물량이 적을 경우에는 단단히 묶어서 다른 우편물과 함께 발송한다.

> **해설**
> ③ 요금별납 우편물 및 요금후납 우편물에는 우편날짜도장 날인을 생략한다.
> ① 국제우편 요금별납은 한 사람이 한 번에 같은 우편물(동일무게)을 보낼 때에 우편물 외부에 요금별납(POSTAGE PAID) 표시를 하여 발송하고 우편요금은 별도로 즉납하는 제도로 우편취급국을 제외한 모든 우체국에서 취급한다.
> ② 국제우편요금의 후납은 동일인이 매월 100통 이상 발송하는 국제 통상우편 및 국제 소포우편물을 대상으로 한다.
> ④ 국제우편요금의 별납 시 접수된 우편물은 국제우체국 앞으로 별도 우편자루 체결·발송을 원칙으로 한다. 다만, 물량이 적을 경우에는 단단히 묶어서 다른 우편물과 함께 발송한다.
>
> 답 ③

10 우편사업의 보호규정에 대한 설명으로 옳은 것을 모두 고른 것은? ★★

> ㄱ. 지방자치단체에서 발송하는 등기우편물은 서신독점의 대상이다.
> ㄴ. 우편업무를 위해서만 사용하는 물건은 압류가 금지되지만 제세공과금 부과의 대상이다.
> ㄷ. 우편물의 발송, 수취나 그 밖의 우편 이용에 관한 제한능력자의 행위는 능력자가 행한 것으로 간주한다.
> ㄹ. 상품의 가격, 기능, 특성 등을 문자, 사진, 그림으로 인쇄한 16쪽 이상인 책자 형태의 상품 안내서는 서신독점의 대상이다.

① ㄱ, ㄷ
② ㄱ, ㄹ
③ ㄴ, ㄷ
④ ㄴ, ㄹ

ㄱ. (O) 서신독점권은 국가에 있으며, 독점권의 대상은 서신이다. "서신"이라 함은 의사전달을 위하여 특정인이나 특정 주소로 송부하는 것으로서 문자·기호·부호 또는 그림 등으로 표시한 유형의 문서 또는 전단을 말한다(「우편법」 제1조의2 제7호). 국가기관이나 지방자치단체에서 발송하는 등기취급 서신은 위탁이 불가능하다.

ㄷ. (O) 우편물의 발송·수취나 그 밖에 우편 이용에 관하여는 제한능력자의 행위라도 능력자가 행한 것으로 간주된다. 이에 따라 제한능력자의 행위임을 이유로 우편관서에 대하여 임의로 이용관계의 무효 또는 취소를 주장할 수 없다. 다만, 법률행위에 하자가 발생한 경우에는 관련규정에 따른다. 제한능력자라 함은 「민법」상의 제한능력자를 말하며, 행위제한능력자(미성년자, 피한정후견인, 피성년후견인)와 의사제한능력자(만취자, 광인 등)를 모두 포함한다.

ㄴ. (×) 우편업무를 위해서만 사용하는 물건과 우편업무를 위해 사용 중인 물건은 압류할 수 없으며, 우편업무를 위해서만 사용하는 물건(우편에 관한 서류를 포함)에 대해서는 국세·지방세 등의 제세공과금을 매기지 않는다.

ㄹ. (×) ㄱ의 단서조항으로 다음에 해당하는 경우에는 예외로 한다(「우편법 시행령」 제3조).

가) 「신문 등의 진흥에 관한 법률」 제2조 제1호에 따른 신문

나) 「잡지 등 정기간행물의 진흥에 관한 법률」 제2조 제1호 가목에 따른 정기간행물

다) 다음 각 목의 요건을 모두 충족하는 서적
- 표지를 제외한 48쪽 이상인 책자의 형태로 인쇄·제본되었을 것
- 발행인·출판사나 인쇄소의 명칭 중 어느 하나가 표시되어 발행되었을 것
- 쪽수가 표시되어 발행되었을 것

라) 상품의 가격·기능·특성 등을 문자·사진·그림으로 인쇄한 16쪽 이상(표지를 포함한다)인 책자 형태의 상품 안내서

마) 화물에 첨부하는 봉함지 아니한 첨부서류 또는 송장

바) 외국과 주고받는 국제서류

사) 국내에서 회사(「공공기관의 운영에 관한 법률」에 따른 공공기관을 포함한다)의 본점과 지점 간 또는 지점 상호 간에 주고받는 우편물로서 발송 후 12시간 이내에 배달이 요구되는 상업용 서류

아) 「여신전문금융업법」 제2조 제3호에 해당하는 신용카드

답 ①

11 현행 「우편법 시행령」에서 정한 기본통상우편요금에 대한 설명으로 옳은 것은? ★

① 중량 25g 이하인 규격외우편물의 일반우편요금

② 중량 3g 초과 25g 이하인 규격우편물의 일반우편요금

③ 중량 5g 초과 25g 이하인 규격우편물의 일반우편요금

④ 중량 25g 초과 50g 이하인 규격외우편물의 일반우편요금

> **해설** 「우편법」 제2조 제3항에서 "대통령령으로 정하는 통상우편요금"이란 제12조에 따라 고시한 통상우편물요금 중 중량이 5g 초과 25g 이하인 규격우편물의 일반우편요금을 말한다(「우편법 시행령」 제3조의2).
>
> 目 ③

12 통상우편물 접수 시 규격외 요금을 징수해야 하는 우편물의 개수로 옳은 것은? ★★

> ㄱ. 봉투의 재질이 비닐인 우편물
> ㄴ. 봉투를 봉할 때 접착제를 사용한 우편물
> ㄷ. 수취인 우편번호를 6자리로 기재한 우편물
> ㄹ. 누르지 않은 자연 상태에서 두께가 10mm인 우편물
> ㅁ. 봉투 색상이 70% 이하 반사율을 가진 밝은 색 우편물
> ㅂ. 정해진 위치에 우편요금 납부 표시를 하지 않거나, 우표를 붙이지 않은 우편물

① 1개

② 2개

③ 3개

④ 4개

해설

'통상우편물의 규격요건 및 외부표시(기재) 사항'의 내용 중 '봉투에 넣어 봉함하거나 포장하여 발송하는 우편물의 규격 요건 및 외부표시(기재) 사항'을 위반했을 경우 '통상우편물의 규격외 취급'을 한다. 제시된 내용 중 '봉투에 넣어 봉함하 거나 포장하여 발송하는 우편물의 규격요건 및 외부표시(기재) 사항'에 해당하는 내용은 ㄱ, ㄴ, ㄷ, ㄹ이고, ㅁ, ㅂ은 권 장요건과 관련된 내용이다. 이 중 ㄱ, ㄷ, ㄹ이 '봉투에 넣어 봉함하거나 포장하여 발송하는 우편물의 규격요건 및 외부 표시(기재) 사항'을 위반했으므로 규격외 취급을 한다.

ㄱ. 재질 : 종이(창문봉투의 경우 다른 소재로 투명하게 창문 제작)
ㄷ. 우편번호 기재 : 수취인 주소와 우편번호(국가기초구역 체계로 개편된 5자리 우편번호)를 정확히 기재해야 하며, 일 체의 가려짐 및 겹침이 없어야 함. 단, 여섯자리 우편번호 작성란이 인쇄(2019년 10월 이전)된 봉투를 이용한 통상 우편물은 우편번호 숫자를 왼쪽 칸부터 한 칸에 하나씩 차례대로 기입하고 마지막 칸은 공란으로 두어야 함
ㄹ. 크기(두께) : 최소 0.16mm, 최대 5mm(누르지 않은 자연 상태)
ㄴ. 표면 및 내용물 : 봉할 때는 풀, 접착제 사용(스테이플, 핀, 리벳 등 도드라진 것 사용 불가)
• 권장요건(ㅁ, ㅂ은 이를 위반)
ㅁ. 봉투 색상은 70% 이상 반사율을 가진 흰 색이나 밝은 색
ㅂ. 정해진 위치에 우표를 붙이거나 우편요금 납부 표시

답 ③

---

13 우편사서함에 대한 설명으로 옳지 <u>않은</u> 것을 모두 고른 것은? 〈변형〉 ★★

> ㄱ. 사서함에 배달된 우편물을 정당한 사유 없이 30일 이상 수령하지 않을 때에는 사서함 사용계약을 해지해야 한다.
> ㄴ. 사서함 번호와 주소가 함께 기록된 우편물 중 당일특급, 특별송달, 보험취급, 맞춤형 계약등기, 등기 소포 우편물은 주소지에 배달해야 한다.
> ㄷ. 사서함 신청을 받은 우체국장은 국가기관, 지방자치단체, 일일 배달 예정 물량이 100통 이상인 다량 이용자, 우편물 배달 주소지가 사서함 설치 우체국의 관할구역인 신청자 순서로 우선 계약해야 한다.

① ㄱ
② ㄴ, ㄷ
③ ㄱ, ㄷ
④ ㄱ, ㄴ, ㄷ

해설

ㄱ. (×) 사서함에 배달된 우편물을 정당한 사유 없이 30일 이상 수령하지 않을 경우 사서함 사용계약 우체국장은 사서 함 사용계약을 해지할 수 있다.
ㄴ. (×) 사서함 번호와 주소가 함께 기록된 우편물을 사서함에 넣을 수 있으며, 당일특급, 특별송달, 보험취급, 맞춤형 계약등기 우편물은 주소지에 배달한다. 등기소포 우편물은 단서에 해당하지 않는다(주소지 배달×).
ㄷ. (×) 사서함 신청을 받은 우체국장은 국가기관, 지방자치단체, 일일 배달 예정 물량이 100통 이상인 다량 이용자, 우 편물 배달 주소지가 사서함 설치 우체국의 관할구역인 신청자 순서로 우선 계약을 할 수 있다.

답 ④

14 우편물의 발송에 대한 설명으로 옳지 <u>않은</u> 것은?　　　　　　　　　　　　　　　　★★

① 부가취급우편물을 운송 용기에 담을 때에는 책임자나 책임자가 지정하는 사람이 참관한다.

② 행선지별로 구분한 우편물을 효율적으로 운송하기 위하여 운송 거점에서 운송 용기를 서로 교환한다.

③ 등기우편물을 발송할 때에는 우편물류 시스템으로 등기우편물 배달증을 생성하고, 생성된 배달증과 현품 수량을 확인한 후 발송한다.

④ 일반우편물은 형태별로 분류하여 해당 우편 상자에 담되, 우편물량이 적을 경우에는 형태별로 묶어 담고 운송 용기 국명표는 혼재 표시된 것을 사용한다.

> **해설** 해당 내용은 부가취급우편물 발송과 관련된 내용이다. 부가취급우편물을 운송 용기에 담을 때에는 책임자나 책임자가 지정하는 사람이 참관하여 우편물류 시스템으로 부가취급우편물 송달증(등기우편물 배달증 ×)을 생성하고 송달증과 현품 수량을 대조 확인한 후 발송한다.
>
> 답 ③

15 우편물의 운송에 대한 설명으로 옳은 것은?　　　　　　　　　　　　　　　　　　★★

① 우편물 운송의 우선순위는 1순위, 2순위, 3순위, 기타순위로 구분된다.

② 우편물이 일시적으로 폭주하는 경우, 항공기 등을 이용하여 운송하는 것을 특별운송이라고 한다.

③ 임시운송은 물량의 증감에 따라 특급우편물, 등기우편물, 일반우편물을 별도로 운송하는 것을 말한다.

④ 우편물의 안정적인 운송을 위하여 우정사업본부장은 운송 구간, 수수국, 수수 시각, 차량 톤수 등을 우편물 운송 방법 지정서에 지정한다.

> **해설**
> ② 특별운송은 우편물의 일시적인 폭주와 교통의 장애 등 그 밖의 특별한 사정이 있다고 인정되는 경우에 우편물의 원활한 송달을 위하여 전세차량 · 선박 · 항공기 등을 이용하여 운송하는 것으로, 우편물 정시송달이 가능하도록 최선편에 운송하고 운송료는 사후에 정산한다.
> ① 운송할 우편 물량이 많아 차량, 선박, 항공기, 열차 등의 운송수단으로 운송할 수 없는 경우에는 1순위(당일특급우편물, EMS우편물), 2순위[익일특급우편물, 등기소포우편물(택배포함), 보통등기 및 준등기우편물, 국제항공우편물], 3순위(일반소포우편물, 일반통상우편물, 국제선편우편물)의 순위에 따라 처리한다.
> ③ 임시운송은 물량의 증감에 따라 정기운송편 이외 방법으로 운송하는 것을 말한다.
> ④ 우편물의 안정적인 운송을 위하여 관할 지방우정청장이 운송 구간, 수수국, 수수 시각, 차량 톤수 등을 우편물 운송 방법 지정서에 지정한다.
>
> 답 ②

16 국제통상우편물 종별 세부내용에 대한 설명으로 옳은 것은? ★★

① 인쇄물로 접수할 수 있는 것은 서적, 홍보용 팸플릿, 상업광고물, 도면, 포장박스 등이다.

② 그림엽서의 경우, 앞면 윗부분에 우편엽서를 뜻하는 단어를 영어나 프랑스어로 표시해야 한다.

③ 특정인에게 보내는 통신문을 기록한 우편물, 법규 위반 엽서, 법규 위반 항공서간은 서장으로 취급한다.

④ 소형포장물의 경우, 제조회사의 마크나 상표는 내부나 외부에 기록이 가능하나, 발송인과 수취인 사이에 교환되는 통신문에 관한 참고사항은 내부에만 기록할 수 있다.

> **해설**
>
> ③ 서장(Letters)은 특정인에게 보내는 통신문(Correspondence)을 기록한 우편물(타자한 것을 포함)로, 법규 위반 엽서, 법규 위반 항공서간은 서장으로 취급한다. 엽서에 관한 규정을 따르지 아니한 우편엽서는 서장으로 취급하되, 뒷면에 요금납부 표시를 한 엽서는 서장으로 취급하지 않고 미납으로 간주하여 처리한다.
>
> ① 인쇄물로 접수 가능한 물품에는 서적, 정기간행물, 홍보용 팸플릿, 잡지, 상업광고물, 달력, 사진, 명함, 도면 등이 있다. CD, 비디오테이프, OCR, 포장박스, 봉인한 서류는 접수 불가한 물품이다. 단, 종이, 판지 등의 인쇄물 형태로 정보 전달의 내용이 포함된 인쇄물에 한한다.
>
> ② 우편엽서 앞면 윗부분에 우편엽서를 뜻하는 영어나 프랑스어로 표시(Postcard 또는 Carte postale)하지만, 그림엽서의 경우에 꼭 영어나 프랑스어로 표시해야 하는 것은 아니다.
>
> ④ 소형포장물의 경우 상거래용 지시 사항, 수취인과 발송인의 주소 · 성명, 제조회사의 마크나 상표, 발송인과 수취인 사이에 교환되는 통신문에 관한 참고 사항, 물품의 제조업자 또는 공급자에 관한 간단한 메모, 일련번호나 등기번호, 가격 · 무게 · 수량 · 규격에 관한 사항, 상품의 성질, 출처에 관한 사항은 우편물의 내부나 외부에 기록이 가능하다.
>
> **답** ③

17 국제우편 종류별 접수방법에 대한 설명으로 옳은 것은? ★

① 보험소포우편물 취급 시 중량이 '8kg 883g'인 경우, '8,900g'으로 기록한다.

② 우편자루배달인쇄물 접수 시 하나의 소포우편물로 취급하며, 우편요금과 별도로 통관회부대행수수료 4,000원을 징수한다.

③ 국제특급우편(EMS)은 내용품에 따라 서류용과 비서류용 2가지로 구분되며, 운송장의 번호는 KE 또는 KS 등 K*로 시작된다.

④ K-Packet의 발송인란에는 통관, 손해배상, 반송 등의 업무처리를 위해 반드시 한 명의 주소 및 성명을 기재해야 한다.

④ K-Packet은 2kg 이하 소형물품의 해외배송에 적합한 우편서비스로, K-Packet 운송장의 발송인란에는 통관, 손해배상, 반송 등의 업무처리를 위하여 반드시 한 명의 주소·성명을 기재한다.

① 보험소포우편물의 중량은 10g 단위로 표시하고, 10g 미만의 단수는 10g으로 절상한다. 선지로 제시된 8kg 883g의 경우, 8,890g으로 기록한다.

② 우편자루배달인쇄물(M-bag)을 접수할 때에는 하나의 통상우편물로 취급하며, 우편요금과 별도로 통관절차대행수수료 4,000원을 징수한다.

③ 국제특급우편물(EMS)의 운송장은 내용품에 따라 서류용과 비서류용의 2가지로 구분하며, 서류 등을 발송할 때는 번호가 주로 EE로 시작하는 운송장을 이용하고, 서류 이외의 우편물을 발송할 때(비서류)는 일반적으로 번호가 EM 또는 ES로 시작하는 운송장을 사용한다.

정답 ④

18 국제특급우편(EMS) 주요 부가서비스 및 제도에 대한 설명으로 옳은 것은? ★★

① 수출우편물 발송확인 서비스 대상 우편물의 경우, 발송인은 수리일 다음날로부터 30일 내에 해당 우편물을 선적 또는 기적해야 한다.

② EMS프리미엄 서비스는 1~5개 지역 및 서류용과 비서류용으로 구분되며, 최고 7천만 원까지 내용품의 가액에 한해 보험 취급이 가능하다.

③ EMS프리미엄의 부가서비스인 고중량 특송 서비스는 전국 우체국에서 접수 가능하며, 우체국과 계약 여부에 상관없이 누구나 이용할 수 있다.

④ 2003년부터 EMS 배달보장서비스가 시행되어 운영 중이며, 실무에서 처리할 경우, 도착 국가에서 통관 보류나 수취인 부재 등의 사유로 인한 미배달은 배달완료로 간주한다.

③ EMS프리미엄 주요 부가서비스 중 고중량 특송 서비스는 70kg 초과[71kg~2,000kg(체적무게 적용)] 고중량 화물을 팔레트 단위로 Door to Door 방식으로 배송하는 전문 특송 서비스로, 전국 우체국에서 접수 가능하며 모든 고객(개인 및 EMS 계약고객)을 대상으로 한다.

① 수출우편물 발송확인 서비스 대상 우편물은 발송인이 사전에 세관에 수출신고를 하여 수리된 물품이 들어 있는 우편물로 수리일로부터 30일 내에 선(기)적 하여야 하며, 기일 내 선(기)적하지 아니한 경우에는 과태료 부과와 수출신고 수리가 취소된다.

② EMS프리미엄 서비스(민간 국제특송사 제휴서비스)는 지역 및 대상에 있어 1~5지역 및 서류와 비서류로 구분하며, 보험 취급 시 우편물의 분실이나 파손에 대비하여 최고 5천만 원까지 내용품 가액에 대한 보험을 들어두는 서비스이다.

④ EMS 배달보장서비스는 EMS 배달보장일 계산 프로그램에 따라 발송지(접수 우체국)와 수취인의 우편번호를 입력하면 상대국 공휴일, 근무일, 항공스케줄을 참고하여 배달보장 날짜를 알려주는데 만약 알려준 배달예정일보다 늦게 배달되면 지연사실 확인 즉시 우편요금을 배상해주는 보장성 서비스로, 2005년 7월 25일 최초 시행되었다. 우편취급국을 포함한 모든 우체국에서 위 국가로 발송하는 EMS 우편물에 대하여 배달보장일이 제공 가능하지만, EMS 접수 시 수취인의 우편번호를 PostNet에 입력하는 경우에 한하여 배달보장일이 제공됨에 유의하여야 한다. 다만, 통관보류나 수취인 부재 등의 사유로 인한 미배달은 배달완료로 간주한다.

답 ③

19 우편사업의 보호 규정에 대한 설명으로 옳지 않은 것은? ★★

① 우편을 위한 용도로만 사용되는 물건은 압류할 수 없다.
② 우편물과 그 취급에 필요한 물건은 해손(海損)을 부담하지 않는다.
③ 우편을 위한 용도로만 사용되는 물건은 제세공과금의 부과 대상이 되지 않는다.
④ 우편물의 발송 준비를 마치기 전이라도 우편관서는 그 압류를 거부할 수 있다.

④ 우편물의 압류거부권 : 우편관서에서 운송 중이거나 '발송 준비를 마친' 우편물에 대해서는 압류를 거부할 수 있는 권리를 말한다.
① 우편업무 전용 물건의 압류 금지 : 우편업무를 위해서만 사용하는 물건과 우편업무를 위해 사용 중인 물건은 압류가 금지된다.
② 공동 해상 손해 부담의 면제 : 항해 중 침몰을 피하기 위해 화물을 버려야 하는 경우에도 우편물과 우편업무에 필요한 물건에 대해서는 부담을 면제받는 권리이다.
③ 우편업무 전용 물건의 부과 면제 : 우편업무를 위해서만 사용하는 물건(우편에 관한 서류를 포함)에 대해서는 국세·지방세 등의 제세공과금을 매기지 않는다.

답 ④

20 우편사업이 제공하는 선택적 우편 서비스에 해당하는 것은? ★

① 중량이 800g인 서류를 송달하는 경우
② 중량이 25kg인 쌀자루를 송달하는 경우
③ 중량이 20g인 서신을 내용증명으로 송달하는 경우
④ 중량이 2kg인 의류를 배달증명으로 송달하는 경우

 우편 서비스는 보편적 우편 서비스와 선택적 우편 서비스로 구분한다. 보편적 우편 서비스란 국가가 국민에게 제공하여야 할 가장 기본적인 보편적 통신 서비스를 말하며, 선택적 우편 서비스란 고객 필요에 따라 제공하는 보편적 우편 서비스 외의 서비스를 말한다.
② 20킬로그램을 초과하는 소포우편물이므로 선택적 우편 서비스에 해당한다.

보편적 우편 서비스	선택적 우편 서비스
① 2킬로그램 이하의 통상우편물 ② 20킬로그램 이하의 소포우편물 ③ ① 또는 ②의 우편물의 기록취급 등 특수하게 취급하는 우편물 ④ 그 밖에 대통령령으로 정하는 우편물	① 2킬로그램을 초과하는 통상우편물 ② 20킬로그램을 초과하는 소포우편물 ③ ① 또는 ②의 우편물의 기록취급 등 특수하게 취급하는 우편물 ④ 우편과 다른 기술 또는 서비스가 결합된 우편 서비스 예 전자우편, 모사전송(FAX)우편, 우편물 방문접수 등 ⑤ 우편시설, 우표, 우편엽서, 우편요금 표시 인영이 인쇄된 봉투 또는 우편차량장비 등을 이용하는 서비스 ⑥ 우편 이용과 관련된 용품의 제조 및 판매 ⑦ 그 밖에 우편 서비스에 부가하거나 부수하여 제공하는 서비스

답 ②

부록 02 금융상식

※ 본 파트는 우정 9급 계리직 2021년, 2019년, 2018년 금융상식 기출문제를 바탕으로 개편되는 금융상식 시험의 문항 수에 맞게 20문항으로 구성하였습니다.
※ 문제 옆의 별 표시는 난도를 구분하여 '하~상'까지 각각 '1~3개'를 부여한 것이므로 학습에 참고하시기 바랍니다.
※ 과년도 우편 및 금융상식 기출문제에 대한 무료해설강의는 시대플러스(https://www.sdedu.co.kr/sidaeplus)에서 수강하실 수 있습니다.

01 「우체국예금 · 보험에 관한 법률」과 동법 시행령 · 시행규칙에 관한 내용으로 옳은 것은?　　★★

① 연 면적의 100분의 20을 우정사업에 직접 사용하고 나머지는 영업시설로 임대하고자 하는 업무용 부동산은 우체국 예금자금으로 취득할 수 있다.
② 우체국예금 자금은 금융기관 또는 재정자금에 예탁하거나 1인당 2천만 원 이내의 개인 신용대출 등의 방법으로도 운용한다.
③ 우체국은 예금보험공사에 의한 예금자보호대상 금융기관의 하나이지만, 특별법인 이 법에 의해 우체국예금(이자 포함)과 우체국보험 계약에 따른 보험금 등 전액에 대하여 국가가 지급 책임을 진다.
④ 우체국예금 자금으로 「자본시장과 금융투자업에 관한 법률」에 따른 파생상품 거래 시 장내파생상품 거래를 위한 위탁증거금 총액은 예금자금 총액의 100분의 20 이내로 한다.

> **해설**
>
> ① 연 면적의 100분의 10 이상을 우정사업에 직접 사용하고 나머지는 영업시설로 임대하고자 하는 업무용 부동산은 우체국 예금자금으로 취득할 수 있다(「우체국예금 · 보험에 관한 법률」 제18조 제1항, 「우체국예금 · 보험에 관한 법률 시행령」 제3조의2).
> ② 개인 신용대출 등의 방법으로는 운용할 수 없다.
>
> > 「우체국예금 · 보험에 관한 법률」 제18조(예금자금의 운용)
> > ① 과학기술정보통신부장관은 예금(이자를 포함한다)의 지급에 지장이 없는 범위에서 예금자금을 다음 각 호의 방법으로 운용한다. 〈개정 2013. 3. 23. 2017. 7. 26.〉
> > 1. 금융기관에 예탁(預託)
> > 2. 재정자금에 예탁
> > 3. 「자본시장과 금융투자업에 관한 법률」에 따른 증권의 매매 및 대여
> > 4. 「자본시장과 금융투자업에 관한 법률」 제355조에 따른 자금중개회사를 통한 금융기관에 대여
> > 5. 「자본시장과 금융투자업에 관한 법률」 제5조에 따른 파생상품의 거래
> > 6. 대통령령으로 정하는 업무용 부동산의 취득 · 처분 및 임대
>
> ③ 우체국의 경우 예금보험공사의 보호대상 금융회사는 아니지만, 「우체국예금 · 보험에 관한 법률」에 의거하여 우체국예금(이자 포함)과 우체국보험 계약에 따른 보험금 등 전액에 대하여 국가에서 지급을 책임지고 있다(「우체국예금 · 보험에 관한 법률」 제4조).
> ④ 파생상품 거래 중 장내파생상품을 거래하기 위한 위탁증거금 총액은 예금자금 총액의 100분의 1.5 이내로 한다(「우체국예금 · 보험에 관한 법률 시행규칙」 제15조의2).
>
> 달 ①

02   우체국 예금상품에 대한 설명으로 옳은 것을 모두 고른 것은?   ★★

> ㄱ. e−Postbank 정기예금은 자동이체 약정, 체크카드 이용실적, 자동 재예치 실적에 따라 우대금리를 제공한다.
> ㄴ. 「중소기업협동조합법」에서 정하는 소기업·소상공인 공제금 수급자는 우체국 행복지킴이통장 가입 대상이다.
> ㄷ. 입양자는 이웃사랑정기예금과 우체국 새출발자유적금 패키지 중 새출발 행복 상품에 가입할 수 있다.
> ㄹ. 우체국 하도급지킴이통장은 공사대금 및 입금이 하도급자와 근로자에게 기간 내 집행될 수 있도록 관리, 감독하기 위한 압류방지 전용 통장이다.

① ㄱ, ㄴ
② ㄱ, ㄹ
③ ㄴ, ㄷ
④ ㄷ, ㄹ

 해설

ㄴ. (○) 「중소기업협동조합법」에서 정하는 소기업·소상공인 공제금 수급자는 가입대상자이다.

ㄷ. (○)

상품명	가입대상자
새출발 행복	헌혈자, 입양자, 장기·골수기증자, 다자녀가정, 부모봉양자, 농어촌 읍면단위 거주자, 신용등급 7등급 이하 개인, 협동조합종사자, 소상공인
이웃사랑정기예금	국민기초생활수급자, 장애인, 한부모가족, 소년소녀가정, 조손가정, 다문화가 정 등 사회 소외계층과 장기기증희망등록자, 골수기증희망등록자, 헌혈자, 입양자 등 사랑나눔 실천자 및 농어촌 지역 주민

ㄱ. (×) e−Postbank정기예금은 인터넷뱅킹, 스마트뱅킹으로 가입이 가능한 온라인 전용상품으로 온라인 예·적금 가입, 자동이체 약정, 체크카드 이용실적에 따라 우대금리를 제공하는 정기예금이다.

ㄹ. (×) 우체국 하도급지킴이통장은 조달청에서 운영하는 '정부계약 하도급관리시스템'을 통해 발주한 공사대금 및 입금이 하도급자와 근로자에게 기간 내 집행될 수 있도록 관리, 감독하기 위한 전용통장이다.

정답 ③

03 주식투자 및 채권투자의 주요 내용에 대한 설명으로 옳은 것을 모두 고른 것은? ★★★

> ㄱ. 신종자본증권은 대부분의 경우 발행 후 5년이 지나면 투자자가 채권에 대해 상환을 요구할 수 있는 풋옵션이 부여되어 있다.
> ㄴ. 채권의 가격은 시장금리 및 발행기관의 신용 변화에 영향을 받아 변동하게 되며, 다른 요인들이 모두 동일하다면 채권은 잔존기간이 짧아질수록 가격의 변동성이 증가한다.
> ㄷ. 유상증자는 기업의 재무구조를 개선하고 타인자본에 대한 의존도를 낮출 수 있는 반면, 무상증자는 회사와 주주의 실질재산에는 변동이 없다. 유·무상증자 권리락일에는 신주인수권 가치만큼 기준 주가가 하락한 상태에서 시작하게 된다.
> ㄹ. 2021.3.9.(화)에 유가증권시장에서 매입한 주식(전일종가 75,000원)의 당일 중 최소 호가 단위는 100 원이며, 주중에 다른 휴장일이 없다면 2021.3.11.(목) 개장 시점에 증권계좌에서 매입대금은 출금되고 주식은 입고된다.

① ㄱ, ㄴ
② ㄱ, ㄹ
③ ㄴ, ㄷ
④ ㄷ, ㄹ

 해설

ㄷ. (ㅇ) 유상증자는 기업이 신주를 발행하여 자본금을 증가시키는 것으로 재무구조를 개선하고 타인자본에 대한 의존도를 낮추는 대표적인 방법이며 무상증자는 주금 납입 없이 이사회 결의로 준비금이나 자산재평가적립금 등을 자본에 전입하고 전입액 만큼 발행한 신주를 기존주주에게 보유 주식수에 비례하여 무상으로 교부하는 것으로, 회사와 주주의 실질재산에는 변동이 없다. 한편, 유·무상증자를 위해서는 주주가 확정되어야 하며 이를 위해 유·무상증자 기준일을 정하고 기준일 현재 주주인 사람을 증자 참여 대상자로 확정하게 된다. 이때 유·무상증자 기준일 전일은 유·무상증자 권리락일(자산분배가 공표된 기업의 주식이 그 자산의 분배권이 소멸된 이후 거래되는 첫날)이 되어 그 날 이후 주식을 매수한 사람은 증자에 참여할 권리가 없다. 따라서 권리락일에는 신주인수권 가치만큼 기준주가가 하락하여 시작하게 된다.

ㄹ. (ㅇ) 매매가 체결된 주식의 결제시점은 체결일로부터 3영업일로 되어 있다. 예를 들어 목요일에 매매가 체결된 주식은 토요일과 일요일 외에 다른 휴장일이 없다면 다음 주 월요일이 결제일이 되어 개장 시점에 매입의 경우는 증권계좌에서 매입대금이 출금되면서 주식이 입고되고, 매도의 경우는 증권계좌에 매도대금이 입금되면서 주식이 출고된다.

ㄱ. (×) 신종자본증권은 일정 수준 이상의 자본요건을 충족할 경우 자본으로 인정되는 채무증권으로 발행 후 5년이 지나면 발행기업이 채권을 회수할 수 있는 콜옵션(조기상환권)이 부여되어 있다.

ㄴ. (×) 채권은 시간이 경과하면서 장기채권에서 중기채권으로 다시 단기채권으로 바뀌게 되며, 기간이 짧아져감에 따라 다른 요인들이 모두 동일하다면 채권가격의 변동성은 감소한다. 일반적으로 만기가 긴 채권일수록 수익률은 높으나 유동성이 떨어지고 채무불이행 확률도 증가하므로 투자자는 자신의 투자기간을 고려하여 적절한 만기를 가진 채권에 투자해야 한다.

정답 ④

04 예금주의 사망 시 적용되는 상속제도에 대한 설명으로 옳지 <u>않은</u> 것은? ★★

① 친양자 입양제도에 따라 입양된 친양자는 법정혈족이므로 친생부모 및 양부모의 예금을 상속받을 수 있다.

② 예금주의 아들과 손자는 같은 직계비속이지만 아들이 손자보다 선순위로 상속받게 된다.

③ 특정유증의 경우, 수증자는 상속인 또는 유언집행자에 대하여 채권적 청구권만을 가진다.

④ 협의분할 시 공동상속인 중 친권자와 미성년자가 있는 경우, 미성년자에 대하여 특별대리인을 선임하여 미성년자를 대리하도록 해야 한다.

해설

① 양자는 법정혈족이므로 친생부모 및 양부모의 예금도 상속한다. 다만 2008년 1월 1일부터 시행된 친양자 입양제도에 따라 입양된 친양자는 친생부모와의 친족관계 및 상속관계가 모두 종료되므로 생가부모의 예금을 상속하지는 못한다.

② 예금주가 사망한 경우 혈족상속의 순위는 혈연상의 근친에 따라 그 순위가 정해진다. 혈족이란 자연혈족뿐만 아니라 법정혈족도 포함하며, 만약 선순위 상속권자가 1인이라도 있으면 후순위권자는 전혀 상속권을 가지지 못한다. 배우자의 경우는 피상속인의 직계비속 또는 직계존속과 동순위로 상속권자가 된다.

- 제1순위 : 피상속인의 직계비속(자녀, 손주 등)
- 제2순위 : 피상속인의 직계존속(부모, 조부모 등)
- 제3순위 : 피상속인의 형제자매
- 제4순위 : 피상속인의 4촌 이내의 방계혈족(삼촌, 사촌형제 등)

같은 순위의 상속인이 여러 사람인 경우에는 최근친을 선순위로 본다. 예컨대 같은 직계비속이라도 아들이 손자보다 선순위로 상속받게 된다. 그리고 같은 순위의 상속인이 두 사람 이상인 경우에는 공동상속을 한다. 공동상속인 간의 상속분은 배우자에게는 1.5, 그 밖의 자녀에게는 1의 비율이다.

③ 특정유증의 경우에는 수증자가 상속인 또는 유언집행자에 대하여 채권권만 가지므로 은행(우체국)은 예금을 상속인이나 유언집행자에게 지급함이 원칙이다. 그러나 실무상으로는 수증자가 직접 지급하여 줄 것을 요구하는 경우가 많다. 이 경우에는 유언집행자 또는 법정상속인으로부터 유증을 원인으로 하는 명의변경신청서를 징구하여 예금주의 명의를 수증자로 변경한 후에 예금을 지급하면 된다. 다만, 상속인으로부터 유류분반환청구가 있는지 확인하여야 한다.

④ 협의분할이란 공동상속인 간의 협의에 의한 분할로, 유언에 의한 분할방법의 지정이 없거나 피상속인이 5년을 넘지 않는 범위 내에서 상속재산의 분할을 금지하지 않는 한 공동상속인들은 언제든지 협의로 상속재산을 분할할 수 있다. 협의분할에 따른 예금지급을 위해서는 상속인의 범위를 확정하고 상속재산분할협의서 · 공동상속인의 인감증명서 · 손해담보각서 등을 징구한 후 지급하면 된다. 다만, 공동상속인 중 친권자와 미성년자가 있는 경우에 친권자가 미성년자를 대리하여 협의분할하는 것은 이해상반행위에 해당하므로 특별대리인의 선임증명을 첨부하여 특별대리인이 동의권 또는 대리권을 행사하도록 하여야 한다.

답 ①

05 금융투자상품에 대한 설명으로 옳지 <u>않은</u> 것은? ★★

① 수입업자는 선물환 매입계약을 통해 환율변동에 따른 환리스크를 헤지(hedge)할 수 있다.

② 투자자의 원본결손액에 대해 불법행위로 인한 손해 여부를 입증해야 하는 책임은 금융투자업자에게 있다.

③ 풋옵션의 경우, 기초자산 가격이 행사가격 이하로 하락함에 따라 매수자의 이익과 매도자의 손실이 무한정으로 커질 수 있다.

④ 상장지수증권(ETN)은 외부 수탁기관에 위탁되기 때문에 발행기관의 신용위험이 없고 거래소에 상장되어 실시간으로 매매가 이루어진다.

 해설

④ 상장지수펀드(ETF ; Exchange Traded Funds)는 특정한 지수의 움직임에 연동해 운용되는 인덱스 펀드의 일종이고, 이와 유사한 형태의 금융상품인 상장지수증권(ETN ; Exchange Traded Notes)은 기초지수 변동과 수익률이 연동되도록 증권회사가 발행하는 파생결합증권이다. ETF(상장지수펀드)와 ETN(상장지수증권)은 모두 인덱스 상품이면서 거래소에 상장되어 거래된다는 점에서는 유사하나 ETF의 경우는 자금이 외부 수탁기관에 맡겨지기 때문에 발행기관의 신용위험이 없는 반면에, ETN은 발행기관인 증권회사의 신용위험에 노출된다. 또한 ETF는 만기가 없는 반면에, ETN은 1~20년 사이에서 만기가 정해져 있다는 점에서도 차이가 있다.

① 선물거래의 가장 기본적이고 중요한 역할은 가격변동 리스크를 줄이는 헤징(hedging) 기능이다. 가격변동 리스크를 회피하고 싶은 투자자(hedger)는 선물시장에서 포지션을 취함으로써 미래에 가격이 어떤 방향으로 변하더라도 수익을 일정수준에서 확정시킬 수 있다. 선물거래는 현물의 가격변동위험을 헤지할 수 있으므로 그만큼 현물의 투자위험이 감소되는 결과를 가져와 투자자들은 현물시장에서 보다 적극적으로 포지션을 취할 수 있게 된다.

② 설명의무 미이행이나 중요사항에 대한 설명의 허위·누락 등으로 발생한 손실은 금융투자회사에게 배상책임이 부과되고, 투자자의 원본결손액(투자자가 금융상품투자로 지급한 또는 지급할 금전의 총액에서 투자자가 금융상품으로부터 취득한 또는 취득할 금전의 총액을 공제한 금액)을 금융투자회사의 불법행위로 인한 손해액으로 추정함으로써 손해의 인과관계가 없다는 입증책임이 금융투자업자에게 전가되게 하였다.

③ 행사가격(exercise price 또는 strike price)은 기초자산에 대해 사전에 정한 매수가격(콜옵션의 경우) 또는 매도가격(풋옵션의 경우)으로서 옵션보유자가 선택권을 행사하는 데 있어서 기준이 되는 가격이다. 콜옵션매수자는 기초자산의 가격이 행사가격 이상으로 상승할 때 권리를 행사하고 풋옵션매수자는 기초자산의 가격이 행사가격 아래로 하락할 때 권리를 행사한다. 주가지수옵션은 매수자의 경우 손실은 프리미엄에 한정되고 이익은 무한정이며, 매도자의 경우 이익은 프리미엄에 한정되나 손실은 무한정이다.

답 ④

06 A씨의 2018년 귀속 금융소득 현황이 다음과 같을 때 종합소득 산출세액으로 옳은 것은? ★★

> • 정기예금 이자 : 55,100,000원
> • 우리사주 배당금 : 20,000,000원
> • 환매조건부채권 이자(RP) : 30,000,000원
> • 농업회사법인 출자금 배당 : 10,000,000원
> 단, 종합소득 공제는 5,100,000원, 누진 공제액은 5,220,000원으로 한다.

① 9,580,000원
② 11,980,000원
③ 14,380,000원
④ 16,780,000원

해설

금융소득 중 비과세 및 분리과세 소득을 제외한 금융소득이 2천만 원을 초과하는 경우 금융소득 전체를 종합과세한다. 다만, 2천만 원을 초과하는 금융소득만 다른 종합소득과 합산하여 산출세액을 계산하고 2천만 원 이하 금액은 원천징수세율(14%)을 적용하여 산출세액을 계산한다.

• 금융소득＝이자소득＋배당소득
• 종합과세 제외 금융소득＝비과세 되는 금융소득＋분리과세 되는 금융소득
• 종합과세 대상 금융소득＝금융소득－종합과세 제외 금융소득
  '우리사주 배당금'과 '농업회사법인 출자금 배당'은 비과세 금융소득에 해당하므로 이 부분은 제외하고 계산을 해야 한다.
• 종합과세 되는 금융소득금액 : 정기예금 이자＋환매조건부채권 이자(RP)＝55,100,000＋30,000,000＝85,100,000원
• 기준금액초과 금융소득 : 85,100,000－20,000,000＝65,100,000원
  종합소득 산출세액은 '금융소득을 기본세율로 과세 시 산출세액'과 '금융소득을 원천징수세율로 과세 시 산출세액' 중 큰 금액으로 한다. 종합소득 산출세액을 계산하면,
㉠ 금융소득을 기본세율로 과세 시 산출 세액＝(2천만 원 초과금액－종합소득공제)×기본세율＋2천만 원×14%
  ＝[(65,100,000－5,100,000)×기본세율－누진 공제]＋2천만 원×14%
  ＝6천만 원×24%－5,220,000＋2천만 원×14%
  ＝14,400,000－5,220,000＋2,800,000 ＝11,980,000원
㉡ 금융소득을 원천징수세율로 과세 시 산출 세액＝금융소득×14%
  ＝85,100,000×14% ＝11,914,000원
∴ 종합소득 산출세액은 ㉠, ㉡ 중 큰 금액인 11,980,000원이다.

답 ②

더 알아보기 ➕

비과세 금융소득

- 「소득세법」에 의한 비과세 금융소득
  - 「신탁법」에 의한 공익신탁의 이익
  - 장기저축성보험의 보험차익
- 「조세특례제한법」에 의한 비과세 금융소득
  - 개인연금저축의 이자 · 배당
  - 장기주택마련저축의 이자 · 배당
  - 비과세종합저축의 이자 · 배당(1명당 저축원금 5천만 원 이하)
  - 조합 등 예탁금의 이자 및 출자금에 대한 배당
  - 재형저축에 대한 이자 · 배당
  - 농어가목돈마련저축의 이자
  - 우리사주조합원이 지급받는 배당
  - 농업협동조합근로자의 자사출자지분 배당
  - 영농 · 영어조합법인의 배당
  - 농업회사법인 출자금의 배당
  - 재외동포전용 투자신탁 등의 배당(1억 원 이하)
  - 녹색예금, 녹색채권의 이자와 녹색투자신탁 등의 배당
  - 경과규정에 의한 국민주택채권 등 이자
  - 개인종합자산관리계좌(ISA)에서 발생하는 금융소득(이자소득과 배당소득)의 합계액 중 200만 원 또는 400만 원까지 금액

안심Touch

07 우체국 예금상품 및 체크카드에 대한 설명으로 옳은 것을 모두 고른 것은? ★

> ㄱ. 법인용 체크카드의 현금 입출금 기능은 개인사업자에 한하여 선택 가능하다.
> ㄴ. 우체국 소상공인정기예금은 노란우산공제에 가입하거나 신용카드 가맹점 결제계좌 약정 시 우대금리를 제공한다.
> ㄷ. 포스트페이, E클래스 펀드, e-Postbank정기예금, e-Postbank예금은 우체국 창구를 통한 가입이 불가하다.
> ㄹ. 우체국 포미 체크카드는 싱글족 맞춤혜택 카드로, 교통기능은 후불 적용되며 점자카드는 발급이 불가하고 해외에서 사용이 가능한 카드이다.

① ㄱ, ㄴ
② ㄴ, ㄷ
③ ㄷ, ㄹ
④ ㄱ, ㄹ

해설
ㄱ. 성공파트너(일반/VISA), e-나라도움(법인형), Biz플러스 등 법인용 체크카드의 현금 입출금 기능은 개인사업자에 한하여 선택 가능하다.
ㄹ. 우체국 포미 체크카드는 편의점, 간편결제, 쇼핑, 배달앱 등에서 캐시백 할인이 되는 싱글족 맞춤혜택 특화 카드로, 현금카드와 복지카드의 기능을 가지며 후불교통카드로도 사용 가능하다. 해외겸용으로 사용할 수 있으나 가족카드, 점자카드로는 사용이 불가능하다.
ㄴ. 우체국 소상공인정기예금은 소상공인 · 소기업 대표자를 대상으로 노란우산공제에 가입하거나 우체국 수시입출식 예금 평균 잔고 실적에 따라 우대금리를 제공하는 서민자산 형성 지원을 위한 공익형 정기예금이다.
ㄷ. • e-Postbank예금은 인터넷뱅킹, 스마트뱅킹 또는 우체국 창구를 통해 가입하고 별도의 통장 발행 없이 전자금융 채널(인터넷뱅킹, 스마트뱅킹, 폰뱅킹, 자동화기기)을 통해 거래하는 입출금이 자유로운 예금이다.
　• 포스트페이는 우체국 특화서비스인 우편환기반 경조금 송금서비스와 핀테크를 접목시킨 간편결제 및 간편송금 서비스를 제공하는 우체국예금 모바일뱅킹 서비스 앱으로, 상품 가입은 비대면 계좌개설로 이루어진다. 간편결제, 간편송금(이체)이 가능하며, 모바일에서 우체국 체크카드 및 모바일카드 신청 및 발급이 가능하다.
　• E클래스 펀드는 종류형 펀드의 일종으로 온라인 가입용 인터넷 전용펀드이다.
　• e-Postbank정기예금은 인터넷뱅킹, 스마트뱅킹으로 가입이 가능한 온라인 전용상품으로 온라인 예 · 적금 가입, 자동이체 약정, 체크카드 이용실적에 따라 우대금리를 제공하는 정기예금이다.

답 ④

08 「예금자보호법」에서 정한 예금보험제도에 대한 설명으로 옳은 것은? ★

① 은행, 보험회사, 종합금융회사, 수협은행, 외국은행 국내지점은 보호대상 금융회사이다.

② 외화예금, 양도성예금증서(CD), 환매조건부채권(RP), 주택청약저축은 비보호 금융상품이다.

③ 서울시가 시중은행에 가입한 정기예금 1억 원은 5천만 원 한도 내에서 예금자보호를 받는다.

④ 금융회사가 예금을 지급할 수 없게 되면 법에 의해 금융감독원이 대신하여 예금을 지급하는 공적 보험제도이다.

 해설

① 보호대상 금융회사는 은행, 보험회사(생명보험·손해보험회사), 투자매매업자·투자중개업자, 종합금융회사, 상호저축은행이다. 농협은행, 수협은행 및 외국은행 국내지점은 보호대상 금융회사이지만 농·수협지역조합, 신용협동조합, 새마을금고는 현재 예금보험공사의 보호대상 금융회사는 아니며, 관련 법률에 따른 자체 기금에 의해 보호된다. 우체국의 경우 예금보험공사의 보호대상 금융회사는 아니지만, 「우체국예금·보험에 관한 법률」에 의거하여 우체국예금(이자 포함)과 우체국보험 계약에 따른 보험금 등 전액에 대하여 국가에서 지급을 책임지고 있다.

② 외화예금은 보호 금융상품에 해당한다.

③ 예금자보호제도는 원금과 소정이자를 합하여 1인당 5천만 원까지만 보호되며 초과금액은 보호되지 않는다. 그러나 정부, 지방자치단체(국·공립학교 포함), 한국은행, 금융감독원, 예금보험공사, 부보금융회사의 예금은 보호대상에서 제외한다.

④ 예금보험은 예금자를 보호하기 위한 목적으로 법에 의해 운영되는 공적보험이기 때문에, 「예금자보호법」에 의거하여 금융회사가 파산 등으로 예금을 지급할 수 없는 경우 예금보험공사가 예금지급을 보장한다. 예금보험제도를 통해 금융회사의 보험료, 정부와 금융회사의 출연금, 예금보험기금채권 등으로 예금보험기금을 조성해두었다가 금융회사가 고객들에게 예금을 지급하지 못하는 경우에 대신 지급해준다.

답 ①

09 우체국 예금상품에 대한 설명으로 옳은 것은? 〈변형〉 ★★★

① 시니어 싱글벙글 정기예금은 만 40세 이상 중년층 고객을 위한 우대이율 및 세무, 보험 등 부가서비스를 제공한다.
② 우체국 국민연금안심통장과 우체국 생활든든통장은 압류방지 전용 통장이다.
③ 우체국 생활든든통장은 입출금이 자유로운 예금으로, 대학생 · 취업준비생 · 사회초년생의 안정적인 사회 진출을 지원하는 통장이다.
④ 우체국 공무원연금평생안심통장은 공무원연금, 별정우체국연금 수급권자의 연금수급 권리를 보호하기 위한 압류방지 전용 통장이다.

① 시니어 싱글벙글 정기예금은 여유자금 추가입금과 긴급자금 분할해지가 가능한 정기예금으로 만 50세 이상 중년층 고객을 위한 우대이율 및 세무, 보험 등 부가서비스를 제공한다.
② 우체국 국민연금안심통장은 국민연금 수급권자의 연금수급 권리를 보호하기 위해 관련법에 따라 압류대상에서 제외하는 압류금지 전용 통장이지만, 우체국 생활든든통장은 그렇지 않다.
③ 우체국 생활든든통장은 금융소외계층 중 하나인 만 50세 이상 시니어 고객의 기초연금, 급여, 용돈 수령 및 체크카드 이용 시 금융 수수료 면제, 우체국 보험료 자동이체 또는 공과금 자동이체 시 캐시백, 창구소포 할인쿠폰 등 다양한 서비스를 제공하는 시니어 특화 입출금이 자유로운 예금이다.

답 ④

10 금리에 대한 설명으로 옳지 <u>않은</u> 것은? ★★

① 명목금리는 실질금리에서 물가상승률을 뺀 금리이다.
② 채권가격이 내려가면 채권수익률은 올라가고, 채권가격이 올라가면 채권수익률은 내려간다.
③ 표면금리는 겉으로 나타난 금리를 말하며 실효금리는 실제로 지급받거나 부담하게 되는 금리를 뜻한다.
④ 단리는 원금에 대한 이자만 계산하는 방식이고, 복리는 원금에 대한 이자뿐만 아니라 이자에 대한 이자도 함께 계산하는 방식이다.

명목금리는 물가상승에 따른 구매력의 변화를 감안하지 않은 금리이며 실질금리는 명목금리에서 물가상승률을 뺀 금리이다.

명목금리 = 실질금리 + 물가상승률

답 ①

11 보험료를 계산하는 현금흐름방식에 대한 설명으로 옳은 것은? ★★

① 보수적 표준기초율을 일괄적으로 가정하여 적용한다.

② 보험료 산출이 비교적 간단하고 기초율 예측 부담이 경감되는 장점이 있다.

③ 상품개발 시 수익성 분석을 동시에 할 수 있으며 상품개발 후 리스크 관리가 용이한 방식이다.

④ 3이원(利原)을 포함한 다양한 기초율을 가정하며, 계리적 가정에는 위험률, 해지율, 손해율, 적립이율 등이 있다.

 해설

③ 현금흐름방식은 상품개발 시 수익성 분석을 동시에 할 수 있으며 상품개발 후 리스크 관리가 용이하고 새로운 가격 요소 적용으로 정교한 보험료 산출이 가능하다.

①·② 3이원방식에 대한 설명이다.

④ 현금흐름방식의 기초율 가정 중 계리적 가정에는 위험률, 해지율, 손해율, 사업비용 등이 있으며, 적립이율은 경제적 가정에 포함된다.

답 ③

12 보험료 할인율이 높은 순서부터 바르게 나열한 것은? 〈변형〉 ★★★

ㄱ. 피보험자 300명이 단체로 무배당 win-win단체플랜보험에 가입

ㄴ. 주계약 보험가입금액 2,500만 원으로 무배당 우체국통합건강보험에 가입

ㄷ. B형 간염 항체 보유자인 피보험자가 무배당 우리가족암보험 일반형[1종(갱신형)]에 가입

① ㄱ-ㄴ-ㄷ

② ㄱ-ㄷ-ㄴ

③ ㄱ-ㄴ-ㄷ

④ ㄷ-ㄱ-ㄴ

 해설

ㄷ. B형 간염 항체 보유자인 피보험자가 무배당 우리가족암보험 일반형[1종(갱신형)]에 가입 → (할인율 3%)

ㄱ. 피보험자 300명이 단체로 무배당 win-win단체플랜보험에 가입 → (할인율 2%)

ㄴ. 주계약 보험가입금액 2,500만 원을 무배당 우체국통합건강보험에 가입 → (할인율 1%)

답 ④

13 우체국 보험상품에 대한 설명으로 옳은 것은? ★★

① 무배당 우체국안전벨트보험의 보험료는 성별에 따른 차이는 없으나 연령별로 차이가 있다.

② 우체국연금저축보험의 경우, 연금 지급구분에는 종신연금형, 상속연금형, 확정기간연금형, 더블연금형이 있다.

③ 무배당 우체국요양보험에 가입한 피보험자가 장기요양 3등급 진단을 받은 경우, 사망보험금 일부를 선지급 받을 수 있다.

④ 무배당 우체국100세건강보험에 가입한 피보험자가 '국민체력100' 체력인증을 받은 경우, 보험료 일부를 지원받을 수 있다.

> **해설** ④ 무배당 우체국100세 건강보험은 '국민체력100' 체력인증 시 보험료 지원혜택이 제공된다.
> ① 무배당 우체국안전벨트보험은 성별에 따른 차이는 있으나 나이에 관계없이 보험료가 동일하다.
> ② 우체국연금저축보험은 연금지급형태로 종신연금형 또는 확정기간연금형이 있다.
> ③ 무배당 우체국요양보험의 가입자가 장기요양(1~2등급) 진단을 받은 경우 사망보험금 일부를 선지급하여 노후요양비를 지원한다.
>
> 🔖 ④

14 40세인 A씨의 우체국 연금저축보험 가입 현황이 〈보기〉와 같을 때 연금수령 1차년도 산출세액(지방소득세 포함)으로 옳은 것은? ★★★

> **보기**
> • 연금 지급구분 : 종신연금형
> • 연금수령 개시 나이 : 만 55세
> • 연금수령한도 이내 연금수령액 : 1,200,000원
> • 연금수령한도 초과 연금수령액 : 1,000,000원
> (단, 납입보험료 전액을 세액공제받았으며, 의료목적 또는 부득이한 사유로 인한 연금수령액 및 다른 연금소득은 없는 것으로 한다)

〈적용세율〉

| 연금소득세율(지방소득세 포함) | | 기타소득세율 (지방소득세 포함) |
연금수령 나이(만 70세 미만)	종신연금형	
5.5%	4.4%	16.5%

① 96,800원

② 121,000원

③ 217,800원

④ 231,000원

③ '연금소득자의 나이에 따른 세율'과 '종신연금형'을 동시에 충족하는 경우 낮은 세율을 적용하므로 연금수령한도 이내 연금수령액인 1,200,000원은 4.4%의 연금소득세율이 적용되고 연금수령한도 초과 연금수령액인 1,000,000원은 16.5%의 기타소득세율이 적용되어 '$1,200,000 \times 0.044 + 1,000,000 \times 0.165 = 217,800$(원)'이 된다.

답 ③

15 위험관리와 보험의 종류에 대한 설명으로 옳은 것은? ★★

① 위험의 발생 상황에 따라 순수 위험과 투기적 위험으로 분류하며, 사건 발생에 연동되는 결과에 따라 정태적 위험과 동태적 위험으로 분류한다.

② 손해보험 중 특종보험은 상해 · 화재 · 항공 · 보증 · 장기보험 등을 제외한 모든 형태의 보험으로 해상보험, 건설공사보험, 동물보험, 유리보험 등이 있다.

③ 동태적 위험은 사회적인 특정 징후로 예측이 가능한 면도 있으나, 위험의 영향이 광범위하며 발생 확률을 통계적으로 측정하기 어렵다.

④ 보험의 대상이 되는 불확실성(위험)의 조건 중 한정적 측정가능 손실이란 보험회사 또는 인수집단의 능력으로 보상이 가능한 규모의 손실을 의미한다.

③ 동태적 위험은 시간경과에 따른 사회 · 경제적 변화와 관계가 있는 위험으로 산업구조 변화, 물가변동, 생활양식 변화, 소비자 기호변화, 정치적 요인 등 사회의 동적 변화에 따라 발생할 수 있는 불확실성이다. 동태적 위험은 사회적인 특정 징후로 예측이 가능한 면도 있으나, 위험의 영향이 광범위하며 발생 확률을 통계적으로 측정하기 어렵다.

① 위험은 사건발생에 연동되는 결과에 따라 순수 위험과 투기적 위험으로, 위험의 발생 상황에 따라 정태적 위험(개인적 위험)과 동태적 위험(사회적 위험)으로 구분된다.

② 특종보험은 해상 · 화재 · 자동차 · 보증 · 장기보험 등을 제외한 모든 형태의 보험으로 상해보험, 건설공사보험, 항공보험, 유리보험, 동물보험, 배상책임보험 및 도난보험 등 기타 보험이 이에 해당된다.

④ 보험회사 또는 인수집단의 능력으로 보상이 가능한 규모의 손실은 비재난적 손실(No Catastrophic Loss)이다. 한정적 측정가능 손실(Determinable and Measurable Loss)은 피해의 발생원인, 발생시점, 장소, 피해의 정도가 명확히 식별 가능하고 손실금액을 측정할 수 있어야 하며, 이를 위한 객관적 자료 수집과 처리를 통해 정확한 보험금 지급 및 적정 보험료 산정이 가능해야 한다.

답 ③

16 우체국 보험상품에 대한 설명으로 옳은 것은? 〈변형〉 ★★

① 무배당 우체국연금보험과 우체국연금저축보험의 연금 개시 나이는 만 55세부터이다.

② 무배당 우체국자녀지킴이보험의 경우, 임신 24주 태아는 주계약의 가입대상이고 무배당 선천이상특약Ⅱ의 가입대상이 아니다.

③ 무배당 우체국간편가입건강보험(갱신형)의 경우, 주계약은 종신까지 갱신 가능하고 특약은 100세까지 갱신 가능하다.

④ 무배당 우체국든든한종신보험은 보험기간 중 계약이 해지될 경우, 예정해약환급금은 1종(해약환급금 50%지급형)이 2종(표준형)보다 적다.

② 무배당 우체국자녀지킴이보험은 자녀 출생 시부터 성인이 될 때까지 필요한 보장을 설계하여, 태아 가입 시 자녀와 산모의 동시 보장이 가능하다(해당 특약 가입 시). 주계약의 가입나이는 0~20세이나, 임신 사실이 확인된 태아도 가입 가능하며, 무배당 선천이상특약Ⅱ과 무배당 신생아보장특약의 경우 임신 23주 이내 태아만 가입 가능하다.

① 무배당 우체국연금보험은 45세 이후부터 연금을 받을 수 있어(연금개시 나이 : 종신연금형·상속연금형·확정기간연금형 45~75세/더블연금형 45~70세) 노후를 위한 준비를 할 수 있다. 우체국연금저축보험의 연금 개시 나이는 만 55세부터(만 55~80세)이다.

③ 무배당 우체국간편가입건강보험(갱신형)의 특약 중 '무배당 간편사망보장특약(갱신형)'은 갱신시점의 피보험자 나이가 85세 이상인 경우에는 이 특약을 갱신할 수 없으며, 갱신시점의 피보험자 나이가 71세에서 84세인 경우에는 보험기간을 85세 만기로 갱신한다.

④ '보험기간'이 아니라 '보험료 납입기간'이다. 1종(해약환급금 50%지급형)은 '보험료 납입기간' 중 계약이 해지될 경우 2종(표준형)의 해약환급금 대비 적은 해약환급금을 지급하는 대신 2종(표준형)보다 저렴한 보험료로 보험을 가입할 수 있도록 한 상품이다.

답 ②

17 우체국보험의 계약유지에 대한 설명으로 옳은 것은? 〈변형〉 ★

① 피보험자는 해지된 날부터 3년 이내에 체신관서가 정한 절차에 따라 계약의 부활을 청약할 수 있다.

② 보험계약자가 보험수익자를 변경하는 경우, 보험금의 지급사유가 발생하기 전에 변경 전 보험수익자의 동의를 받아야 한다.

③ 보험료의 자동대출 납입 기간은 최초 자동대출납입일부터 1년을 한도로 하며 그 이후의 기간은 보험계약자가 재신청을 하여야 한다.

④ 보험계약자가 고의로 보험금 지급사유를 발생시킨 경우, 체신관서는 그 사실을 안 날부터 1개월 이내에 계약을 해지할 수 있으며 책임준비금을 보험계약자에게 지급한다.

③ 보험료 미납으로 실효(해지)될 상태에 있는 보험계약에 대하여 계약자의 신청이 있는 경우 해약환급금 범위 내에서 자동대출(환급금대출)하여 보험료를 납입할 수 있다. 보험료의 자동대출 납입 기간은 최초 자동대출납입일부터 1년을 한도로 하며 그 이후의 기간에 대한 보험료의 자동대출 납입을 위해서는 재신청을 하여야 한다.

① 부활이란 계약자에게 편의를 제공하기 위하여 법령에서 규정한 바에 따라 보험료납입 연체로 인하여 해지(효력상실)된 계약의 계속적인 유지를 원할 경우 소정의 절차에 따라 계약의 효력을 부활시키는 제도이다. 우체국보험약관에 의거 보험료의 납입연체로 인한 해지계약이 해약환급금을 받지 않은 경우 '계약자'는 해지된 날부터 3년 이내에 체신관서가 정한 절차에 따라 계약의 부활(효력회복)을 청약할 수 있다.

② 계약자는 보험수익자를 변경할 수 있으며 이 경우에는 체신관서의 승낙이 필요하지 않다. 다만, 변경된 보험수익자가 체신관서에 권리를 대항하기 위해서는 계약자가 보험수익자가 변경되었음을 체신관서에 통지하여야 하며, 보험수익자를 변경하고자 할 경우에는 보험금의 지급사유가 발생하기 전에 피보험자가 '서면으로 동의'하여야 한다.

④ 다음의 중대 사유와 같은 사실이 있을 경우에 체신관서는 그 사실을 안 날부터 1개월 이내에 계약을 해지할 수 있다. 이 경우 체신관서는 그 취지를 계약자에게 통지하고 해당 상품의 약관에 따른 '해약환급금'을 지급한다.

• 계약자, 피보험자 또는 보험수익자가 고의로 보험금 지급사유를 발생시킨 경우

• 계약자, 피보험자 또는 보험수익자가 보험금 청구에 관한 서류에 고의로 사실과 다른 것을 기재하였거나 그 서류 또는 증거를 위조 또는 변조한 경우(다만, 이미 보험금 지급사유가 발생한 경우에는 보험금 지급에 영향을 미치지 않음)

답 ③

18 현행 「우체국예금 · 보험에 관한 법률 시행규칙」에서 정한 우체국보험에 대한 설명으로 옳은 것은? ★

① 재보험의 가입한도는 영업보험료의 100분의 80 이내이다.

② 우체국보험의 종류에는 보장성보험, 저축성보험, 연금보험, 단체보험이 있다.

③ 계약보험금 한도액은 보험종류별(연금보험 제외)로 피보험자 1인당 5천만 원이다.

④ 세액공제 혜택이 없는 연금보험의 최초 연금액은 피보험자 1인당 1년에 900만 원 이하이다.

④ 일정 연령 이후에 생존하는 경우 연금의 지급을 주된 보장으로 하는 연금보험(「소득세법 시행령」 제40조의2 제2항 제1호에 따른 연금저축계좌에 해당하는 보험은 제외한다)의 최초 연금액은 피보험자 1인당 1년에 900만 원 이하로 한다(「우체국예금 · 보험에 관한 법률 시행규칙」 제36조 제2항).

① 「우체국예금 · 보험에 관한 법률」 제46조의2 제2항에 따른 재보험(再保險)의 가입한도는 사고 보장을 위한 보험료의 100분의 80 이내로 한다(「우체국예금 · 보험에 관한 법률 시행규칙」 제60조의2).

② 「우체국예금 · 보험에 관한 법률 시행규칙」 제35조에 명시된 보험의 종류에는 보장성보험, 저축성보험, 연금보험이 있다. 단체보험은 해당하지 않는다.

③ 「우체국예금 · 보험에 관한 법률」 제28조에 따른 계약보험금 한도액은 보험종류별(제35조 제1항 제3호의 연금보험은 제외한다)로 피보험자 1인당 4천만 원(제35조 제1항 제1호의 보장성보험 중 우체국보험사업을 관장하는 기관의 장이 「국가공무원법」 제52조에 따라 그 소속 공무원의 후생 · 복지를 위하여 실시하는 단체보험상품의 경우에는 2억 원으로 한다)으로 하되, 보험종류별 계약보험금한도액은 우정사업본부장이 정한다(「우체국예금 · 보험에 관한 법률 시행규칙」 제36조 제1항).

답 ④

19 우체국 보험상품의 보험세제에 대한 설명으로 옳은 것은? 〈변형〉 ★★

① 무배당 어깨동무보험의 경우, 연간 납입보험료 100만 원 한도 내에서 연간 납입보험료의 12%가 세액공제 금액이 된다.

② 무배당 그린보너스저축보험은 보험계약자, 피보험자, 보험수익자가 동일하여야 월적립식 저축성보험 비과세를 받을 수 있다.

③ 무배당 파워적립보험은 보험기간이 10년인 경우, 납입기간은 보험종류에 관계없이 월적립식 저축성보험 비과세 요건의 납입기간을 충족한다.

④ 무배당 우체국연금보험에 가입한 만 65세 연금소득자가 종신연금형으로 연금수령 시 연금소득에 대해 적용되는 세율은 종신연금형을 기준으로 한다.

해설

③ 무배당 파워적립보험은 보험기간이 10년인 경우, 1종(만기목돈형), 2종(이자지급형) 모두 납입기간 5년의 월납으로 적립한다. 이는 월적립식 저축성보험 보험차익 비과세 요건인 5년 이상의 납입기간을 충족한다.

① 무배당 어깨동무보험은 근로소득자가 납입한 보험료(연간 100만 원 한도)에 대하여 15%가 세액공제 금액이 된다.

② 해당 설명은 종신형 연금보험과 관련된 내용이다. 무배당 그린보너스저축보험은 일반형과 비과세 종합저축으로 종류가 나뉘며, 각각 예치형은 일시납으로, 적립형은 월납으로 납입주기가 달라진다.

④ 무배당 우체국연금보험은 45세 이후부터 연금을 받을 수 있으며, 관련 세법에서 정하는 요건에 부합하는 경우 이자소득 비과세 및 금융소득종합과세에서 제외한다.

월적립식 저축성보험의 보험차익 비과세 요건(「소득세법 시행령」 제25조)

최초로 보험료를 납입한 날부터 만기일 또는 중도해지일까지의 기간이 10년 이상으로서, 아래 요건을 모두 충족하는 계약

1. 최초납입일로부터 납입기간이 5년 이상인 월적립식 계약일 것
2. 최초납입일부터 매월 납입하는 기본보험료가 균등(최초 계약한 기본보험료의 1배 이내로 기본보험료를 증액하는 경우를 포함한다)하고, 기본보험료의 선납기간이 6개월 이내일 것
3. 계약자 1명당 매월 납입하는 보험료 합계액[계약자가 가입한 모든 월적립식 보험계약(만기에 환급되는 금액이 납입보험료를 초과하지 아니하는 보험계약으로서 기획재정부령으로 정하는 것은 제외한다)의 기본보험료, 추가로 납입하는 보험료 등 월별로 납입하는 보험료를 기획재정부령으로 정하는 방식에 따라 계산한 합계액을 말한다]이 150만 원 이하일 것(2017년 4월 1일부터 체결하는 보험계약으로 한정한다)

종신형 연금보험의 보험차익 비과세 요건(「소득세법 시행령」 제25조)

1. 계약자가 보험료 납입 계약기간 만료 후 55세 이후부터 사망시까지 보험금·수익 등을 연금으로 지급받는 계약일 것
2. 연금 외의 형태로 보험금·수익 등을 지급하지 아니할 것
3. 사망 시[「통계법」 제18조에 따라 통계청장이 승인하여 고시하는 통계표에 따른 성별·연령별 기대여명연수(소수점 이하는 버리며, 이하 이 조에서 "기대여명연수"라 한다) 이내에서 보험금·수익 등을 연금으로 지급하기로 보증한 기간(이하 이 조에서 "보증기간"이라 한다)이 설정된 경우로서 계약자가 해당 보증기간 이내에 사망한 경우에는 해당 보증기간의 종료시를 말한다] 보험계약 및 연금재원이 소멸할 것
4. 계약자와 피보험자 및 수익자가 동일하고 최초 연금지급개시 이후 사망일 전에 중도해지 할 수 없을 것
5. 매년 수령하는 연금액[연금수령 개시 후에 금리변동에 따라 변동된 금액과 이연(移延)하여 수령하는 연금액은 포함하지 아니한다]이 다음의 계산식에 따라 계산한 금액을 초과하지 아니할 것

> (연금수령 개시일 현재 연금계좌 평가액)/(연금수령 개시일 현재 기대여명연수)×3

정답 ③

20 보장성보험에 대한 설명으로 옳지 <u>않은</u> 것은? 〈변형〉   ★★

① 만기 시 환급되는 금액이 없거나 이미 납입한 보험료보다 적거나 같다.

② 과세 기간 중 해지할 경우 해지 시점까지 납입한 보험료에 대해 세액공제가 가능하다.

③ 기본공제대상자의 소득금액 요건은 연간 100만 원 이하이다.

④ 근로소득자와 사업소득자는 연간 납입보험료의 일정액을 세액공제 받을 수 있다.

④ 보장성보험 세액공제란 근로소득자(일용근로자 제외)가 보장성보험에 가입한 경우 납입한 보험료(연간 100만 원 한도)의 12%에 해당하는 금액을 해당 과세기간의 종합소득산출세액에서 공제해 주는 제도이다. 즉, 기본공제대상자는 근로소득자이며 사업소득자는 해당하지 않는다.

① 보장성보험은 주로 사망, 질병, 재해 등 각종 위험보장에 중점을 둔 보험으로, 만기 시 환급되는 금액이 없거나 기납입 보험료보다 적거나 같다.

② 과세 기간 중 보장성보험을 해지할 경우 해지 시점까지 납입한 보험료에 대해 세액공제가 가능하며 이미 세액공제 받은 보험료에 대한 추징 또한 없다.

③ 피보험자에 해당하는 기본공제대상자는 본인을 포함한 부양가족으로 근로소득자 본인에 대해서는 별도의 요건이 없으나, 배우자 및 부양가족 등은 근로소득자 본인이 보험료를 납입하더라도 소득 및 연령 요건 미충족 시 세액공제를 받을 수 없다. 다만, 기본공제대상자가 장애인일 경우 연령에 상관없이 소득금액 요건만 충족 시 세액공제가 가능하다.

답 ④

좋은 책을 만드는 길
독자님과 함께하겠습니다.

도서나 동영상에 궁금한 점, 아쉬운 점, 만족스러운 점이
있으시다면 어떤 의견이라도 말씀해 주세요.
시대고시기획은 독자님의 의견을 모아 더 좋은 책으로 보답하겠습니다.

www.sidaegosi.com

2022 우정 9급 계리직 공무원 우편상식/금융상식 단원별 문제집

개정7판1쇄 발행	2022년 03월 11일 (인쇄 2022년 02월 18일)
초 판 발 행	2016년 06월 10일 (인쇄 2016년 05월 24일)
발 행 인	박영일
책 임 편 집	이해욱
저 자	SD 공무원시험연구소
편 집 진 행	송영진 · 양희정
표지디자인	박종우
편집디자인	김예슬 · 박서희
발 행 처	(주)시대고시기획
출 판 등 록	제 10-1521호
주 소	서울시 마포구 큰우물로 75 [도화동 538 성지 B/D] 9F
전 화	1600-3600
팩 스	02-701-8823
홈 페 이 지	www.sidaegosi.com
I S B N	979-11-383-1860-0 (14350)
정 가	18,000원

합격의 공식
온라인 강의

잠깐!

혼자 공부하기 힘드시다면 방법이 있습니다.
시대에듀의 동영상강의를 이용하시면 됩니다.
www.sdedu.co.kr → 회원가입(로그인) → 강의 살펴보기

대한민국

모든시험 일정안내

내가 꼭 필요한 자격증·시험이 무엇인지 살펴보세요!

◀ *시대에듀와 함께 대한민국 모든 시험일정 확인!*

- 한국산업인력공단 국가기술자격검정
- 자격증 시험일정
- 공무원·공기업·대기업 시험일정

합격의 공식 시대에듀
SD에듀

계리직 시험, 현명한 선택을 원한다면?

나는 시대고시기획이 준비한 계리직 시리즈로 합격했다!

01 _ 기본서

과목별 탄탄한 기본기를 다진다!

철저한 출제영역 분석을 바탕으로 한 알짜 기본서

● 한국사 / 우편상식 / 금융상식 / 컴퓨터일반

PLUS+ 제공 계리직 최신기출 무료특강 제공

▶ 유료 동영상 강의 sdedu.co.kr

02 _ 문제집

출제경향에 맞춰 선별 구성!

문제풀이로 실력을 향상시키는 단원별 문제집

● 한국사 단원별 문제집 / 우편상식 · 금융상식 단원별 문제집 /
컴퓨터일반 단원별 문제집 / 기초영어 · 상용한자 유형별 문제집

PLUS+ 제공 계리직 최신기출 무료특강 제공

계리직 수험생들이 인정한
대표 교재!

03 _ 종합본

시험 전과목을 한 권으로 학습!

핵심만을 집중적으로 공략하는 전략 종합본

● 계리직 한권으로 다잡기

PLUS+ 제공 계리직 최신기출 무료특강 제공 / 상용한자 · 기초영어 핵심요약 PDF
다운로드 제공

04 _ 기출문제

2008~2021년(8회) 전과목 기출을 한 권으로!

상세한 해설과 함께하는 기출문제집

● 계리직 8개년 기출문제집

PLUS+ 제공 계리직 최신기출 무료특강 제공 / 계리직 면접 족보 수록

05 _ 모의고사

퀵 합격을 부르는 마무리 모의고사!

전과목 5회분으로 구성된 최종모의고사

● 계리직 전과목 최종모의고사

PLUS+ 제공 계리직 최신기출 무료특강 제공

※ 도서의 이미지 및 구성과 특징은 변경될 수 있습니다.

모든 자격증·공무원·취업의 합격정보

합격을 구독 하세요!